KB232571

송산출판사

유형연습으로 쉽게 가는
스페인어 능력 시험

¡dale al dele! DELE A2

번역서

Ernesto Puertas · Nitzia Tudela
박삼규 역

송산출판사

유형 연습으로 쉽게가는
스페인어 능력 시험

¡Dale al DELE! a2 〈번역서〉

Dirección editorial: enClave-ELE
Fotografías: © Shutterstock; página 130, ejercicio64, baile cubano, © Hunnamaruah/Shutterstock
Ilustraciones: J aume Bosch

© enClave-ELE, 2013

인 쇄 일 2015년 1월 20일
발 행 일 2015년 1월 30일
발 행 인 윤우상
저   자 Ernesto Puertas, Nitzia Tudela / 박삼규 역
발 행 처 송산출판사
주   소 서울특별시 서대문구 통일로 32길 14 (홍제동)
전   화 (02) 735-6189
팩   스 (02) 737-2260
홈페이지 http://www.songsanpub.co.kr
등록일자 1976년 2월 2일. 제 9-40호

한국 내 출판권 © 송산출판사 2015
ISBN 978-89-7780-208-7 14770
       978-89-7780-206-3 (세트)

이 도서의 국립중앙도서관 출판예정도서목록(CIP)은 서지정보유통지원시스템 홈페이지
(http://seoji.nl.go.kr)와 국가자료공동목록시스템(http://www.nl.go.kr/kolisnet)에서 이용
하실 수 있습니다.
(CIP제어번호 : CIP2015001941)

이 책의 한국 내 출판권은 enClaveELE사와의 독점계약으로 송산출판사가 소유합니다.
저작권법에 의하여 한국 내에서 보호를 받는 저작물이므로 무단전재와 복제를 금합니다.

＊ 잘못된 책은 구입하신 서점이나 본사에서 교환해 드립니다.
＊ 정가는 표지에 표시되어 있습니다.

목차

DELE (Los Diplomas de Espanol como Lengua Extrangera)는 외국어로서 스페인 자격증 공식 타이틀이다.

DELE는 유럽 심의위원회 MCER (Marco Común Europeo de Referencia) 의 공통기준을 따른 것이고, 이 기준은 교육의 각 단계별 도달해야할 수준과 성적의 평가에 대한 객관적이고 국제적인 기준이다.

수준별 단계는 A1, A2(초) B1, B2(중) C1, C2(고)로 독해, 청취, 작문, 회화, 어휘문법 5과목으로 이루어진다.

DELE 시험은 스페인어를 모국어로 사용하지 않는 국가의 사람들에게 스페인어 실력을 공식적으로 인정해주는 자격시험으로 전 세계의 73개국 이상에서 시험이 행해지는 전 세계적으로 권위를 인정받는 국제 자격증이다.

또한, 날로 급변하는 국제화 시대에 부응하여 국가 간에 스페인어에 대한 인식과 필요성이 나날이 높아가는 추세다.

중요한 외교, 국방, 무역 등의 의존도가 높은 미국사회에서도 6명중 1명이 스페인어를 사용하고 있는 현실이다.

앞으로 2050년도에는 미국사회에서 스페인어 사용인구가 영어를 능가한다는 통계자료가 올라온 현실 속에 그 어느 때보다 스페인어의 중요성은 강조되고 있는 요즘, 국내에서 DELE는 스페인어와 관련된 성부기관, 공공기관, 일반기업 등에서 입사, 승진, 해외파견, 혹은 인사고과 등에 반영하고 있으며 시간이 흐를수록 해마다 그 열기는 뜨거워지고 있다.

공신력있는 DELE시험으로 빈약한 문제은행과 턱없이 부족한 전문적인 DELE 시험 유형이 절대적으로 필요한 현실 속에, 메마른 땅에 단비를 뿌리듯, 스페인 교육환경과 DELE수험생의 요구에 부응코자, 본 교재를 스페인 현지 공신력있는 출판사 en CLAVE (ELE) 와 독점 계약을 체결, 수준별로 국어로 번역 출판하기에 이른 것이다.

끝으로 DELE 수험생들에게 본교재와 더불어 든든하고 믿음직스런 길잡이가 되리라 믿어 의심치 않으며, 본교재가 있기까지 도움을 준 Buenos Aires 대학의 Sebastian, 경희대 김지윤양, 송산 윤우상 사장님과 직원 여러분께 심심한 사의를 표한다.

2014 년 10 월 30 일

옮긴이 박 삼 규

외국어로서 스페인어 자격증 (Dele)의 공식 타이틀이다. Dele 자격증은 스페인어 실력 수준을 증명하고 스페인의 교육문화 체육부의 이름으로 세르반테스 협회(Instituto Cervantes)가 수여하는 것이다.

델레 시험은 유럽 심의회(위원회)의 유럽 언어 공통 기준(MCER)을 따르는 것이고, 이 기준은 교육의 각 단계에서 도달해야 할 수준과 성적의 평가에 대한 객관적이고 국제적인 기준이다.

델레 A2는 지원자(에게) 다음과 같은 능력을 증명한다.

– 이 사람은 그에게 특히 관련 있는(적절한) 경험의 분야들(자신과 자기 가족, 쇼핑, 관심이 있는 장소 등에 대한 기본적인 정보)과 관련된 자주 사용하는 표현과 문장을 이해할 수 있는 사람이다.

– 이 사람은 자신이 알고 있는 것과 익숙한 문제들에 대한 정보의 직접적이고 간단한 (말 교환) 더 이상 필요 없는(요구치 않는), 일상에서 간단한 과제를 할 때 소통할 수 있는 사람이다.

– 이 사람은 당면한 필요성과 관련된 문제들과 마찬가지로, 간단하게 자기 과거와 주위의 상황 모습들을 간단한 말씨로 묘사할 줄 아는 사람이다.

시험: 언제 어디서 어떻게

외국어로서 스페인어 자격증을 받기 위한 시험들은 세르반테스의 센터들과 델레 시험 주최기관(센터) 하의 넓은 네트워크를 통해서 실시하는 것이고, 시험은 주로 대학교, 스페인어 교육 센터, 아카데미, 대사관과 영사관에서 열린다. 시험의 공식 웹사이트 인 http://diplomas.cervantes.es에서 나라별 시험 센터의 목록을 찾을 수 있다.

델레 시험은 매년 2~3회(주로 5월, 11월 특정국가에서는 8월도 실시) 실시된다. 공식 웹사이트에서 매년 시험의 구체적 날짜와 8월에 시험을 실시하는 국가(장소)를 조회할 수 있다. 해당 사이트에서 절차와 신청기간을 찾을 수 있다.

시험을 위하여

고사낭일, 지참해야 할 것늘:

– **신청서의 날인이 있는 사본.**

– **여권** 또는 사진이 있는 **신분증**. 시험 당일에 신청 시 사용한 원본을 제시해야 한다.

– 시험의 센터로부터 받았을 공식 수험표.

– **볼펜** 또는 잉크를 사용하는 (것과 유사한) 필기구와 굵은 **연필**.

– **수험번호의 마지막 4개의 숫자**, 각각 답안지에 기재해야 한다.

각 테스트 전에 1, 2, 3및 4 답안지에 코드와 신분증명자료를 완성해야 한다는 것을 기억 하시오.

펜으로 성과 이름, 시험을 치르는 도시와 나라를 쓰고, 연필로 수험번호(등록 코드) 마지막 4자리 숫자를 적는다. 이 번호(코드) 는 두 번 적어야 한다. 하나는 숫자로 쓰고 (보기 1) 또 하나는 빈칸에 칠해야 한다. (보기 2)

보기 2

신청자의 수험번호			
0	**0**	**0**	**0**
0	0	0	0
■	■	■	□
1	1	1	1
□	□	□	■
2	2	2	2
□	□	□	□
3	3	3	3
□	□	□	□
4	4	4	4
□	□	□	□

보기 1:

0	0	0	1

테스트 1. 독해 (60분)

유형 1: 지시, 정보전달(알림, 안내), 제안 또는 규범 등의 목적을 가진 **10개의 짧은 글과 7개의 문장들**. 각 문장을 한 개의 글과 연결시켜야 한다.

유형 2: 객관식 질문5개가 있는 **이메일 1통과 편지 1장**.

유형 3: 객관식 질문이 있는 의식이나 행사에 대한 안내(알림, 정보), 소집에 대한 광고 6개.

유형 4: 똑같은 주제에 대한 공연 게시판, 도시나 오락에 대한 가이드 책, 정보가 있는 팜플렛이나 카탈로그에 나타날 수 있는 글 9개와 제시된 **문장 6개를 연결 시켜야 한다**.

유형 5: 객관식 문제6개가 있는 **전기문, 소식 그리고 이야기**.

테스트 2. 청취 (35분)

유형 1: 7개의 라디오 광고가 나오며, 각 **객관식 (A, B, C) 문제 1개**가 있다.

유형 2: 1개의 그룹 광고, 1개의 라디오 뉴스 또는 인터뷰가 나오고 각 **객관식 문제(A, B, C) 6개**가 있다.

유형 3: 6개의 메가폰 메세지나 자동 응답기 메시지와 9개의 문장을 연결하기.

유형 4: 1개의 대화문. 각각 객관식 질문(A, B, C) 6개가 있는 1개의 대화(문)

유형 5: 평소 주제에 대한 약식대화 그리고 8개의 이미지와 문장 5개을 연결하기.

테스트 3 작문 (50분)

유형 1: **이메일 또는 포럼이나 블록의 댓글(참여 글) 쓰기(30~40단어)**.

유형 2: **노트, 편지, 일기를 쓰기(70~80단어)**, 주어진 문맥에 따라 그 내용을 전개해야 한다.

유형 3: **묘사나 서술을 (목적으로) 한 글을 작성하는 것(70~80단어)**, 지시사항이나 이미지에 따라 서술해야 한다.

테스트 4: 회화 (15분)

유형 1번: **독백**. 3~4분 동안 한 주제를 전개해야 한다. 시험지에는 질문이 제공될 것이므로 표현하는데 도움이 될 수 있을 것이다.

유형 2번: **묘사**. 2~3분 동안 당신이 본 사진을 자세히 묘사해야 한다. 사진 속에 나타나는 사람들의 특징들을 묘사하도록 하고, 대상들이 사진에서 하고 있는 것을 설명하고 그리고 이 상황에서 발생할 일들을 상상하여야 한다.

유형 3번: **대화**. 이전에 제시된 사진을 보면서 교사/면접관이랑 대화를 해야 한다. 어떤 때는 면접관의 질문에 답해야 하며, 지원자가 면접관 에게 질문을 해야 할 경우도 있다.

유형 4번: **대화**. 한 주제에 대해서 이야기를 해야 한다. (예를 들면, 영화관이나 극장에 가는 이야기, 산이나 바다에서의 휴가에 대해서). 2장의 카드가 준비되어 있다. 하나는 지원자의 것이고 다른 하나는 면접관 의 것이다. 지원자는 자신의 카드에 나오는 역할을 수행해야 한다. 면접관은 그 상대 역할을 할 것이다.

이 회화 테스트에서는 면접준비를 위해 15분이 주어질 것이다. 지원자의 생각이나 메모를 기록하기 위해 이 시간을 유익하게 사용할 수 있다. 인터뷰 동안 당신의 노트를 보거나 참고할 수 있지만 그것들을 읽으면 안 된다.

독해는 총 30개의 질문이 있는 5개의 유형으로 나누어져 있으며, 질문에 답하기위해 주어진 시간은 60분이다.

이 테스트의 목적은 간단한 정보가 있는 짧은 글들을 이해하는 것이다. 많은 경우에 글의 형태와 삽화가 글을 이해하는데 도움이 된다.

일반적으로, 이 글들은 간단한 단어들로 구성된 일상 생활(음식의 섭취, 교통, 쇼핑, 레스토랑, 일자리, 학업 등)에 대한 글이다.

▶ **유형 1**은 10개의 글에 연결시켜야 하는 7개의 문장이 있다. 이 유형에는 1개의 예시가 있다. 글들은 간판, 소책자, 광고, 라벨 등의 형태이다. 가장 중요한 것은 각 글의 메시지를 이해하는 것이고 그것들에 있는 정보를 알맞은 문장에 연결시키는 것이다.

▶ **유형 2**는 1개의 글과 관련된 5개의 질문이 있다. 글은 주로 짧지만 (일반적으로 이메일이나 편지), 유형 1보다는 더 길다. 각 질문은 세 개의 선택권이 있다. 당신은 정답을 선택해야 한다. 글은 주로 초대장이나 호텔 예약이나 시간표나 일상생활의 어떤 주제에 대한 정보 요청이다.

▶ **유형 3**에는 6개의 글이 있으며, 각 글 마다 삼지선다형의 질문이 있다. 정답을 선택해야 한다. 이 유형에는 1개의 예시가 있다. 글들은 짧으며, 광고, 모집, 소책자 등에 대한 것들이다. 질문에 잘 답할 수 있도록 각 글의 중요한 정보를 발견해야한다.

▶ **유형 4**는 9개의 글과 연결해야 하는 6개의 문장이 있다. 본 유형에는 1개의 예시가 있다. 글은 짧지만 유형 1번에 나오는 것들보다 더 광범위하고, 옷(카탈로그), TV프로그램, 채용 공고(일자리 제공), 주택 광고, 문화공연에 대한 소책자, 여행 광고 등과 같은 다양한 주제에 대한 것이다. 중요한 점은 한 개의 글에서 나타나는 특유의 정보를 발견하여 그 정보를 구체적인 문장에 연결시키는 것이다.

▶ **유형 5**는 1개의 글과 그와 관련된 문제 6개가 제시된다. 이 유형의 글은 길다. 전기, 뉴스, 이야기, 도시나 여행에 대한 묘사, 일기, 블로그 등이다. 2개의 질문은 글의 전체적인 정보 (어떤 주제에 대한 건지, 누구를 위한 것인지, 언제 또는 어디에서 발생했는지 등)에 대한 것이고, 질문 4개는 글의 특유한 정보에 대한 더욱 구체적인 것이다.

독해 유형 1번에 대한 지시와 전략

유형

7개의 문장이 주어지고 이것들을 약 30개의 단어가 있는 글 10개에 관련시켜야 한다. 광고, 지시, 규범 등이 어떤 경우에는 글을 이해하도록 도와주는 그림이 제시된다. 시험에는 1개의 예시가 주어진다. K글은 문장0에 해당하는 것이다. 이 유형을 하기 위한 시간은 ⌛ 약 10분이 주어진다.

⚙ 지시와 전략

1개의 글과 7개의 문장이 있는 예문을 들어 봅시다. 이 글을 문장에 관련시켜야 한다. 우선, 문장을 다 읽고, 가장 중요한 단어나 구에 밑줄 🖊을 그으시오. 예를 들면:

문장		글
0.	일요일에 영업하지 않는다.	K
1.	매일 오후에 거행된다.	
2.	박물관을 방문한다.	
3.	젊은이들을 위한 할인이 있다.	
4.	매주 주말에 더 비싸다.	
5.	음식값이 지불되지 않는다.	
6.	방은 2인용이다.	
7.	분납으로 지불할 수 있다.	

계속해서, 첫번째 글을 읽으시오:

글A

> 테네리페(Tenerife)에서 8일. 플라야(Playa) 대형 호텔.
> 590유로. 완벽한 숙박(물과 와인 포함).
> 매주 마드리드에서 출발.
> 다른 도시에서 출발가격을 문의하세요.

이제 글A에 알맞은 문장을 찾아야 한다. (당신이 밑줄 친 단어들은 당신을 도울 것이다). 이 경우에, 정보는 음식(문장5)과 관련이 있다.

글A

> 테네리페(Tenerife)에서 8일. 플라야(Playa) 대형 호텔.
> 590유로. **완벽한 숙박**(물과 와인 포함).
> 매주 마드리드에서 출발.
> 다른 도시에서 출발가격을 문의하세요.

문장에서 글에 나오는 똑같은 단어를 발견하지 못하겠지만 똑같은 의미가 있는 다른 단어가 있다: 완벽한 숙박은 아침식사, 점심식사와 저녁식사가 호텔비에 포함됨을 의미한다.
A글은 문장5에 연결된다는 것을 연필로 🖊 쓰고, 다른 문제를 푸는 동안 다시 읽지 않도록 5번을 지우시오.

연습하기 위하여

▶ 이제 이 유형의 연습문제 1과 2를 할 수 있다(10–11쪽, 12–13쪽).

▶ www.enclave-ele.net/dele 웹사이트에는 이 연습문제에 대한 설명과 정답이 있다.

유형 1   연습문제 1

⏳ 시작시간: _____ : _____

지시사항

7개의 문장과 10개의 글을 읽으시오. 그리고 각 문장(1~7)에 알맞은 글(A~J)을 선택하시오. 예시가 포함되어 있는, 글 11개가 있다. 7개의 문장을 선택하시오.

선택한 보기를 답안지에 표기하시오.

예시:

글K

12세 이하인 아이들은 어른을 동반하지 않으면 승강기를 사용할 수 없다.

정답은 **K**이다.

	A	B	C	D	E	F	G	H	I	J	K
0.	□	□	□	□	□	□	□	□	□	□	■

 글을 읽기 전에 가장 중요한 단어에 밑줄을 긋는 것을 잊지 마시오.

	문장	글
0.	아이들은 <u>혼</u>자서 갈 수 없다.	K
1.	어떤 사물을 가지고 들어갈 수 없다.	G
2.	오전에 일한다.	D
3.	식탁에 방치해서는 안된다.	I
4.	전기로 작동한다.	B
5.	밤 10시까지 구매할 수 있다.	H
6.	질서를 따라야 한다.	E
7.	문학적인 글을 출판할 수 있다.	C

글A

4월 18일 수요일, 20시. 무료 입장. 강연회. 오늘날의 부모와 청소년(Padres y adolescentes hoy). 발표자: 산띠아고 메델 마르띠네스(Santiago Medel Martínez), 교수. 주최: 가족 연구원.

글B

이 기계는 전기에너지 없이 긴급호출을 실행하도록 설계되어 있지 않았습니다. 전화기를 사용하기 전에 사용 안내서를 주의깊게 읽고 기계의 주의사항(일러두기)과 지시사항을 따르세요.

글C

참가하고 싶으세요?
잡지의 어떤 란에 참가하고 싶다면 당신의 편지를 독자 게시판에 보내세요.
뚜야(TUYA) 잡지,
알바란(Albarán)로, 15번.
주민등록증 사본을 첨부하세요.
발표된 시는 30유로를 받습니다.

글D

책임있는 아주머니, 베네수엘라 사람, 아이를 돌보거나 다리미질하거나 집안일을 제공하게 됩니다.
오전 시간대에.
전화번호: 674 36 27 63.

글E

슈퍼마켓
뚜 띠엔다(Tu Tienda)
번호표를 받으시고 생선가게, 소금절임 고깃간이나 정육점에서 주문하려면 기다리세요.
자기 순서를 지키길 부탁드립니다.

글F

델 뽀르베니르(del Porvenir) 대학교
도서관 대출증을 받으려면 월요일부터 금요일까지 10시에서 15시 사이에 방문하세요.

글G

입구 보관함에 전화기, 열쇠와 다른 금속성 물체를 보관하세요. 협조해 주셔서 감사합니다.

글H

존경한 고객님들께:
법에 따라, 주류는 밤 10시부터 또는 16세 이하인 청소년에게도 판매되지 않습니다.

글I

학생 식당
엘 글로똔 (El Glotón)

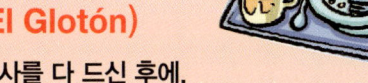

식사를 다 드신 후에,
접시와 컵을 진열대의 쟁반에 놓으세요.

글J

산 미겔(San Miguel) 아카데미
합격한 학생들 중 원하는 사람은 수료식에서 받을 증명서를 요청하면 됩니다.

마침 시간: ____ : ____

유형 1 연습문제 2

⏳ 시작시간: ____ : ____

지시사항

7개의 문장과 10개의 글을 읽고, 각각 문장(1~7)에 알맞은 글(A~J)을 선택하시오. 예시를 포함하여 11개의 글이 있다. 7개의 문장을 선택하시오.

선택한 보기를 답안지에 표기하시오.

예시:

글K

하지 않는 이야기(La historia que no se cuenta). 쁘란시스꼬 몬딸보(Francisco Montalvo)의 새로운 소설. 모든 서점에서 4월 25일부터 판매중.

정답은 **K**이다.

```
     A   B   C   D   E   F   G   H   I   J   K
0.  □   □   □   □   □   □   □   □   □   □   ■
```

 글을 읽기 전에 각 문장의 가장 중요한 단어에 밑줄을 긋는 것을 잊지 마시오.

문장		글
0.	새로운 책이다.	K
1.	밤 9시까지 판매한다.	T
2.	이메일로 주문하면 그것을 배송한다.	E
3.	질병에 대한 궁금한 점을 위해.	J
4.	집을 사기 위해서.	G
5.	오후 7시 전에 써야 된다.	I
6.	다음 주에 거행될 것이다.	B
7.	통화료가 싸다.	A

글A

당신의 가족과 친구에게 전화하세요.
쁘미꼬(Pomico) 전화카드로
국제전화시 75%까지 아끼세요.
당신 나라의 요금표를 찾아보세요.

글B

다음 주 화요일 오후 7시에 열릴 이웃공동체의 모임에 집주인들을 소집합니다.

3월 15일 목요일
비서
서명:

글C

부탁드립니다,
샌드위치를 받을 때
결제 하세요.

글D

수강신청

'영화와 건축'

수업의 등록기간은
6월 25일까지입니다.

글E

**강의 계획안은 복사실에
있습니다.
또한 이메일로 신청할 수도
있습니다.**

글F

로스 인우마노스(Los Inhumanos)의
콘서트 입장권을
아띠삐꼬스(Atípicos) 서점에서
9시부터 21시까지 판매 중입니다.

글G

집을 바꾸고 싶으시면
저희들에게 전화하세요.
당신이 필요한 집을 보유하고 있습니다.

글H

모든 우리시설에서 통화금지.

글I

익일에 받고 싶으면
19시 전까지
팩스로 정보처리 자료에 관한
요청서를 보내세요.

글J

의사전문 잡지사로 질문들을
이메일로 보내면 다음 호에
답변이 있을 것입니다.

마침 시간: _____ : _____

독해 유형 2번에 대한 지시와 전략

유형

약 200개의 단어가 있는 글과 삼지선다형 객관식 질문(A, B, C) 5개가 제시된다. 글들은 이메일이나 편지나 긴 메시지이다. 이것들은 일상 생활의 간단한 주제를 다룬다: 방문, 여행, 학업, 가족
글에 있는 중요한 사고와 더불어 구체적인 정보를 이해해야 한다.
이 유형을 하기위한 시간은 🕰 약 10분이 주어진다.

지시와 전략

이메일의 메시지로 예를 들어보자. 먼저 2분 동안, 5개의 질문과 3개의 보기를 읽고 가장 중요한 단어나 구에 밑줄을 그으시오 ✎ 예를 들면:

8. 욜란다(Yolanda)는 … **위해** 산띠(Santi)에게 쓴다.

9. 이 이메일에서 … **이야기**한다.
   A) 욜란다는 **아이**를 낳았다고.
   B) 산띠는 프랑스에서 **일하고** 있다고.
   C) 욜란다와 산띠는 같이 **공부**를 했다고.

10. **다음 주에**, 욜란다는 …

11. 욜란다는 … 이야기한다.
    A) **그녀의 동료들이** 다른 도시에서 산다고.
    B) 학업을 마친 후에 **결혼했다고**.
    C) 이번 주 주말에 안드레스(Andrés)랑 이야기할 거라고.

12. 욜란다는 산띠와 … 전부터 서로 **못 만난다**.

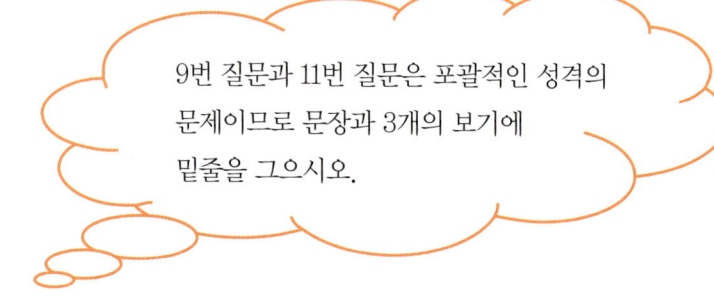

9번 질문과 11번 질문은 포괄적인 성격의 문제이므로 문장과 3개의 보기에 밑줄을 그으시오.

이제 이메일을 읽고 질문과 관계가 있는 단어나 중요한 사고에 ✎ 밑줄을 그으시오. 여백에 질문의 번호를 써도 상관없다. 이것을 하는데 시간은 🕰 4분을 활용할 수 있다.

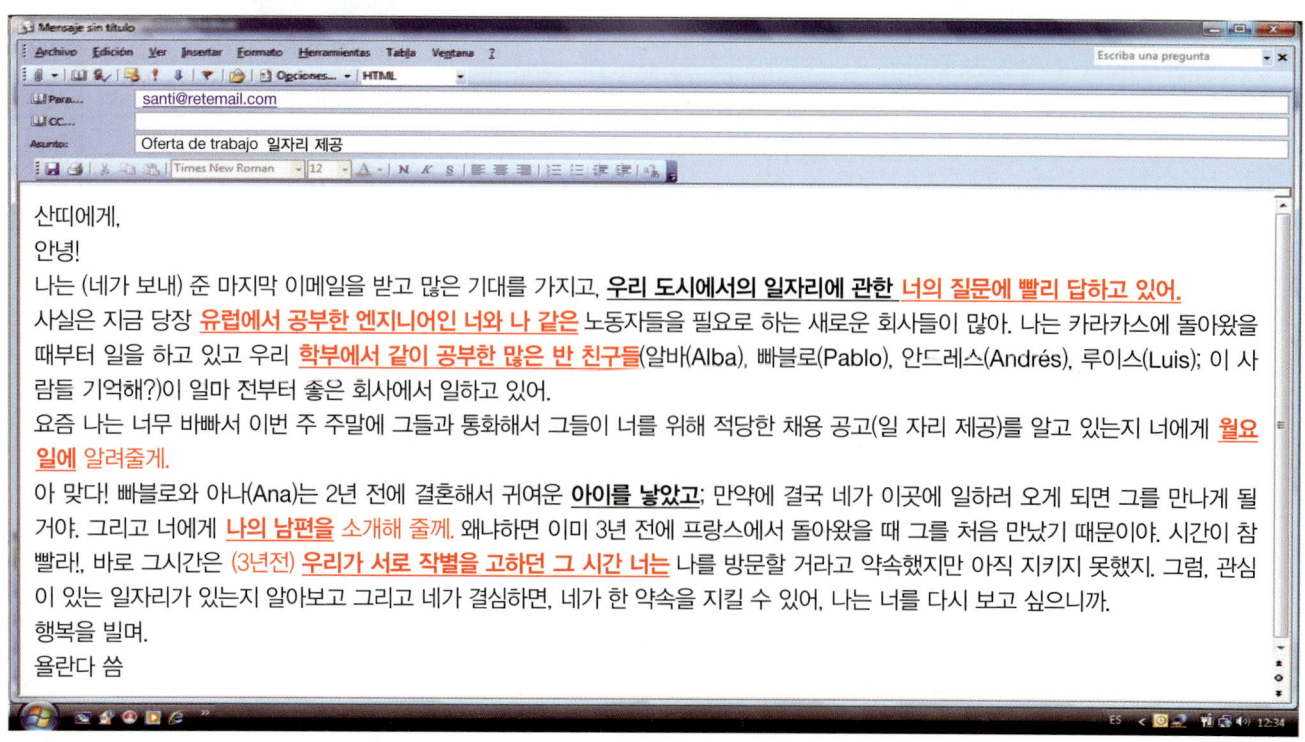

남은 4분이 ⏳ 5개의 질문에 답하기 위한 것이다.

8. 욜란다는 … 위해 산띠에게 쓴다.
   A) 그녀의 도시에서 그녀에게 일자리를 제공하기.
   B) 어떤 사건들에 대해 보고하기.
   C) **정보 요청에 응답하기** ("우리 도시에서의 일자리에 관한 너의 질문에 빨리 답하고 있어.")

9. 이 이메일에서 … 이야기한다.
   A) 욜란다는 아이를 낳았다고.
   B) 산띠는 프랑스에서 일하고 있다고.
   C) **욜란다와 산띠는 함께 공부를 했다고.** ("유럽에서 공부한 엔지니어인 너와 나 같은". " 학부의 많은 반친구들")

10. 다음 주에, 욜란다는 …
   A) 너무 바쁠 것이다.
   B) **산띠에게 다시 연락 할 것이다.** ("월요일에 알려줄게.")
   C) 빠블로에게 전화할 것이다.

11. 욜란다는 … 이야기한다.
   A) 그녀의 동료들이 다른 도시에서 산나고.
   B) **학업를 마친 후에 결혼했다고.** ("나의 남편을 (소개해 줄게), 왜냐하면 프랑스에서 돌아왔을 때 그를 처음 만났기 때문이야")
   C) 이번 주 주말에 안드레스(Andrés)를 볼 거라고.

12. 욜란다는 산띠랑 … 못 만난다.
   A) **3년 전부터** ("3년" […] "우리가 서로에게 작별을 고해서")
   B) 산띠의 결혼식부터
   C) 욜란다가 일하기부터

연습하기 위하여

▶ 이제 이 유형의 연습문제 3과 4를 할 수 있다 (16쪽, 17쪽).
▶ www.enclave-ele.net/dele 웹사이트에는 이 연습문제에 대한 설명과 정답이 있다.

유형 2 연습문제 3

⌛ 시작시간: ____ : ____

지시사항

미겔(Miguel)이 그의 친구 안드레스(Andres)에게 쓴 이메일을 읽으시오. 그리고 질문(8~12)에 응답하고, 정답(A, B 또는 C)을 선택하시오.
선택한 보기를 답안지에 표기하시오.

 글을 읽기 전에 각 질문의 가장 중요한 단어에 밑줄 긋는 것을 잊지 마시오.

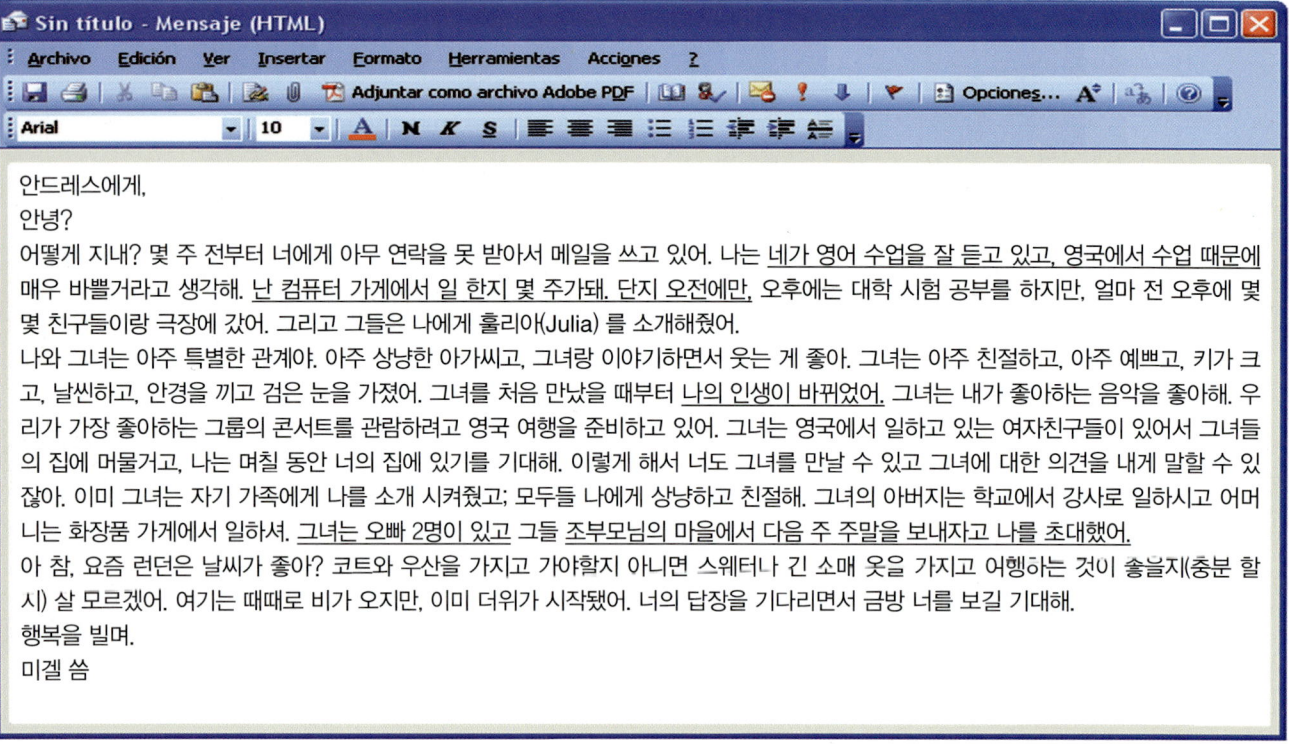

안드레스에게,
안녕?
어떻게 지내? 몇 주 전부터 너에게 아무 연락을 못 받아서 메일을 쓰고 있어. 나는 네가 영어 수업을 잘 듣고 있고, 영국에서 수업 때문에 매우 바쁠거라고 생각해. 난 컴퓨터 가게에서 일 한지 몇 주가돼. 단지 오전에만, 오후에는 대학 시험 공부를 하지만, 얼마 전 오후에 몇몇 친구들이랑 극장에 갔어. 그리고 그들은 나에게 훌리아(Julia)를 소개해줬어.
나와 그녀는 아주 특별한 관계야. 아주 상냥한 아가씨고, 그녀랑 이야기하면서 웃는 게 좋아. 그녀는 아주 친절하고, 아주 예쁘고, 키가 크고, 날씬하고, 안경을 끼고 검은 눈을 가졌어. 그녀를 처음 만났을 때부터 나의 인생이 바뀌었어. 그녀는 내가 좋아하는 음악을 좋아해. 우리가 가장 좋아하는 그룹의 콘서트를 관람하려 영국 여행을 준비하고 있어. 그녀는 영국에서 일하고 있는 여자친구들이 있어서 그녀들의 집에 머물거고, 나는 며칠 동안 너의 집에 있기를 기대해. 이렇게 해서 너도 그녀를 만날 수 있고 그녀에 대한 의견을 내게 말할 수 있잖아. 이미 그녀는 자기 가족에게 나를 소개 시켜줬고; 모두들 나에게 상냥하고 친절해. 그녀의 아버지는 학교에서 강사로 일하시고 어머니는 화장품 가게에서 일하셔. 그녀는 오빠 2명이 있고 그들 조부모님의 마을에서 다음 주 주말을 보내자고 나를 초대했어.
아 참, 요즘 런던은 날씨가 좋아? 코트와 우산을 가지고 가야할지 아니면 스웨터나 긴 소매 옷을 가지고 어헹하는 것이 솧을지(충분 할시) 살 모르겠어. 여기는 때때로 비가 오지만, 이미 더위가 시작됐어. 너의 답장을 기다리면서 금방 너를 보길 기대해.
행복을 빌며.
미겔 씀

질문

8. 미겔은 몇 주 전에 … 이야기한다.
   A) 대학교 수업을 시작했다고
   ✓B) 아침에 일하기 시작했다고
   C) 그의 조부모님의 마을에 갔다고

9. 안드레스는 영국에서 … 있다.
   A) 일한다고
   ✓B) 공부하고
   C) 휴가를 보내고

10. 그녀의 가족 중, 훌리아는 …
   ✓A) 막내 딸이다.
   B) 장녀다.
   C) 제일 예쁜 딸이다.

11. 토요일, 미겔은 … 간다.
   ✓A) 훌리아의 조부모님을 만나러
   B) 콘서트를 관람하러 런던에
   C) 그의 조부모님의 마을에

12. 미겔은 … 생각한다.
   A) 런던은 날씨가 너무 춥다고
   ✓B) 그의 인생이 이제 달라졌다고
   C) 안드레스가 너무 바쁘다고

⌛ 마침 시간: ____ : ____

유형 2   연습문제 4

⏳ 시작시간: ____ : ____

지시사항

엘레나 마르띤(Elena Martín)이 한 잡지사에 기고한 편지를 읽으시오. 그리고 문제 (8~12)에 응답하고, 정답(A, B 또는 C)을 선택하시오.
선택한 보기를 답안지에 표기하시오.

 글을 읽기 전에 각 질문의 가장 중요한 단어에 밑줄 긋는 것을 잊지 마시오.

1930년에, 나의 할머니는 오늘의 마드리드 자치 공동체에서 비서로 일한 최초의 여성 중 한 분이셨다. 흔하지 않던 시대에 가족의 어머니셨고 여성 노동자이셨다. 나는 지금 39살이며, 어머니이고 일 때문에 스페인과 멕시코를 오가며 산다. 얼마 전에 여성들을 위한 직업 훈련에 참석했고, 남녀가 평등해 질 때까지 우리 앞에 아직 험난한 길이 있음을 이해했다.

나는 4살인 아들이 있지만 사람들은 매일 언제 아이를 더 낳을 거냐는 질문을 한다. 나와 내 남편은 다른 아이를 가질 수 있으면 좋겠지만 일과 직장생활 때문에 즐거운 개인적, 가정적 생활을 가지기가 더욱 더 어려워지고 있다. 지금까지 우리 아들이랑, 우리들은 무엇보다도 우리 부모님이신 아이의 조부모님 덕분에 일할 수 있었고 아이를 돌볼 수 있었다. 조부모님이 안 계신다면, 부모가 일하면서, 자식을 돌보는 것은 불가능하다. 사실은 만약 집 근처에 학교가 없고 도와 줄 수 있는 친척도 없다면 아이를 갖지 않는 것이 가장 좋다고 생각한다. 그래서 나는 회사들이 우리를 도울 것인지, 직장에서 상사들이 미혼 혹은 아이가 없는 노동자의 근무시간과 우리의 근무시간이 똑같을 수 없다는 것을 이해하는지 알고 싶다.

엘레나 마르띤(기혼(Gijón))

(출처: 뗄바(Telva), 2010년 1월, 19쪽)

질문

8. 엘레나의 할머니는 …
   A) 주부이셨다.
   B) 엘레나의 아들을 돌보신다.
   ✓ C) 집 밖에서 일하셨다.

9. 엘레나의 친구들은 …
   A) 학교로 그녀의 아이를 데리러 간다.
   ✓ B) 왜 그녀가 아이를 더 낳지 않는지 이해하지 못한다.
   C) 그녀가 멕시코에서 일한다는 것을 모른다.

10. 이 글에 의하면, 1930년에는 여자에게 … 흔한 일이었다.
    A) 아이를 많이 낳는 것은
    B) 집 밖에서 일하는 것은
    ✓ C) 주부인 것은

11. 그녀의 아들을 돌보기 위해, 엘레나와 그녀의 남편은 …
    ✓ A) 그들의 부모님의 도움을 받는다.
    B) 자기 집에서 일한다.
    C) 보모를 고용한다.

12. 이 편지에서 엘레나는 … 제안한다.
    A) 일을 하면 아이가 없기를
    ✓ B) 적당한 시간표가 있기를
    C) 수년 동안 일하지 않기를

독해 유형 3번에 대한 지시와 전략

유형

삼지선다형 각 객관식(A, B, C) 에 질문이 있는 6개의 글이 있다.

글들은 주로 약 45~75단어로 이루어져 있다. 주로 광고, 의식이나 행사 알림이나 공모들이다. 질문들은 대부분 글의 아주 구체적인 정보(가격, 시간)와 관련이 있는 것이다. 하지만 때로는 전체적인 성격일 수 있다.

시험에는 질문이 있는 예시 1개 (글0)가 있기 때문에 유형을 이해하는데 도움이 될 것이다. 주어진 시간은 ⏳ 약 10분이다.

⚙ 지시와 전략

까소를라(Cazorla)소풍에 대한 광고가 있는 글부터 예를 들어보자. 우선 전반적인 메세지를 이해하고 어떻게 전개되는지 알기위해 글을 읽으면서 시작해야 한다.

글1

> 까소를라로의 소풍
> 휴대폰 동호회는 3월 13일에 까소를라 생태공원에서 회원을 위한 소풍을 준비했습니다. 표 값(1인당 6유로)과 식사(샌드위치 1개와 과일 1개)를 포함하고; 아이들은 25% 할인 됩니다. 출발은 (신문 가두판매대 앞) 꼰스띠뚜시온(de la Constitución) 광장에서 오전 7시에 합니다.

이 글에 당신이 정리해야 하는 부분이 빨간색으로 표시되어 있다.

글1

> 까소를라로의 소풍
> 휴대폰 동호회는 3월 13일에 까소를라 생태공원에서 회원을 위한 소풍을 준비했습니다. 표 값(1인당 6유로)과 식사(샌드위치 1개와 과일 1개)를 포함하고; 아이들은 25% 할인 됩니다. 출발은 (신문 가두판매대 앞) 꼰스띠뚜시온(de la Constitución) 광장에서 오전 7시에 합니다.

행사 : 까소를라로의 소풍

누가 주최합니까? : 휴대폰 동호회

누구를 위한 것입니까? : 회원

언제입니까?　시간 및 날짜 : 3월 13일 오전 7시

어디에서 출발하고 어디까지 갑니까? : 출발 : 데 라 꼰스띠뚜시온 광장　도착 : 생테공원

이러한 정보가 있을 때 질문과 보기를 읽어야 한다; 예를 들면:

13. 이 소풍을 위해서 …
A) 신청은 전화로 한다.
B) 아침 식사는 무료다.
✓C) 아이들은 할인된다.

이 광고에서는 무엇이 당신의 흥미를 유발합니까? 신청방법 (보기A), 어떤 식사를 지불하지 않는지 (보기B) 그리고 아이들을 위한 할인이 있는지 (보기C). 이 경우에, 각각의 보기 (A, B 또는 C) 정보가 맞는지 틀린지 확인할 수 있다.

A) 신청에 대한 언급은 없다.
B) 표가 있으면 식사(샌드위치)비는 지불하지 않지만 아침식사는 언급하지 않았다.
C) 아이들, 단체는 할인한다고 했으므로 이것이 정답이다.

다시 글을 읽을 필요는 없지만, 이제 응답 C를 선택한 것이 옳은 지를 확인할 수 있다.

글1

> **까소를라로의 소풍**
> 휴대폰 동호회는 **3월 13일**에 까소를라 **생태공원**에서 회원
> 을 위한 소풍을 준비했습니다. 표 값(1인당 **6유로**)과 **식사**
> (샌드위치 1개와 과일 1개)를 포함하고; 아이들은 **25% 할인**
> 됩니다. 출발은 (신문 가두판매대 앞) **꼰스띠뚜시온(de la**
> **Constitución)** 광장에서 **오전 7시**에 합니다.

연습하기 위하여

▶ 이제 이 유형의 연습문제 5와 6을 할 수 있다 (20~21쪽, 22~23쪽).

▶ www.enclave-ele.net/dele 웹사이트에는 이 연습문제에 대한 설명과 정답이 있다.

유형 3   연습문제 5

지시사항

6개의 광고를 읽고, 질문(13~18)에 응답하시오. 정답(A, B 또는 C)을 선택하시오.
선택한 보기를 답안지에 표기하시오.

예시:

글0

> 사진 스캐너. 이것을 이용하기 위해서는 컴퓨터가 필요 없습니다. 다양한 크기의 사진을 스캔합니다. 이용하기 쉽습니다. 사이즈: 18x13x20 센티미터.

0. 이 기계는 …
   A) 다양한 사이즈가 있다.
   B) 컴퓨터 없이 이용하면 된다.
   C) 20센티미터인 사진을 스캔한다.

정답은 **B**이다.

```
      A    B    C
0.   ☐    ■    ☐
```

글1

글2

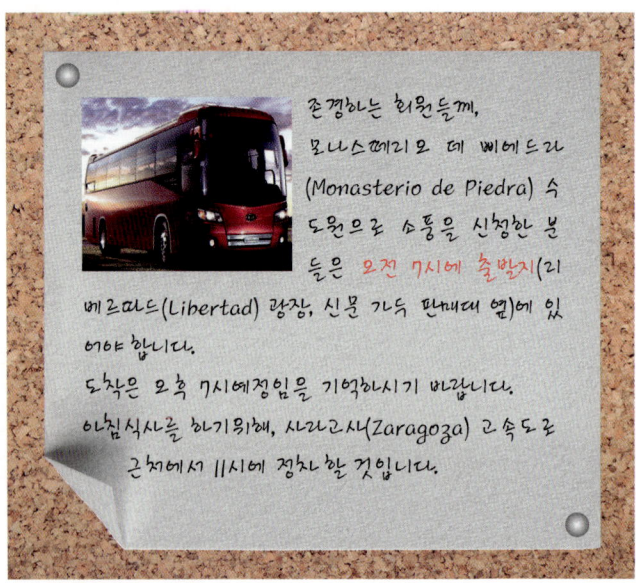

13. 이 놀이공원에서는, 공연들이 …
   A) 무료다.
   B) 4세 이상 아이들을 위한 것들이다.
   ✓C) 1월에 끝난다.

14. 이 여행은 …
   A) 며칠 걸린다.
   ✓B) 오전 7시에 시작한다.
   C) 식사를 포함한다.

글3

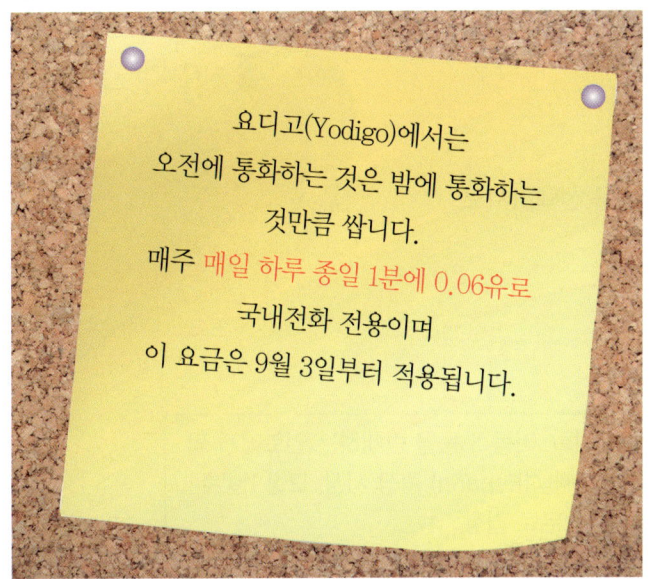

15. 이 전화 회사는 …

　　A) 국제전화를 허락하지 않는다.

　　B) 9월에 요금적용이 시작된다.

　✓C) 어떤 시간대이든 동일한 요금을 부과한다.

글4

16. 이 레스토랑에서는, 점원이 … 일할 것이다.

　　A) 매일 똑같은 시간에

　✓B) 화요일부터 일요일까지

　　C) 오전 11시부터 오후 2시까지

글5

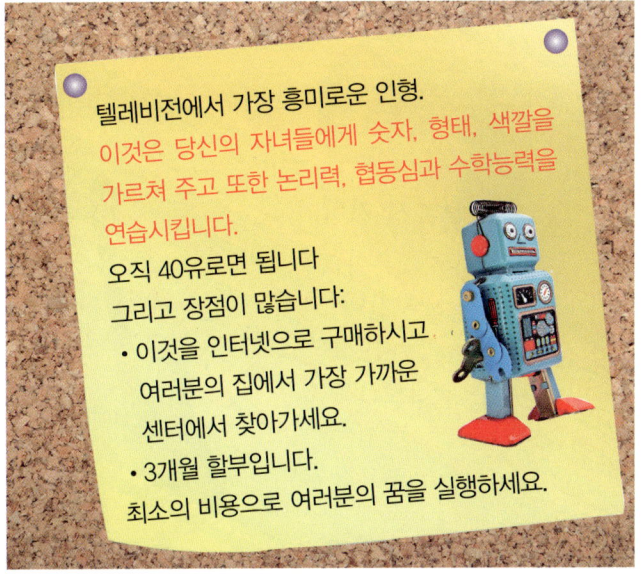

17. 이 상품은 …

　✓A) 아이들을 교육한다.

　　B) 놀이만을 위한 것이다.

　　C) 집으로 보낸다.

글6

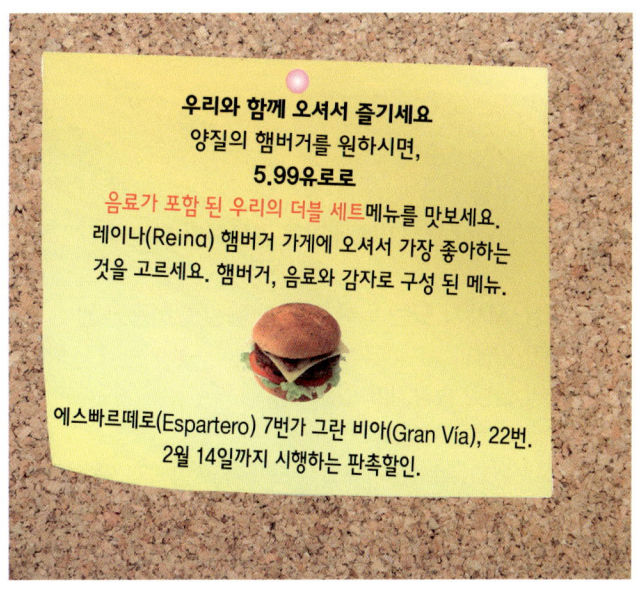

18. 이 식당에서는 …

　　A) 메뉴 한 개에 또 다른 메뉴를 준다.

　✓B) 메뉴에 음료 1개가 포함되어 있다.

　　C) 메뉴는 두 배의 비용이 든다.

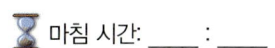 마침 시간: ＿＿ : ＿＿

유형 3 연습문제 6

⏳ 시작시간: _____ : _____

지시사항

6개의 광고를 읽고, 질문(13~18)에 응답하시오. 정답(A, B 또는 C)을 선택하시오.
선택한 보기를 답안지에 표기하시오.

예시:

글0

> 언젠가 한 아이가 있었다(*Había una vez un niño*) 전시회. 아동 노동을 반대하는 인도에서 찍은 후안 디아스(*Juan Díaz*)의 50장 이상의 사진들. 에스빠냐(*España*) 광장 시장. 12월 1일 수요일까지. 10시부터 15시까지 그리고 16시부터 22시까지. 무료 입장.

0. 이 사진 전시회는 … 열린다.

　A) 밤 12시까지

　B) 정오까지

　C) 12월까지

정답은 **C**이다.

```
      A     B     C
0.   [ ]   [ ]   [■]
```

글1

소년 구함
루고(Lugo) 중심가에서 방을 공유하기 위해서.

책상, 서재가 있는 독실, 부엌과 욕실을 이용할 권리가 있음.
중앙 난방. 승강기가 있는 4층.
밝고 교통편이 좋고 대학에서 5분 거리.
월세: 200유로 (전기세와 수도세가 포함되지 않음)

전화번호: 600 710 865

글2

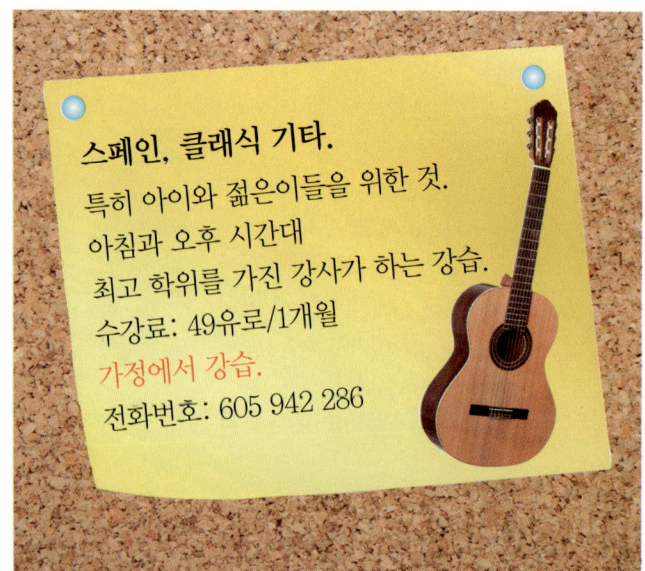

스페인, 클래식 기타.
특히 아이와 젊은이들을 위한 것.
아침과 오후 시간대
최고 학위를 가진 강사가 하는 강습.
수강료: 49유로/1개월
가정에서 강습.
전화번호: 605 942 286

13. 광고하고 있는 방은 …

✓A) 학생들에게 좋은 것이다.

　B) 침실이 1개만 있다.

　C) 마지막 층에 있다.

14. 강사는 … 강습을 한다.

　A) 한 달에 한 번

　B) 현대 음악

✓C) 학생의 집에서

글3

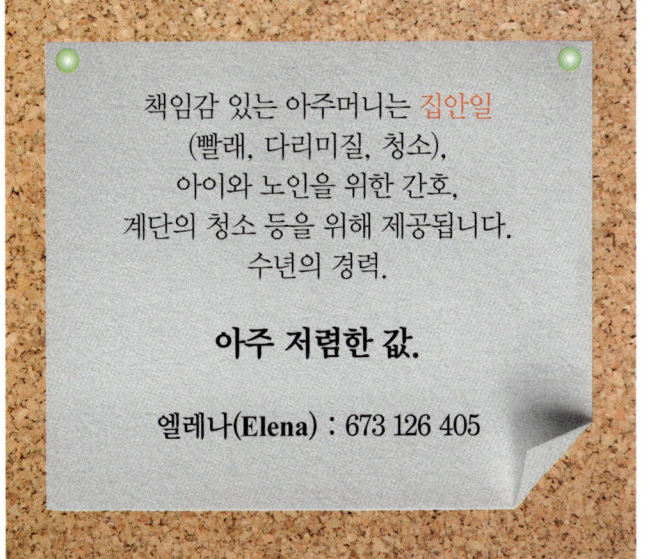

책임감 있는 아주머니는 집안일
(빨래, 다리미질, 청소),
아이와 노인을 위한 간호,
계단의 청소 등을 위해 제공됩니다.
수년의 경력.

아주 저렴한 값.

엘레나(Elena) : 673 126 405

15. 아주머니는 … 하는 서비스를 제공한다.
   ✓ A) 집안일을
   B) 사무실에서 일을
   C) 청소만을

글4

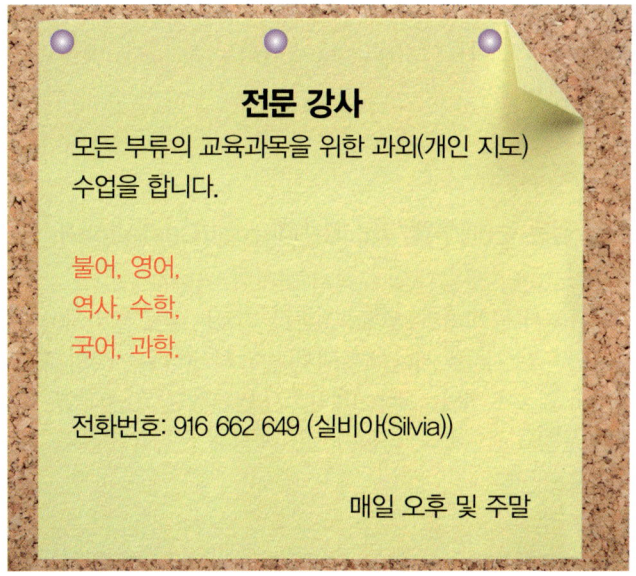

비다 사나(Vida sana) 무료 주간 간행물을 구독예약을 하고 싶다면 당신의 개인 정보로 양식을 채우세요.
당신이 아르헨티나에서 산다면 다음과 같은 결제수단을 사용해도 됩니다: 신용카드나 은행에서 입금.
당신이 콜롬비아나 칠레나 페루나 파나마나 유럽에서 산다면 우리 판매센터와 접촉하기 위한 이메일을 보내세요.
당신이 달러 신용카드로 구매하고 싶으시면 주문하시고 "신용카드 결제" 옵션을 선택하세요.
현지 화폐의 가격표를 보기 위해 당신의 나라나 화폐를 선택하세요.

16. 주간잡지에 나오는 상품들은 …
   A) 달러로만 판매된다.
   B) 어떤 나라에서는 무료다.
   ✓ C) 여러 나라에서 판매된다.

글5

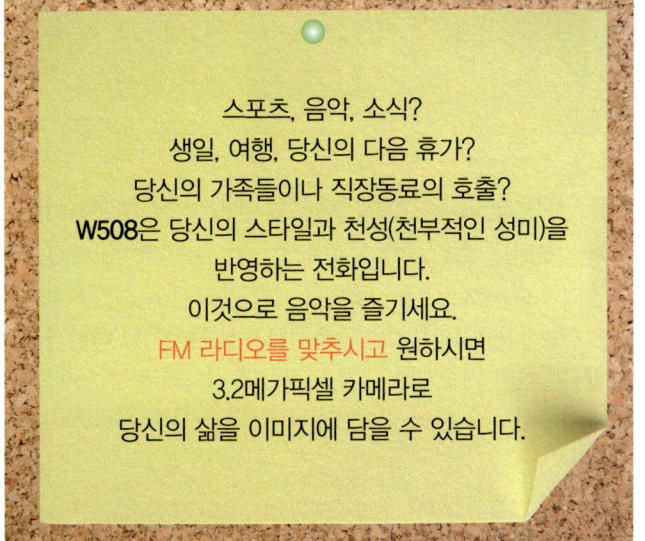

스포츠, 음악, 소식?
생일, 여행, 당신의 다음 휴가?
당신의 가족들이나 직장동료의 호출?
W508은 당신의 스타일과 천성(천부적인 성미)을
반영하는 전화입니다.
이것으로 음악을 즐기세요.
FM 라디오를 맞추시고 원하시면
3.2메가픽셀 카메라로
당신의 삶을 이미지에 담을 수 있습니다.

17. 이 휴대폰으로 …
   A) 여행 상품권을 받을 수 있다.
   ✓ B) 라디오도 듣는다.
   C) 인터넷 검색을 할 수 있다.

글6

전문 강사
모든 부류의 교육과목을 위한 과외(개인 지도)
수업을 합니다.

불어, 영어,
역사, 수학,
국어, 과학.

전화번호: 916 662 649 (실비아(Silvia))

매일 오후 및 주말

18. 이 수업은 …
   ✓ A) 여러 과목을 배우기 위한 것이다.
   B) 매주 토요일과 일요일에만 있다.
   C) 대학생만을 위한 것이다.

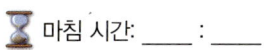 마침 시간: ____ : ____

독해 유형 4번에 대한 지시와 전략

유형

9개의 글을 7개의 문장과 연결해야 한다. 글들은 주로 최대 50개 단어로 구성된다. 글들은 동일한 주제에 대한 짧은 정보이고, 공연게시판, 도시나 오락 가이드, 팜플렛 혹은 정보 카탈로그로 나타낼 수 있다.

시험에는 문장0에 해당하는 예시가 있다.

유형들을 하기 위해 주어진 시간은 ⌛ 약 10분이다.

지시와 전략

오래된 철도 위에 만들어진 관광길에 대한 정보가 있는 글을 예로 들어보자.

우선 문장을 다 읽고 가장 중요한 단어나 구에 밑줄 ✍️을 그으시오. 예를 들면:

	문장	글
0.	꼬르도바(Córdoba)주의 한 마을에서 끝난다.	C
19.	산과 해안을 연결한다.	B
20.	기차는 50년대까지 다녔다.	
21.	자전거로 산책을 할 수 있다.	
22.	근처에서 살고 있는 동물들 때문에 이름을 이렇게 붙였다.	
23.	미래에는 지금보다 더 길어질 것이다.	
24.	가장 짧은 길이다.	

그 다음에 10개의 글을 하나씩 읽으시오.

가끔 어떤 단어들이 2개의 글에 나타날 수 있다. 예를 들면, 문장19의 "해안"과 "산"이라는 단어는 우리의 예문 A글과 B글에 나타난다.

A. 검은 눈(떼루엘/까스떼욘(Teruel/Castellón))

78킬로미터. 출발지 및 도착지: 바라까스(Barracas)까스떼욘에서 셀리아(Celia)떼루엘까지. 기차는 알또 빨란시아(Alto Palancia)를 지나서(통해서) 발렌시아(Valencia)의 해안과 델 힐로까(del Jiloca)계곡까지 연결됐고, 70년대 말에 운행을 중단했다. 삼림이 있는 지중해 산맥의 멋진 풍경을 지난다.

B. 세르삐스(Serpis)강(알리깐떼/발렌시아(Alicante/Valencia))

40킬로미터. 출발지 및 도착지: 알꼬이성(알리깐떼)에서 간디아(GandíaValencia)까지. 1969년에 운행을 멈춘 이 기차는 지중해의 풍경을 관통하면서 발렌시아의 해안과 알꼬이산을 연결했던 곳이다. 가장 흥미로운 부분은 세르삐스강의 아주 좁은 건널목인 라꼬 델 둑(Racó del Duc)이다.

A글의 경우에는, 발렌시아 해안에 철도의 시작이 있기 때문에 '해안'이라는 말이 나타난다. 또 이 철도는 산맥의 훌륭한 풍경을 관통한다고 해서 '산'이라는 말이 역시 나타나지만 산이 노선의 끝이 아니다. 반면에, B글에 이 철도는 발렌시아의 해안과 알꼬이산을 연결했다고 분명히 쓰여 있다.

이제 빈칸에 답을 쓸 수 있다.

문장	글
<u>산</u>과 <u>해안</u>을 <u>연결한다</u>.	B

또, 답할 때 반복해서 사용하지 않도록 광고글 위에 19번을 쓴다.

B. 세르삐스(Serpis)강(알리깐떼/발렌시아(Alicante/Valencia))

40킬로미터. 출발지 및 도착지: 알꼬이성(알리깐떼)에서 간디아Gandía(Valencia)까지. 1969년에 운행을 멈춘 이 기차는 지중해의 풍경을 관통하면서 <u>발렌시아의 해안과 알꼬이산을 연결했던</u> 곳이다. 가장 흥미로운 부분은 세르삐스강의 아주 좁은 건널목인 라꼬 델 둑(Racó del Duc)이다.

문장 19

연습하기 위하여

▶ 이제 이 유형의 연습문제 7과 8을 할 수 있다(26-27쪽, 28-29쪽).

▶ www.enclave-ele.net/dele 웹사이트에는 이 연습문제에 대한 설명과 정답이 있다.

유형 4 연습문제 7

지시사항

영화 프로그램에 대한 7개의 문장과 10개의 글을 읽고, 각 문장(19~24)에 알맞은 글(A~J)을 선택하시오. 예시가 포함된 10개의 글이 있습니다. 6개의 문장을 선택하시오.

선택한 보기를 답안지에 표기하시오.

예시:

0. 한 예술가의 삶을 이야기 한다.

정답은 **C**이다.

	A	B	C	D	E	F	G	H	I	J
0.	☐	☐	■	☐	☐	☐	☐	☐	☐	☐

문장		글
0.	한 예술가의 삶을 이야기 한다.	C
19.	그것은 <u>모든 연령층의 사람들</u>이 볼 수 있다.	G
20.	<u>두 시간보다 약간 더</u> 걸린다.	B
21.	<u>여자</u>가 그것을 <u>감독했다</u>.	A
22.	<u>모든 등장인물들은 혼자 있다</u>(외롭다).	E
23.	<u>노래를 통해 이야기가</u> 전개된다(이야기는 노래를 통해 전개된다).	H
24.	<u>배우 중 한 명</u>은 역시 공공 장소(Lugares comunes)에서 주역을 연출한다.	I

영화 프로그램

A. *인간 지리 지도책 (Atlas de geografía humana)*
프란(Fran), 로사(Rosa), 아나(Ana) 와 마리사(Marisa)는 지리 지도책을 제작하면서 일한다. 지도책을 준비하다가 그들의 인생을 정의할 사랑, 부정(바람 피움)과 화해에 직면한다. 감독: 아수세나 로드리게스(Azucena Rodríguez). 출연진: 꾸까 에스끄리바노(Cuca Escribano), 몬뜨세 헤르만(Montse Germán). 106분. 드라마(스페인). 13세 관람가.

B. *땅의 심장(El corazón de la tierra)*
1988년에, 영국의 한 회사는 노동자들을 착취하고, 그들 중에는 많은 아이들이 있다. 어느 날 그 장소에 한 외국인이 나타나 광부와 농부들을 모이게 한다. 감독: 안또니오 꾸아드리(Antonio Cuadri). 출연진: 까딸리나 산디노(Catalina Sandino), 시엔나 길로리(Siena Guillory). 123분. 드라마(스페인/영국). 13세 관람가.

C. *로라(Lola)*
로라 플로레스(Lola Flores)는 헤레스(Jerez)에 사는 8살 된 여자아이이다. 그녀는 이미 그 나이에 플라멩코를 아주 좋아한다. 1935년에 젊은 로라는 위대한 무용가가 되기로 결심한다. 감독: 미겔 에르모소(Miguel Hermoso). 출연진: 가라 에보라(Gala Évora), 아나 페르난데스(Ana Fernández). 115분. 드라마(스페인).

D. *모스코우 지로(Moscow Zero)*
러시아 인류학자인 세르게이 스파스키(Sergei Spassky)는 그 마을에 살고 있는 인간들이 저지른 살인에 대한 진실을 밝히기 위해 복잡한 터널망을 따라 지하에 내려간다. 감독: 안또니오 루나(Antonio Luna). 출연진: 빈센뜨 갈로(Vincent Gallo), 오사나 아낀시나(Osana Akinshina). 90분. 스릴러(스페인~미국~영국). 13세 관람가.

E. *부끄러움(Pudor)*
죽어가는 한 남자, 서명이 없는 편지를 받은 한 여자, 사랑이 마지막 한 번의 기회를 성인에게 제공한다. 모든 인물들은, 다 같이 살고 있음에도 불구하고 외롭다. 감독: 다비드 우요아(David Ulloa). 출연진: 난초 노보(Nancho Novo), 엘비라 민게스(Elvira Mínguez). 113분. 드라마(스페인). 13세 관람가.

F. *떼레사: 그리스도의 몸(Teresa: el cuerpo de Cristo)*
떼레사 데 세뻬다 이 아우마다(Teresa de Cepeda y Ahumada)는 그녀가 남자들의 세계에서 한 명의 여자임을 받아들이지 않고 아내와 어머니로 제한되는 것을 원하지 않는다. 감독: 라이 로리가(Ray Loriga). 출연진: 빠스 베가(Paz Vega), 레오노르 왓링(Leonor Watling). 119분. 드라마(스페인~영국~프랑스). 18세 관람가.

G. *공공 장소(Lugares comunes)*
페르난도(Fernando)는 아르헨티나 한 대학의 교육학 강사이다. 그는 스페인 여자인 릴리아나(Liliana)와 결혼했고, 그들은 친구이자 연인이자 동료이다. 의무적으로 퇴직해야 한다는 것을 그에게 통보할 때 페르난도의 세계는 완전히 바뀐다. 감독: 아돌포 아리스따라인(Adolfo Aristarain). 출연진: 페데리꼬 루뻬(Federico Luppi), 메르세데스 삼삐에뜨로(Mercedes Sampietro), 아르뚜로 뿌익(Arturo Puig). 108분. 드라마(아르헨티나). 연령 제한이 없음.

H. *부에나 비스따 소시알 끌루브(Buena Vista Social Club)*
음악가 라이 쿠데르(Ry Cooder)는 쿠바의 늙은 음악가들이랑 디스크 녹음 이야기를 끊임없이 해왔다. 그들의 음악은 뉴욕에서 모든 예술가들의 마지막 콘서트에 이르기까지 각 음악가의 이야기를 이어준다. 감독: 윔 웬더스(Wim Wenders). 출연진: 라이 쿠데르, 꼼빠이 세군도(Compay Segundo), 오마라 뽀르뚜온도(Omara Portuondo). 112분. 다큐멘터리(독일~미국~쿠바). 13세 관람가.

I. *마왕의 척추(El espinazo del diablo)*
12세 아이인 까를로스(Carlos)는 스페인 내전 때문에 집을 나온 아이들이 함께 생활하는 학교에 도착한다. 그들은 함께 한 아이 죽음의 비밀을 폭로한다. 감독: 기예르모 델 또로(Guillermo del Toro). 출연진: 마리사 빠레데스(Marisa Paredes), 에두아르도 노리에가(Eduardo Noriega), 페데리코 루뻬. 105분. 드라마(스페인~멕시코). 18세 관람가.

J. *끄로넨의 이야기들(Historias del Kronen)*
이제 막 21살이 된 젊은 학생 까를로스(Carlos)는 친절하고 매일 가는 바, 끄로넨에서 친구들을 만나는 것을 아주 좋아한다.
감독: 몬뜨소 아르멘다리스(Montxo Armendáriz). 출연진: 후안 디에고 보또(Juan Diego Botto), 조르디 모야(Jordi Mollà). 91분. 드라마(스페인). 13세 관람가.

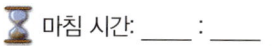 마침 시간: ____ : ____

유형 4   연습문제 8

지시사항

스페인어권 여자들의 전기에 대한 문장 7개와 10개의 글을 읽고, 각 문장(19~24)에 알맞은 글(A~J)을 선택하시오.

예시가 포함된 10개의 글이 있다. 6개를 선택하시오.

선택한 보기를 답안지에 표기하시오.

예시:

0. 19세기의 역사가.

정답은 **A**이다.

```
     A   B   C   D   E   F   G   H   I   J
0.   ■   □   □   □   □   □   □   □   □   □
```

	문장	글
0.	19세기의 역사가.	A
19.	두 번 결혼한 여자 배우.	E
20.	그녀는 자기 작품을 다른 이름으로 서명했다.	G
21.	그녀는 극작품을 스페인어로 번역했다.	H
22.	아메리카 대륙으로 망명하여 죽었다.	B
23.	전 세계에서 잘 알려져 있는 댄서다.	F
24.	그녀는 똑같은 도시에서 태어나고 죽었다.	J

스페인어권 여자들

A. 솔레닫 아꼬스따 데 삼뻬르(Soledad Acosta de Samper)
(보고타 1833년–파나마 1913년).
19세기 가장 중요한 콜롬비아 작가겸 연구원은 요즘 거의 알려져 있지 않은 그 작품의 질과 일에 대한 헌신(열정) 덕분에 문화사에 있어서 하나의 모범(모델)이 되고 있다.

B. 마리아 마엣뚜 이 윗니(María Maeztu y Whitney)
(비또리아Vitoria, 1881년–마르 델 쁠라따Mar del Plata, 1948년). 그녀는 교직을 이수했고 사범 학교(Escuela Normal)에서 교사로서 일했다. 1915년에 1936년까지 이끌게 되는 마드리드의 레시덴시아 데 세뇨리따스(Residencia de Señoritas)를 설립했다. 그녀는 아르헨티나로 망명했고 그곳 대학에서 교육학 강의를 했다.

C. 헤르뜨루디스 고메스 데 아베야네다(Gertrudis Gómez de Avellaneda)
(뿌에르또 쁘린씨뻬, 1814년–마드리드, 1873년).
작가이고 쿠바와 스페인의 문학사에 소속해있는 그녀는 낭만주의의 가장 중요한 시인 중 한명이 될 수 있었다. 그녀의 가장 중요한 작품 중에는 몽유병자(La sonámbula, 1854년)와 낭만주의 극작품의 명작인 발따사르(Baltasar, 1859년)가 있다.

D. 메르세데스 소사(Mercedes Sosa)
(산 미겔 데 뚜꾸만San Miguel de Tucumán, 1935년–부에노스 아이레스, 2009년).
그녀는 중남미에서 가장 좋은(아름다운) 목소리를 가진 여성 중 한 명이고, 중남미 새로운 노래스타일의 연주자. 그녀는 알폰시나와 바다(Alfonsina y el mar)라는 노래로 유명해졌다. 유엔은 여권신장 노고의 댓가로 그녀를 시상했다.

E. 마리아 펠릭스(María Félix)
(소노라Sonora, 1914년–멕시코 연방구, 2002년).
그녀는 47편의 영화에 출연했다. 그녀의 첫번째 역할은 영혼들의 바위(El peñón de las ánimas, 1942년) 멜로드라마에서 맡았고, 그때부터, 항상 자기자신을 연기했다. 아구스띤 라라(Agustín Lara) 작곡가와 호르헤 네그레떼(Jorge Negrete) 가수와 결혼했다.

F. 알리시아 알론소(Alicia Alonso)
(아바나, 1921년).
그녀는 쿠바 국립 발레 단장이었고 중남미 클래식 댄스사에 가장 유명한 사람들 중 한 사람 이었다. 그녀는 1931년에 쁘로–아르떼 무시깔(Pro-Arte Musical)협회의 발레 학교에서 공부를 시작했고 미국에서 공부를 계속 이어갔다.

G. 페르난 까바예로(Fernán Caballero)
(스위스, 1796년–세비야Sevilla 1877년).
세실리아 브을 데 파베르(Cecilia Böhl de Faber)는 스위스 출신 스페인 소설가의 별명이다. 갈매기(La Gaviota, 1849년)라는 그녀의 소설은 스페인 최초의 현대소설이고 많은 대화 그리고 이야기, 민속적인 일화, 노래와 농부의 시 등 다수가 수록되어 있다.

H. 마리아 데 라 오 레하라가(María de la O Lejárraga)
(산 미얀 데 라 꼬고야San Millán de la Cogolla, 1874년–부에노스 아이레스, 1974년).
대단한 성공을 거둔 한 작품의 저자다. 그레고리오 마르띠네스 시에라(Gregorio Martínez Sierra)라는 기업가 겸 소설가와 결혼했다. 그녀는 수 많은 소설, 드라마, 수필 그리고 셰익스피어와 같은 작가의 극작품의 번역본을 발표했다.

I. 비올레따 바리오스 데 차모로(Violeta Barrios de Chamorro)
(리바스Rivas, 니카라과, 1929년).
중미 한 나라의 최초의 여성 대통령. 그녀는 우니온 나시오날 오뽀시또라(Unión Nacional Opositora) 정당을 주도하면서 1934년부터 니카라과에서 행한 자유롭고 민주적인 최초의 대통령 선거에서 1990년 4월에 니카라과의 대통령으로 취임했다.

J. 알리시아 데 라로차(Alicia de Larrocha)
(바르셀로나, 1923년–2009년).
그녀는 세계적으로 뛰어난(세계에서 가장 훌륭한) 피아니스트 중 한 사람이다. 세계에서 가장 중요한 오케스트라들과 함께 연주했다. 1982년에 그녀는 예술의 공로로 메달을 받았고 위대한 스페인 음악가들(마누엘 데 파야Manuel de Falla, 호아낀 뚜리나Joaquín Turina, 안또니오 솔레르Antonio Soler와 페데리코 몸뽀우Federico Mompou)의 작품들에 대한 전문가가 되었다.

(출처: 여자들의 사전(Diccionario de Mujeres), 리디아 에스끄리바노(Lydia Escribano). 아센또(Acento) 출판사. 마드리드. 2003년).

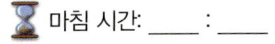 마침 시간: ____ : ____

독해 유형 5번에 대한 지시와 전략

유형

객관식(A, B, C)질문 6개가 있는 글이 있다. 글은 약 400개의 단어로 구성되어 있고 6개 또는 7개의 단락으로 나누어져 있다. 그러므로 각 단락에서 주로 1개의 질문을 다룬다. 항상 그렇진 않지만 일반적이다. 글은 주로 전기나 기삿거리, 이야기이다.

어떤 문제는 포괄적이고 또 어떤 문제는 더 구체적인 사건에 대한 것이다.

이 파트(독해)의 가장 어려운 유형이기 때문에, 이 유형을 하기 위해 주어진 시간은 ⌛ 약 15분이다.

⚙ 지시와 전략

이제 미겔 에르난데스(Miguel Hernández)와 루이스 로살레스(Luis Rosales)에 대한 글로 예시를 들어보기로 합시다.

이 예시에는 글의 의미에 대한 전체적인 질문이 2개(25 및 26)가 있고, 더 구체적인 질문(27, 28, 29, 30)이 있다. 6개의 문제와 보기를 다 읽고 중요한 단어나 구에 ✏ 밑줄을 그으시오.

25. 이 글은 … 다룬다.
   ✔A) 두 시인에 대한 삶을
   B) 두 소설가의 작업(작품)을
   C) 두 작가의 도시들을

26. 2명의 작가 사이에 …
   A) 큰 차이가 있다.
   B) 많은 유사점이 존재한다.
   ✔C) 공통적인 어떤 사건이 있다.

27. 미겔 에르난데스(Miguel Hernández)는 …
   A) 중요한 도시에서 태어났다.
   ✔B) 인생에 걸쳐 생각이 바뀌었다.
   C) 시처럼 극작품을 썼다.

28. 루이스 로살레스(Luis Rosales)와 미겔 에르난데스는 … 처음 만났다.
   A) 책의 발표회에서
   B) 아르헨티나에 있는 한 레스토랑에서
   ✔C) 한 잡지의 발표회에서

29. 이 글에 의하면, *그치지 않는 벼락(El rayo que no cesa)*은 …
   ✔A) 1936년에 출판됐다.
   B) 그의 첫번째 책이다.
   C) 드라마 책이다.

30. 이 글에 의하면 …
   A) 루이스 로살레스는 그의 시에서 과거와 추억을 연결시켰다.
   ✔B) 두 작가는 고전 시를 짓고 싶어했다.
   C) 미겔 에르난데스는 글을 쓰면서 그의 문제들을 해결했다.

질문에서 나타나는 주제에 ✏ 밑줄을 긋고 해당하는 질문의 번호를 여백에 쓰고 글을 읽으시오.

25 26	20세기의 **두 위대한 시인인** 미겔 에르난데스와 루이스 로살레스는 **1910년에 태어났다.** **삶은 그들을 멀게도 했고, 가깝게도 했다.** 시의 독자들을 위해 아주 흥미로운 이야기를 만들어가면서 삶은 다시 **그들을 함께 하게했다.** 미겔 에르난데스는 후에 마드리드 생활과 스페인 내전 동안 보여주었던 것과 똑같은 열정으로 그의 고향 오리우엘라(Orihuela)에서 성장할 준비가 되어있던 자신감있는 소년이었다.	루이스 로살레스는 그의 첫번재 책, *아브릴(Abril)*에서, 형식(틀)에 관심을 갖는다. 두 권의 책은 시의 내용을 높이 평가하는 세대에서 아주 중요한 작품들이다. 로살레스는 현재와 과거를: 기억과 희망으로 관련시키려고 노력한다. 미겔은, 다른 한편으로, 지식은 짧지만, 시에 대한 커다란 열정이 있어서, 그가 가진 문제와 걱정(불안)을 표현하기 위해 시를 이용한다.
27	**그는 글을 쓰는** 시기에 따라 다양한 것들을 변호하는 시와 극작품을 썼다. 루이스 로살레스는 고향 그라나다에서 차분하면서도 즐겁게 살았던 큰 안경 뒤에 숨겨진, 내성적인 소년이었다.	그러나 **두 시인은 고전 시를 전혀 짓지 못했다.** 1936년에 찍은 한 사진 속에 비센떼 알레익산드레(Vicente Aleixandre)의 *파괴나 사랑(La destrucción o el amor)*이라는 책의 출판을 축하하기 위해 마드리드에 있는 부에노스 아이레스라는 레스토랑에서 모인 한 그룹의 시인이 보인다. 왼쪽에서부터, 서 있는 미겔 에르난데스와 루이스 로살레스가 있다. **둘은 동료이자** 친구인 네루다(Neruda)와 27세대의 명인들사이에 있다. 미겔은 무리를 보면서 미소를 짓고 로살레스 씨는 안경너머로 카메라를 본다. (출처: 메르꾸리오(Mercurio). 120번. 2010년 4월. 8~9쪽)
28 29	미겔과 루이스, 두 사람은 1935년 *위기 수탁(El gallo crisis)*이란 잡지의 종간호의 발표회에 동시에 있었을 때 미겔 에르난데스는 변하기 시작했고, 그는 감상적이고 도시의 현실에 들어가기 위해 이미 시에 대한 그의 지식을 활용한다. 이것은 **이듬해에 *그치지 않는 벼락* 이라는** 그의 책에서 성숙하는 세계다(성숙하게 된다.).	30

포괄적인 질문들을 위해서 글의 전체에서 결론을 유도해야 한다. 나머지 질문들은 구체적인 자료를 주의깊게 봐야한다. 어떨 때는 정답을 찾기 위해 여러가지 정보(예를 들면, 만약에 글이 미겔과 루이스는 1935년에 같이 있었고 이듬 해에 미겔이 그치지 않는 벼락 이라는 (그의 책 속)에서 성숙하는 그의 세계라고 했다면… 그 책이 1936년에 출판됐다)를 언결해야 한다.

남은 2분은 6개의 질문에 답하기 위한 것이다.

25 이 글은 … 다룬다.
   A) **두 시인에 대한 삶을** (작품이나 출신지 이야기를 하지 않고 그들이 한 것을 말하고 있다.)

26. 2명의 작가 사이에 …
   C) **공통적인 어떤 사건이 있다.** (그들이 서로 비슷하지 않고 큰 차이가 없는 공통적인 사건, 친구와 환경이 있다.)

27. 미겔 에르난데스는 …
   B) **인생에 걸쳐 생각이 바뀌었다.** (그는 시기에 따라 다양한 것을 썼다.)

28. 루이스 로살레스와 미겔 에르난데스는 … 처음 만났다.
   C) **한 잡지의 발표회에서** ("두 사람이 1935년 이 *위기 수탁(El gallo crisis)* 이란 잡지의 종간호의 발표회에서 동시에 있었을 때.")

29. 이 글에 의하면, *그치지 않는 벼락*은 …
   A) **1936년에 출판됐다.** (1935년 잡지사 발표회에 동시에 참석한지 일년 후에 이 책이 출판됐다: "이것은 이듬 해에 그치지 않는 벼락이라는 그의 책에서 성숙하는 세계다".)

30. 이 글에 의하면 …
   B) **두 작가는 고전 시를 짓고 싶어했다.** (두 작가 모두 그런 시를 짓고 싶어했지만 "고전 시를 전혀 짓지 못했다".)

연습하기 위하여

▶ 이제 이 유형의 연습문제 9와 10을 할 수 있다(32-33쪽, 34~35쪽).
▶ www.enclave-ele.net/dele 웹사이트에는 이 연습문제에 대한 설명과 정답이 있다.

유형 5 연습문제 9

지시사항

당신은 화가 살바도르 달리(Salvador Dalí)에 대한 한 소설의 일부분을 읽고, 질문(25~30)에 응답하시오. 정답(A, B 또는 C)을 선택하시오.
선택한 보기를 답안지에 표기하시오.

달리, 살바도르(피게레스Figueres, 1904년~1989년) <u>그는 화가 라기보다 훌륭한 작가였다.</u> 나는 아주 어렸을 때 <u>그의 집에서 매우 가까운 까다께스(Cadaqués)에서 천재의 일기(Diario de un genio)를 읽으면서 아주 재미있게 지냈다.</u> 나는 몇몇 단락들을 외웠고 친구들과의 모임에서 그것들을 읽곤 했다. 나는 한 단락을 기억한다: "나는 오늘 아주 멍청한 3명의 스웨덴 사람의 방문을 받았다. " 이 인용문은 내가 가지고 있는 책에서 발견하지 못한 것 이어서 외워서 쓴 것이다.
내가 날조한 것인가? 이렇다면 난 스웨덴 사람들에게 죄송함을 표한다.
나는 그 일기에서 그가 걸린 불가사의한 위통과 요통을 기억한다. <u>"이 질병은 선물이었다!"</u>
그럼에도 불구하고 나는 얼마 전에 까딸루냐(Cataluña)에서 출판된, 달리가 청소년기에 썼던 일기를 선호한다. 그 청소년기의 기록들은 천재의 일기를 초월하고, 더욱 자발적인 것들이다. 나는 달리의 <u>일기 중에서 무엇을 선호하냐고 묻기 위해</u> 한 시간 전에 뻬드로 힘페레르(Pedro Gimferrer) 시인에게 전화했다. 무엇이든 알기를 좋아하는 힘페레르 시인은 나에게 "그것을 왜 알고 싶어?" 라고 물었다. 나는 "내가 왜 그것을 알고 싶은지 잘 몰라." 그에게 말했다. "사실 내가 전화한 이유는 내가 쓰고 있는 일기에 이 전화의 내용을 쓰고 싶어서야. 그리고 이 일기는, 특히 과거의 일들을 말하고부터 사전과 소설로 변했기 때문에

일기(같지)와 비슷하지 않아서; 그래서 너에게 전화했어." 아마 이야기 할 어떤 걸 갖기 위해, 오늘 일어났던 일, 이번 주 목요일에 현실 생활에서 발생한 것을 말하기 위해서 너에게 전화했어: 나는 현재가 조금 필요해".
전화기 저쪽에서 짧은 침묵. 갑자기 힘페레르 시인은 "네가 원한다면 나에게 있어서 한 작가의 일기가 의미하는 것을 말해줄게." 라고 말했다. 나는 "아주 좋은 생각이네." 라고 응답했다. 그는 "일기가 정의하는 것은 그 일기를 쓰는 개인의 도덕적인 존재야."라고 말했다.
나는 그에게 "네 마음을 알았어, 잘 알았어." 말했다. 다시 침묵. 나는 "다른 것도 말하고 싶어?"라고 질문했다. 그는 "일기의 진정한 본질은 외부의 사건이 아니라 작가의 도덕적인 전개임을 잊지 마."라고 말했다. 나는 그에게 "뻬드로, 고마워, 대단히 고마워, 이제 나는 일상 생활을 조금 더 일기에 쓸 수 있어, 대단히 고마워."라고 말했다.
시인은 "천만에; 인생은 아름답다."라고 했다. <u>그리고 전화를 끊었다.</u>

(출처: 몬따노의 악(El mal de Montano), 안또니오 빌라~마따스 (Antonio Vila-Matas), 아나그라마(Anagrama), 바르셀로나, 2007년).

⧖ 마침 시간: _____ : _____

25. 이 글은 ⋯ 다룬다.
    A) 화가 달리의 질병을
  ✓ B) 달리의 자서전 글들을
    C) 달리가 까따께스에서 받았던 방문객들을

26. 저자에 따르면 ⋯
    A) 달리는 좋은 화가였다.
    B) 달리는 나쁜 화가였다.
  ✓ C) 달리는 좋은 작가였다.

27. 이 글에 의하면 ⋯
    A) 저자는 달리의 집에서 살았다.
    B) 달리는 까딸루냐에서 일기를 썼다.
  ✓ C) 저자는 까디께스에서 일기를 읽었다.

28. 달리에게는 질병이 ⋯
  ✓ A) 긍정적인 어떤 것이었다.
    B) 아주 고통스러운 것이었다.
    C) 흥미로운 뭔가였다.

29. 친구에게 전화할 때 저자의 의도는 ⋯
    A) 그에게 달리의 글을 읽어 주기 위한 것이었다.
  ✓ B) 이야기할 것을 갖기 위한 것이었다.
    C) 그 친구에게 책을 빌리는 것이었다.

30. ⋯ 전화가 끝난다.
    A) 선이 절단되어서
    B) 저자가 지루해서
  ✓ C) 친구가 전화를 끊어서

유형 5   연습문제 10

⌛ 시작시간: ___ : ___

지시사항

로베르또 볼라뇨(Roberto Bolaño)의 문학작품에 대한 논평을 읽고, 이어서, 질문(25~30)에 응답하시오. 정답(A, B 또는 C)을 선택하시오. 선택한 보기를 답안지에 표기하시오.

칠레 작가인 로베르또 볼라뇨의 예는 문학사의 가장 놀라운 업적 중 하나를 상징(재현)한다. 그는 자신을 시인으로 여겼으나 37세 때 미래의 경제적 안정과 가족(까롤리나 로뻬스(Carolina López)란 스페인 여자와 결혼해서 첫째아이를 가졌다)을 위해 노력해야 한다는 강박관념에 사로잡혀서 1990년에 산문체를 쓰기 시작했다. 44세 였을 때 그는 단독으로 첫번째 작품(소설)을 실패한 채 발표했다. 그 나이에도 그는 아무것도 발표하지 못하고 죽을거라고 확신하고 있음을 자기 일기에 썼다. 그것은 잘못이었다: 단 2년 후에, 1998년에 이 칠레 작가는 무명을 떨쳐버리고 야생의 형사들(Los detectives salvajes) 이란 소설 덕분에 문학의 인생을 살기 시작했다. 그 소설로 중남미 노벨상과 같은 로물로 가예고스(Romulo gallegos)상과 에랄데 데 노벨라(herralde de Novela) 2개의 중요한 상을 아주 빨리 받았다. 훗날 발생한 것은 이야기의 끝과 비슷하지만 시작일 뿐이었다. 2003년 7월에 이 칠레 작가는 젊었을 때부터 앓아왔던 질병 탓에 죽었다. 볼라뇨는 50세였고 인생의 절정기였다. 이탈리아, 프랑스, 네덜란드와 영국 등에서 그의 작품의 일부를 출판할 30개의 계약이 있었다. 그가 죽었을땐 최소한 그 당대의 가장 위대한 중남미 작가였지만 그는 아직도 마지막 놀라운 것을 간직하고 있었다. 2004년에, 작가의 사망 단 1년 후에, 아나그라마(Anagrama) 출판사는 2666이란 기념비적인 작품을 책 한 권으로 모아서 출판했다.

2666 작품 이래로 로베르또 볼라뇨의 전설이 시작된다. 그의 작품이 미국에 도착한 후 영어권 문학계에서도 나날이 유명해졌다.

이 칠레 작가는 1977년에 까딸루냐(Cataluña)에 도착해서 그곳을 다시 떠나지 않았다. 스페인에서 살아가기 위해 그가 해야 했던 많은 일들 중 하나는 그의 어머니의 상점에서 판매원이었지만 웨이터, 호텔 프론트직원과 캠핑장 경비원이기도 했다. 볼라뇨는 거의 모든 작품을 읽어서 말년에는 문학사에 대해서 아무 문제없이 이야기 할 수 있었다.

10년이 채 되지 않아 볼라뇨는 소외된 한 시인을 거쳐 가브리엘 가르시아 마르께스(Gabriel García Márquez) 작가이래 가장 인기있고 잘 변역된 중남미 작가로 바뀌었다. 볼라뇨에게는 글 쓰는 것이 자연스러운 행동이나 즐거움이 아니라 상식과 명석함과 투쟁이 필요한 전쟁이었다. 그는 야생의 형사들의 집필을 끝냈을 때 평론가인 익나시오 에체베리아(Ignacio Echeverría)라는 그의 친구에게 이렇게 방대한 소설은 다시 쓰지 않기로 맹세했다. "그 소설은 나를 집어삼키는 괴물처럼 보여서 소설을 파괴할 생각까지 했다." 그럼에도 불구하고 그의 인생 말년에 그는 방대한 소설을 다시 썼다. 2666을 마무리 짓는 것은 그에게 두번째 질병이 되었다. 이 책은 탐정소설이며 1,000장 이상의 지나치게 긴 장편소설이었다.

볼라뇨는 칠레 산티아고에서 태어났지만 스스로를 칠레 사람으로 생각하지 않았기 때문에 어디에서나 중남미 사람과 외국인으로 여겨졌다.

(출처: 바빌란 마가신(Babylan Magazine), 메디아라마(Mediarama). 2009년 5월. 82~84쪽).

⏳마침 시간: _____ : _____

25. 이 글에 의하면 볼로뇨는 …

    A) 공상 과학 소설가이다.

  ✓B) 그는 당대의 최고의 번역작가이다.

    C) 중남미 노벨상 작가.

26. 이 글에 의하면 로베르또 볼라뇨는 …

    A) 아주 젊었을 때 결혼했다.

    B) 칠레에 여러 일자리가 있었다.

  ✓C) 경제적인 필요때문에 글을 썼다.

27. 이 칠레 작가는 …

    A) 미국과 칠레, 스페인에서 살았다.

    B) 에체베리아와 그의 첫번째 소설을 출간했다.

  ✓C) 너무 긴 소설은 쓰고 싶어하지 않았다.

28. 로베르또 볼라뇨는 … 죽었다.

    A) 두번째 질병 탓에

  ✓B) 그의 경력에 있어서 중요한 시점에

    C) 아무 소설도 출판하지않고

29. *2666*는 …

  ✓A) 장편소설이다.

    B) 상을 받은 작품이다.

    C) 짧은 이야기다.

30. 그의 죽음 순간에, 볼레뇨의 작품은…

    A) 미국에서 알려졌다.

  ✓B) 다른(여러) 나라에서 출간되었다.

    C) 30개 언어로 번역되었다.

청취력 테스트는 총 30개의 질문이 있는 5개의 유형으로 나누어져 있고, 청취시간은 35분이다. 이 테스트 글들은 짧거나 혹은 긴 대화나 광고다.

▶ **유형 1번:** 청취하게 될 광고에 대한 7개의 짧은 질문이 있다. 각 질문은 삼지선다형이며 올바른 답을 골라야 한다. 1개의 예시가 제공된다.

▶ **유형 2번:** 1개의 뉴스와 그룹광고들에 대한 6개의 질문이 있다. 각 질문은 삼지선다형이며 올바른 답을 골라야 한다. 글은 (유형 1번 보다) 더 길며, 정보는 글 전체에서 찾는다.

▶ **유형 3번:** 6개의 메세지가 제시되며 이것들을 9개의 광고와 관련 시켜야 한다. 1개의 예시가 제공된다.

▶ **유형 4번:** 두 사람 간의 대화에 대한 6개의 질문이 있다. 질문은 삼지선다형이며 올바른 답을 골라야 한다.

▶ **유형 5번:** 대화에서 듣게 될 정보에 따라 (제시된) 이미지와 연결 시켜야 하는 5개의 문장이 있다. 글은 장문이며 정보는 글 전체에서 찾는다.

이 테스트의 모든 유형에서, 다음과 같은 단계를 따라야 한다:

• 질문들을 읽고 단어나 가장 중요한 구에 ✏ 밑줄을 긋는 것이다. 이렇게 해서 당신은 듣기 전에 오디오가 무슨 주제를 대하는지 상상할 수 있다.

• 오디오를 듣는 동안 이야기하는 것을 기억하고 정답을 선택하기 위해서 당신이 들은 가장 중요한 단어를 쓰는 것이다. 각 글은 두 번씩 들려준다 오디오에 주의를 기울이면서 글들을 쓰시오.

• 첫번째 오디오 동안 한 단어를 쓰는 것을 끝내지 못한다면, 일시중지 또는 두번째 오디오 동안 그것을 완료할 수 있다. 가능한 한 문자 그대로 써야되기 때문에 당신의 모국어로 쓰지 말고 스페인어로 쓰시오.

이 테스트에 대한 마지막 2가지 충고:

▶ 유형 4번과 5번을 위해 시간을 아끼는 것이 중요하다. 그래서 다음 유형의 질문을 다 읽기 위해 조금 먼저 유형 3번 및 4번을 마무리하려고 노력해야한다.

▶ 대부분의 경우에 당신은 질문의 문장의 단어들을 듣지 못 할 것이다; 그래서 문제를 풀기 위해서 들은 것을 쓰고, 정답이 무엇인지 결정하는 것이 좋다.

청취 유형 1번에 대한 지시와 전략

유형

삼지선다형 객관식 (A, B, C) 질문 1개가 있는 라디오 광고 7개가 있다. 광고들은 두 번씩 반복된다. 이 광고들은 주로 뉴스의 제목이나 텔레비전 광고나 라디오에서 나오는 것이다.

질문 0이 있는 예문 1개가 있다.

질문과 관련된 중요한 자료만큼 광고의 전체적 의미를 이해하는 것도 중요하다.

지시와 전략

세탁기 광고로 예를 들어보자.

글을 듣기 전에 질문과 보기를 다 읽고 중요한 단어나 구에 밑줄을 그으시오.

0. 마사이(Masai) 세탁기는 … 판매된다.

    A) 20% 할인되어

    B) 오직 올해에만

    C) 일주일동안 더 싸게

<u>할인</u>은 값에 대한 것이다.

<u>해</u>는 시간에 대한 것이다.

<u>싸게/일주일</u>은 시간과 값에 대한 것이다.

첫번째로 적극적으로 즉, 연필을 손에 들고, 오디오(1트랙)를 들을 준비하시오. 듣는 동안 메모를 적으시오. (이 광고에 관심이 있는 주제에 대해서 문자 그대로 2~3단어를 메모하시오. 예를 들면, 가격과 시간)

월요일~일요일	특가	12개월간 지불

문자 그대로, 역시 당신은 20%를 들었지만 가격이나 할인이 아니라 에너지 소비에 대한 것이다.

첫번째 청취가 끝날 때 정답에 대한 대강의 생각이 있어야 한다. 두 번씩 오디오를 듣는 이유는 당신이 선택한 답이 정답인지 확인하기 위한 것이다.

당신이 기록한 메모에 따르면:

▶ 보기 A는 불가능하다; 왜냐하면 세탁기가 얼마인지 언급하지 않았기 때문이다;

▶ 보기 B는 응답에는 12개월인 연도의 개념이 나타나지만 세탁기 값을 지불할 시기에 대한 것이다;

▶ 보기 C는 일주일(월요일~일요일)인 기간이 있고 그 기간 동안 "특가"가 있어서 이 선택지에서 값과 시간의 두 개념이 나타난다.

마사이 세탁기는 … 판매된다.

    A) 20% 할인으로

    B) 오직 올해에만

    C) 일주일동안 더 싸게

이 순간은 답안지에 ✏ 연필로 응답하는 시간이다.

A B C
☐ ☐ ■

이제 첫 번째 질문에 응답했고, 다음을 준비하는 것이 중요하다.
이 광고와 다음 광고 사이에 가장 중요한 부분에 ✏ 밑줄을 긋고, 두 번째 질문의 문장과 응답을 읽으시오.

연습하기 위하여

▶ 이제 이 유형의 연습문제 11과 12를 할 수 있다 (39와 40쪽), 문제에 대한 청취는 트랙 2와 3⊙♫이다.

▶ www.enclave-ele.net/dele 웹사이트에 이 연습문제들에 대한 풀이가 있는 정답이 있다.

유형 1 연습문제 11 트랙 2 ⊙♫

⧗ 시작시간: _____ : _____

지시사항

7개의 라디오 광고를 듣게 되며 광고들은 두 번씩 반복된다. 각 광고에 대한 질문에 알맞은 보기(A, B 또는 C)를 선택하시오. 선택한 보기를 답안지에 표기하시오.

이어서 예시문제를 들어보자:

0. 고객들은 3층에 가면 … 수 있다.

   A) 소설 한 권을 무료로 얻을
   B) 배우들이랑 이야기 할
   C) 강연을 들을

정답은 **C**이다.

	A	B	C
0.	☐	☐	■

질문

1. 이 광고는 … 다룬다.
   A) 선물 가게를
   ✓B) 쇼핑몰을
   C) 패션 브랜드를

2. 일정한 행사들 중에는 … 있다.
   A) 댄스에 대한 강연이
   B) 사진 전시회가
   ✓C) 콘서트와 연극이

3. 이 회사는 … 종사한다.(관련 회사이다.)
   A) 교통에
   ✓B) 에너지에
   C) 환경에

4. 이비사(Ibiza)에는 … 이 있다.
   A) 자연 경관
   B) 해안 마을
   ✓C) 생태 공원

5. 이것은 … 호텔의 광고다.
   ✓A) 호화로운
   B) 싼
   C) 관광

6. 이 광고는 … 다룬다.
   A) 야채 전문식당을
   B) 콘서트 홀을
   ✓C) 커피숍/레스토랑을

7. 소풍은 … 실시된다.
   A) 매주 주말에
   B) 특히 여름에
   ✓C) 어떤 계절이든

⧗ 마침 시간: _____ : _____

유형 1   연습문제 12   트랙 3 ⊙♫

⏳ 시작시간: _____ : _____

지시사항

7개의 라디오 광고를 듣게 되며, 광고들은 두 번씩 반복된다. 각 광고에 대한 질문에 알맞은 보기(A, B 또는 C)를 선택하시오. 선택한 보기를 답안지에 표기하시오.

이어서 한 예를 듣게 될 것이다:

0. 바야돌리드(Valladolid)의 기차는 …
    A) 17번 승강장에서 출발한다.
    B) 16번 승강장에 도착한다.
    C) 오후 7시에 도착한다.

정답은 **C**이다.

    A   B   C
0. ☐   ☐   ■

질문

1. 이 광고는 … 축제 이야기를 한다.
    A) 연극
  ✓B) 음악
    C) 영화

2. 유기농 시장에는 … 있다.
    A) 약초가
  ✓B) 향유(올리브유)가
    C) 과일이

3. 이 광고는 … 것이다.
    A) 서점에 대한
    B) 한 소설에 대한
  ✓C) 한 콩쿠르에 대한

4. 이 웹사이트에서는 … 수 있다.
    A) 등록을 할 수
  ✓B) 강습을 알 수

    C) 언어들을 공부 할 수

5. 이 소식은 … 콩쿠르 이야기를 한다.
  ✓A) 시
    B) 예술
    C) 잡지

6. 에이라(Eira) 호텔은 …
    A) 이번 달에 반값이다.
    B) 많은 방이 있다.
  ✓C) 스키장에 있다.

7. 이 할인으로 … 무료로 전화할 수 있다.
  ✓A) 외국으로
    B) 매일 오후에만
    C) 한 달 동안

⏳ 마침 시간: _____ : _____

객관식 (A, B, C) 질문 6개와 그룹광고나 라디오 뉴스 혹은 인터뷰가 있다. 이 문제의 듣기는 약 3분이 걸리고 두 번씩 들려준다.

듣기를 시작하기 전에 질문을 읽기 위해 35초가 주어진다.

전체적인 질문이 2개가 있고 나머지는 더 구체적인 것에 대한 것이다.

지시와 전략

라디오 프로그램으로 예시를 들어보자.

듣기 전에, 질문을 읽고 가장 중요한 단어에 밑줄을 긋기 위해 시간이 30초 이상이 있다는 걸 기억하시오.

8. 아스뚜르까르드(Asturcard) 카드는 …

   A) 특가가 있다.

   B) 지불하기 위해 사용하는 것이다.

   ✓ C) 다양한 장소에서 사용하는 것이다.

9. 도시의 어떤 레스토랑들에서는 …

   A) 3가지 후식을 고를 수 있다.

   ✓ B) 무료 식욕 증진제가 제공된다.

   C) 전통적인 생산물로 만든 것을 선물한다.

10. 어린이 궁전은 … 영업한다.

   A) 오후 2시에

   ✓ B) 오전 10시에

   C) 오후 3시에

11. 라스 깔다스(Las Caldas) 운동장은 …

   ✓ A) 어린이 궁전 보다 먼저 문을 연다.

   B) 미술관보다 더 크다.

   C) 레스토랑보다 더 많이 할인한다.

12. 당신이 밀레니오(Milenio) 호텔들에 아스뚜르까르드 카드가 있다면 … 돈을 내지 않는다.

   ✓ A) 소형 냉장고의 음료수들에

   B) 인터넷 이용에

   C) 레스토랑에서 식사를 하는데

13. 이 카드로는 …

   ✓ A) 특가가 제공된다.

   B) 입장료가 무료다.

   C) 박물관의 방문이 더 싸다.

확인한 것처럼 전체적인 질문 2개(8, 13)가 있고 11번 질문에서는 여러 광고의 정보들을 연결시켜야 한다.

첫번째로 적극적으로 즉, ✏ 연필을 손에 들고, 듣는 것을 메모 하면서 오디오(4트랙◉🎵)를 들을 준비를 하시오.

이 예시에서 메모할 수 있는 것은 다음과 같다.

8. 아스뚜르까르드 카드는 …
    A) 특가가 있다.   *특가를 제공한다*
    B) 지불하기 위해 사용하는 것이다.
  ✓C) 다양한 장소에서 사용하는 것이다.   *다음과 같은 업소에서*

9. 도시의 어떤 레스토랑들에서는 …
    A) 3가지 후식을 고를 수 있다.   *후식 1그릇*
  ✓B) 무료 식욕 증진제가 제공된다.   *3개의 식욕 증진제*
    C) 전통적인 생산물로 만든 것을 선물한다.   *전통적인 것으로 만든 상품*

10. 어린이 궁전은 … 영업한다.
    A) 오후 2시에
  ✓B) 오전 10시에   *10시부터*
    C) 오후 3시에

11. 라스 깔다스 운동장은 …
  ✓A) 어린이 궁전 보다 전에 문을 연다.   *6시에 연다*
    B) 미술관 보다 더 크다.   *전 지역에서 가장 큰 곳*
    C) 레스토랑보다 더 많이 할인한다.   *10% 할인*

12. 당신이 밀레니오 호텔들에 아스뚜르까르드 카드가 있다면 … 돈을 내지 않는다.
  ✓A) 소형 냉장고의 음료수들에   *한 음료수*
    B) 인터넷 이용에   *인터넷 연결 무료*
    C) 레스토랑에서 식사를 하는데   *식사에 15% 할인*

13. 이 카드로는 …
  ✓A) 특가가 제공된다.
    B) 입장표가 무료다.
    C) 박물관의 방문이 더 싸다.   *박물관 가이드방문*

---

8. 아스뚜르까르드 카드는 …
    A) 특가가 있다.   *특가를 제공한다*
    B) 지불하기 위해 사용하는 것이다.
  ✓C) 다양한 장소에서 사용하는 것이다.   *다음과 같은 업소에서*

이 전체적인 질문에서는 카드의 유용성, 지불하기 위해 제공되지 않은 것(보기B), 그리고 아무런 비용이 안든다(보기A)는 것을 말한다; 다양한 업소나 장소에서 사용가능하다. (레스토랑, 박물관, 레저 센터 등등) (보기C).

9. 도시의 어떤 레스토랑들에서는 …
   A) 3가지 후식을 고를 수 있다.   후식 1그릇
   ✓ B) 무료 식욕 증진제가 제공된다.   식욕 증진제 3개
   C) 전통적인 생산물로 만든 것을 선물한다.   전통적인 상품으로 만든 것

이 질문에서는, 무료 식욕 증진제 3개(보기B)와 3그릇이 아니라 후식 1그릇(보기A)을 말한다; 그리고 그곳의 메뉴들이 전통적인 상품들로 만든 것들이지만 선물하지 않는다.(보기C).

10. 어린이 궁전은 … 영업한다.
    A) 오후 2시에
    ✓ B) 오전 10시에   10시부터
    C) 오후 3시에

이 질문에서는, 어린이 궁전의 영업시간은 오전 10시에 시작한다(보기B).

11. 라스 깔다스 운동장은 …
    ✓ A) 어린이 궁전보다 일찍 문을 연다.   6시에 문을 연다
    B) 미술관보다 더 크다.   전 지역의 가장 큰 곳
    C) 레스토랑보다 더 많은 할인을 한다.   15% 할인

이 라디오 프로그램에서는, 미술관에 비교해서 라스 깔다스의 운동장의 면적을 말하지 않는다(보기B). 라스 깔다스의 운동장은 전 지역에서 가장 큰 곳이라고 말한다.
또, 전체적으로 레스토랑의 할인(보기C)을 말하지 않는다. 운동장의 할인(10%)을 말하고 밀레니오 채인의 음식, 커피 숍과 레스토랑의 할인(15%)을 말한다.
이 질문에 답하기 위해, 운동장에 대한 정보(6시에 영업시간이 시작한다)와 어린이 궁전 영업시간(오전 10시에)에 관련시켜야 한다. 정답은 A이다.

12. 당신이 밀레니오 호텔들에 아스뚜르까르드 카드가 있다면 … 돈을 내지 않는다.
    A) 소형 냉장고의 음료수들에   한 음료수
    ✓ B) 인터넷 이용에   인터넷 연결 무료
    C) 레스토랑에서 식사를 하는데   식사에 15% 할인

이 문제가 언급하는 밀레니오 호텔들에서는 소형 냉장고의 음료수 1개(보기A)와 인터넷에 연결(보기B)은 무료지만 카페테리아(또는 레스토랑)에는 15%만 할인이 된다.

13. 이 카드로는 …

    ✓ A) 특가가 제공된다.

      B) 입장료가 무료이다.

      C) 박물관의 방문이 더 싸다.   박물관 가이드방문

마지막 질문은 전체적이고 카드의 이용에 대한 것이다: 레스토랑과 어떤 레저 센터는 할인이 되지만 입장료가 무료(보기B)는 아니다.

미술관에서 카드가 있는 사람들은 가이드 방문을 할 수 있지만 박물관의 입장이 더 싸지 않다(보기C).

대부분의 장소에서 특가(보기A)를 제공한다.

이 유형를 할 때, 다음과 같은 것을 고려해야 한다:

- 가끔 듣는 글과 대답에 비슷한 단어가 나오거나 똑같은 단어 (숫자, 도시의 이름, 시간…)가 나타나지만 질문은 다른 주제에 대한 것일 수 있다;
- 정보의 순서는 이 주제들에 대해서 질문하는 순서와 다를 수 있다;
- 어떤 질문들은 다양한 순간에 들리는 여러가지 정보를 관련시켜야 한다;
- 다양한 정보나 질문, 응답이나 광고는 주제가 바뀌는 것을 더 분명하게 하도록 남자 혹은 여자의 목소리로 나올 수 있다.

두 청취 사이에서 10초가 주어지고, 답안지에 응답하기 위해 연습의 끝부분에 30초가 더 주어진다는 것을 기억하시오. 시간 안에 질문에 응답하는 것을 마쳤다면, 유형 3번의 문장들과 질문을 읽으면서 이 시간을 유익하게 사용하는 것이 가장 좋은 방법이다.

연습하기 위하여

▶ 이제 이 유형의 연습문제 13과 14를 할 수 있다(45와 46쪽). 문제에 대한 청취는 트랙 5와 6⊙♪이다.

▶ www.enclave-ele.net/dele 웹사이트에 이 연습문제들에 대한 풀이가 있는 정답이 있다.

유형 2 연습문제 13 트랙 5 ⊙♫

지시사항

당신은 라디오 음악 프로그램을 듣게 될 것이다. 프로그램을 두 번씩 듣고, 각 질문에 알맞은 보기(A, B 또는 C)를 선택하시오. 선택한 보기를 답안지에 표기하시오.

문제를 읽기 위해 25초가 주어진다.

질문

8. 당신이 들은 프로그램은 … 것이다.

   A) 매일의

✓B) 매주의

   C) 매달의

9. 이 프로그램에서는 … 음악이 들렸다.

✓A) 플라멩코

   B) 재즈

   C) 탱고

10. 들리는 첫 음악은 … 연주된다.

   A) 피아노로

   B) 아프리카 율동으로

✓C) 기타로

11. 에스뜨레야 모렌떼(Estrella Morente)의 노래들은 …

✓A) 평상시의 주제를 다룬다.

   B) 그녀의 새로운 디스크에 있다.

   C) 옛날 버전이다.

12. 끄리스띠나 오요스(Cristina Hoyos)는 …

   A) 상상적이다.

   B) 할머니다.

✓C) 댄서다.

13. 디에고 엘 시갈라(Diego el Cigala)의 노래의 제목은 …

   A) 블랙 유머(*Humor negro*)다.

✓B) 검은 눈물(*Lágrimas negras*)이다.

   C) 검은 사랑(*Amores negros*)이다.

유형 2　연습문제 14　트랙 6 ⊙♫

⏳ 시작시간: ＿＿＿ : ＿＿＿

지시사항

당신은 공항 안내방송을 통해 들리는 광고나 안내를 듣게 될 것이다. 광고를 두 번씩 듣고, 각 질문에 알맞은 정답(A, B 또는 C)를 선택하시오.

선택한 보기를 답안지에 표기하시오.

질문들을 읽기 위해 35초가 주어진다.

질문

8.　런던행 비행기는 …

　　A) 한 시간 늦게 이륙할 것이다.

　✔B) (11시 15분 전에) 10:45시에 이륙한다.

　　C) 아르헨티나에서 온다.

9.　아테네에서 (오는) 비행기는 …

　　A) 9시 이후에 착륙할 것이다.

　　B) 런던에서 오는 비행기의 착륙 후에 착륙할 것이다.

　✔C) 카페테리아 근처에 있는 게이트로 온다.

10. 시내로 가는 버스들은 …

　✔A) 15분마다 떠난다.

　　B) 도착 구역에 있다.

　　C) 택시 구역 옆에 있다.

11. 이 오디오에서는 … 안내한다.

　　A) 항공기 3편의 도착을

　　B) 베를린에 가는 항공의 이륙을

　✔C) 아테네에서 오는 항공의 착륙을

12. 분실된 가방들은 …

　　A) 경찰서에 있다.

　✔B) 2층에서 청구하면 된다.

　　C) 항공권으로 바뀔 것이다.

13. 방송되는 항공의 승객들은 …

　✔A) 신분증이 있어야 한다.

　　B) 항공 30분 전에 거기에 있어야 한다.

　　C) 휴대품 가방을 가지고 갈 수 없다.

⏳ 마침 시간: ＿＿＿ : ＿＿＿

청취 유형 3번에 대한 지시와 전략

유형

6개의 메가폰의 메시지나 자동 응답기 메세지가 있고 9개의 문장이 있다. 각 메시지를 알맞은 문장에 연관시켜야 한다.

메시지들은 약 50개의 단어가 있다.(그리고 약 30초가 걸린다.) 각 메시지를 두 번씩 들을 것이다.

시험에는 메시지0인 예시가 하나 있다.

이것들은 일상 생활에서(라디오나 전화나 공항이나 쇼핑몰에서) 들리는 메시지들이다. 만약 당신이 버스터미널에 있다면, 한 버스의 출발시간표를 아는 것, 또는 만약에 당신이 라디오를 듣고 다음 날 기후를 알고 싶다면 기후와 다음 날씨가 어떨지 알도록 도와준다.

지시와 전략

다음과 같이 제공되는 문장들로 예를 들어보자.(청취 초반에 들리는 예시에 알맞은 것이므로 문장에 어두운 부분이 있다.)

> 시간이 되면, 읽는 것과 밑줄을 긋는 것의 첫째 단계는 유형 2번의 마지막 분 동안 할 수 있다.

오디오를 듣기 전에, 각 문장의 가장 중요한 단어들에 밑줄을 그으시오.

문장		
A.	환전이 된다.	15
B.	그것은 메뉴에 포함되어 있다.	
C.	방문을 받는다.	
D.	그들은 피곤하다.	
E.	그들은 한 친구를 만나기로 했다.	17
F.	상을 받기 위해서.	
G.	요리법이다.	16
H.	테이블을 예약한다.	14
I.	한 파티에 그녀를 초대한다.	19
J.	그들은 결혼할 것이다.	18

이제 먼저 적극적으로 즉, 연필을 손에 들고, 청취 (7트랙⊙♫)를 들을 준비를 하시오.

각 메시지에서, 들리는 가장 중요한 단어를 쓰시오.

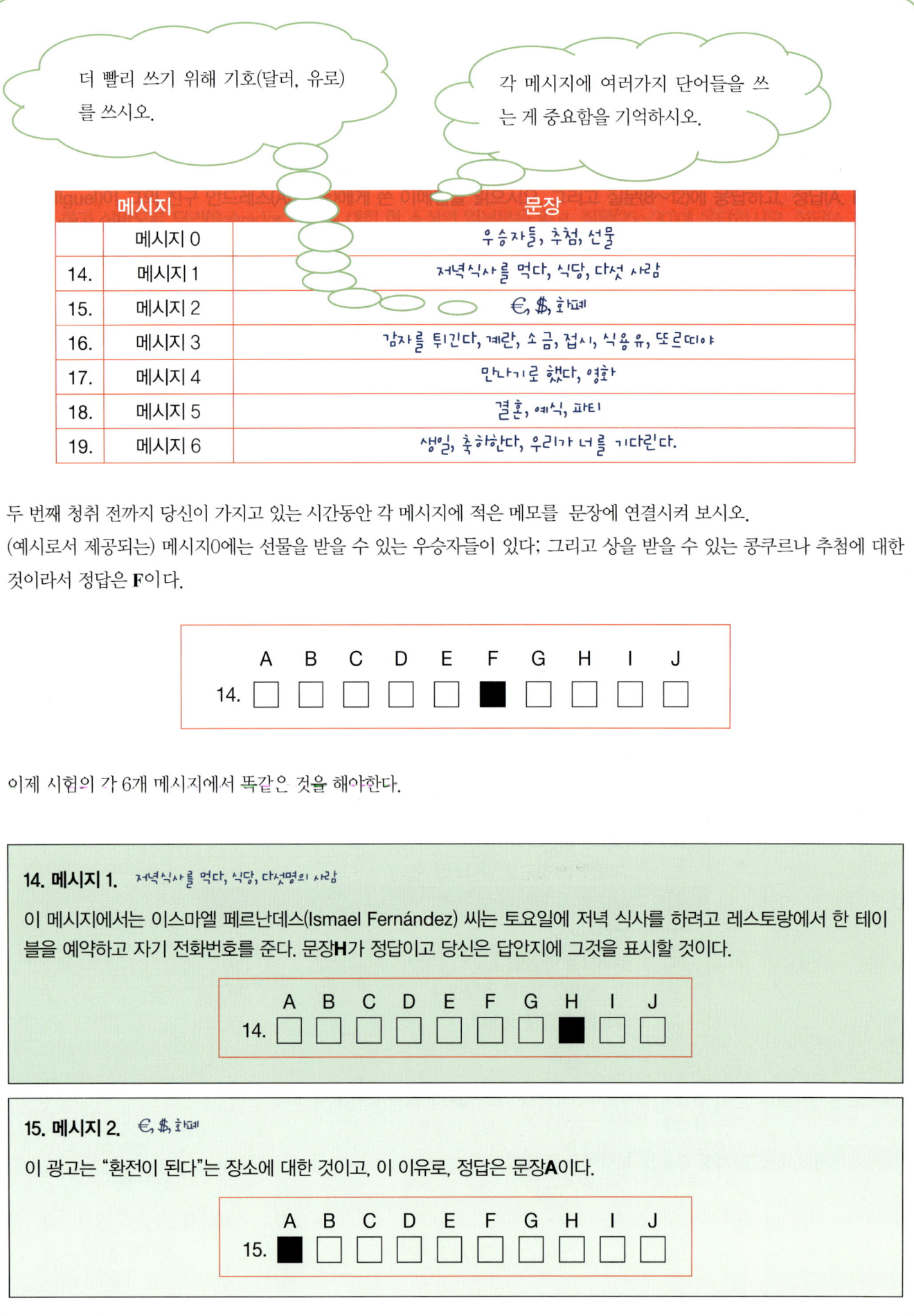

더 빨리 쓰기 위해 기호(달러, 유로)를 쓰시오.

각 메시지에 여러가지 단어들을 쓰는 게 중요함을 기억하시오.

	메시지	문장
	메시지 0	우승자들, 추첨, 선물
14.	메시지 1	저녁식사를 먹다, 식당, 다섯 사람
15.	메시지 2	€, $, 화폐
16.	메시지 3	감자를 튀긴다, 계란, 소금, 접시, 식용유, 또르띠야
17.	메시지 4	만나기로 했다, 영화
18.	메시지 5	결혼, 예식, 파티
19.	메시지 6	생일, 축하한다, 우리가 너를 기다린다.

두 번째 청취 전까지 당신이 가지고 있는 시간동안 각 메시지에 적은 메모를 문장에 연결시켜 보시오.

(예시로서 제공되는) 메시지0에는 선물을 받을 수 있는 우승자들이 있다; 그리고 상을 받을 수 있는 콩쿠르나 추첨에 대한 것이라서 정답은 **F**이다.

```
        A   B   C   D   E   F   G   H   I   J
14.    □   □   □   □   □   ■   □   □   □   □
```

이제 시험의 가 6개 메시지에서 똑같은 것을 해야한다.

---

14. 메시지 1. 저녁식사를 먹다, 식당, 다섯명의 사람

이 메시지에서는 이스마엘 페르난데스(Ismael Fernández) 씨는 토요일에 저녁 식사를 하려고 레스토랑에서 한 테이블을 예약하고 자기 전화번호를 준다. 문장**H**가 정답이고 당신은 답안지에 그것을 표시할 것이다.

```
        A   B   C   D   E   F   G   H   I   J
14.    □   □   □   □   □   □   □   ■   □   □
```

---

15. 메시지 2. €, $, 화폐

이 광고는 "환전이 된다"는 장소에 대한 것이고, 이 이유로, 정답은 문장**A**이다.

```
        A   B   C   D   E   F   G   H   I   J
15.    ■   □   □   □   □   □   □   □   □   □
```

16. 메시지 3.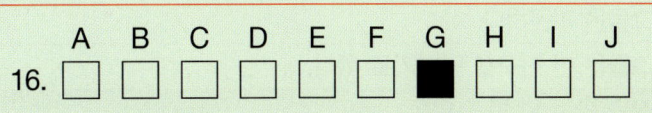

그들은 한 요리법을 가르쳐 주고 있어서 정답은 문장**G**이다. 메뉴 이야기를 하지 않는다(비록 문장B로 메뉴를 생각할 수 있어도).

	A	B	C	D	E	F	G	H	I	J
16.	☐	☐	☐	☐	☐	☐	■	☐	☐	☐

17. 메시지 4.

이것은 파티에 초대(문장)가 아니라 영화 관람에 초대입니다; 그렇지만 그들이 만나기로 했다고 이야기하고, 이 메시지에서 그들이 약속을 잡는 것, "한 친구를 만나기로 했다", 문장**E**이다.

	A	B	C	D	E	F	G	H	I	J
17.	☐	☐	☐	☐	■	☐	☐	☐	☐	☐

18. 메시지 5. 결혼, 예식, 파티

이것은 파티(문장)에 초대에 대한 것이 아니다; 왜냐하면 결혼하고 그들의 가족들과 친구들이랑 같이 파티를 할 2명의 배우에 대한 것이기 때문이다.
정답은 문장**J**이다; 스페인어로 서로 비슷한 2개의 단어를 조심하시오(피곤하다 및 결혼하다).

	A	B	C	D	E	F	G	H	I	J
18.	☐	☐	☐	☐	☐	☐	☐	☐	☐	■

19. 메시지 6. 생일, 축하한다, 우리가 너를 기다린다.

문장**I**이다; 왜냐하면 그들이 다른 사람의 생일 파티에 초대하기 위해 여자인 이사벨(Isabel)에게 전화하기 때문이다.

	A	B	C	D	E	F	G	H	I	J
19.	☐	☐	☐	☐	☐	☐	☐	☐	■	☐

시험지에 공간에 쓰여 있을 마지막 결과물은 다음과 같다.

	메시지	문장
	메시지 0	**F**
14.	메시지 1	저녁식사를 먹다, 식당, 다섯사람
15.	메시지 2	€, $, 화폐
16.	메시지 3	감자를 튀긴다, 계란, 소금, 접시, 식용유, 또르띠야
17.	메시지 4	만나기로 했다, 영화
18.	메시지 5	결혼, 예식, 파티
19.	메시지 6	생일, 축하한다, 우리가 너를 기다린다.

문장		
A.	환전이 된다.	15
B.	그것은 메뉴에 포함되어 있다.	
C.	방문을 받는다.	
D.	그들은 피곤하다.	
E.	그들은 한 친구를 만나기로 했다.	17
F.	상을 받기 위해.	
G.	요리법이다.	16
H.	테이블을 예약한다.	14
I.	한 파티에 그녀를 초대한다.	19
J.	그들은 결혼할 것이다.	18

이 정보는 다음과 같은 방법으로 답안지에 응답되어 있어야 한다.

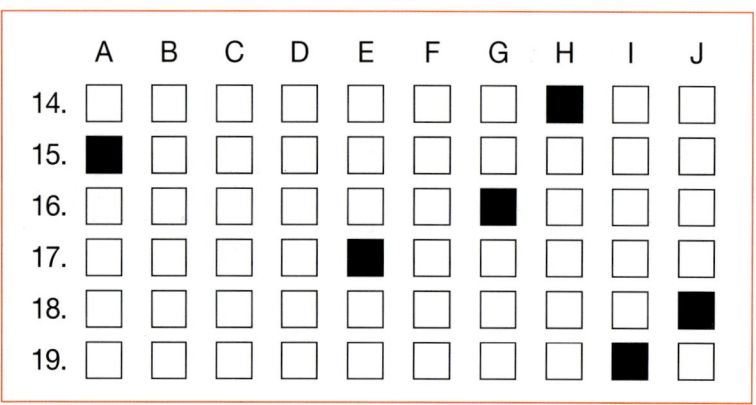

▶ 이 유형에 대한 마지막 충고: 조금 더 일찍 마무리 하시오. 왜냐하면 유형 4번의 질문과 응답에 밑줄을 긋기 위해 다음 새로운 유형을 시작하기 전에 사용할 수 있는 시간이 없기 때문이다.

연습하기 위하여

▶ 이제 이 유형의 연습문제 15와 16을 할 수 있다(51와 52쪽), 문제에 대한 청취는 트랙 8과 9이다.

▶ www.enclave-ele.net/dele 웹사이트에 이 연습문제들에 대한 풀이가 있는 정답이 있다.

유형 3 연습문제 15 트랙 8 ⊙♪

지시사항

당신은 메시지 7개를 듣게 될 것이다. 메시지를 두 번씩 듣고, 각 메시지(14~19)에 알맞은 문장(A~J)을 선택하시오.

예시를 포함한 문장 10개가 있다. 6개를 선택하시오.

선택한 보기를 답안지에 표기하시오.

이제 예를 들어보자:

메시지 0.

정답은 **F**이다.

A	B	C	D	E	F	G	H	I	J
0. ☐	☐	☐	☐	☐	■	☐	☐	☐	☐

이제 문장들을 읽기 위해서 25초가 주어진다.

문장	
A.	파티에 없었다.
B.	더 싼 상품이 있다.
C.	12개를 사야한다.
D.	그들은 영화 관람에 그를 초대한다.
E.	늦게 집에 들어갔다.
F.	한 달안에 지불하면 더 싸다.
G.	한 사람이 사라졌다.
H.	작가는 그의 새로운 책에 대해 이야기를 한다.
I.	뭔가를 사야한다.
J.	청바지가 판매된다.

	메시지	문장
	메시지 0	**F**
14.	메시지 1	D
15.	메시지 2	I
16.	메시지 3	A
17.	메시지 4	B
18.	메시지 5	G
19.	메시지 6	H

유형 3   연습문제 16   트랙 9

⏳ 시작시간: ____ : ____

지시사항

당신은 7개의 메시지를 듣게 될 것이다. 메시지를 두 번씩 듣고, 각 메시지(14~19)에 알맞은 문장(A~J)을 선택하시오.
예시를 포함하여 문장 10개가 있다. 6개를 선택하시오.
선택한 보기를 답안지에 표기하시오.

이제 예를 들어보자:

메시지 0.
정답은 **E**이다.

A	B	C	D	E	F	G	H	I	J
0. ☐ ☐ ☐ ☐ ■ ☐ ☐ ☐ ☐ ☐

이제 문장들을 읽기 위해서 25초가 주어진다.

문장	
A.	2명의 아이가 있다.
B.	한 친척이 오늘 오후에 도착한다.
C.	점심과 저녁이 있다.
D.	카메라 한 대를 샀다.
E.	영화를 상영한다.
F.	그들은 저녁식사에 그녀를 초대한다.
G.	6시 반에 퇴근한다.
H.	오늘은 날씨가 어떨지
I.	아이들을 위한 음식이 있다.
J.	자동차들이 통행해서 안 된다.

	메시지	문장
	메시지 0	**E**
14.	메시지 1	F
15.	메시지 2	A
16.	메시지 3	J
17.	메시지 4	H
18.	메시지 5	B
19.	메시지 6	I

⏳ 마침 시간: ____ : ____

청취 유형 4번에 대한 지시와 전략

유형

객관식 (A, B, C) 문제 6개가 있는 대화가 있다. 한 문제는 보기로 3개의 사진이나 삽화가 있다.

대화는 두 번씩 들려준다.

질문을 읽기 위해 청취를 시작하기 전에 35초가 주어진다.

지시와 전략

예시를 봅시다.

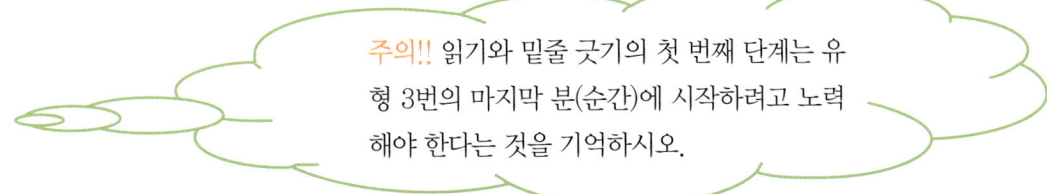

주의!! 읽기와 밑줄 긋기의 첫 번째 단계는 유형 3번의 마지막 분(순간)에 시작하려고 노력해야 한다는 것을 기억하시오.

우선 문제를 읽고 문제의 문장과 보기에 있는 가장 중요한 용어나 구에 ✎ 밑줄을 긋기 위해 30초가 더 주어진다.

3장의 그림이나 사진이 있는 문제의 경우에는, 각 이미지가 무엇인지 쓰는 것이 편리하다.

20. 안또니오 루이스 발디비아는...
    A) 아직 **그의 학업을 마치지 않았다.**
    B) 어떤 **경제학 수업**을 듣는다.
   ✓C) 아직 **석사 과정**을 공부하고 있다.

문제 20에서 가장 중요한 의도는 (지금, 아직) 공부를 하는지 또는 학업을 마쳤는지, 또는 가끔 경제에 대한 수업을 듣는지이다.

21. 발디비아는, 공부한 후에 …
    A) 일할 **시간**이 없다.
    B) **흥미로운 일자리를** 찾았다.
   ✓C) 교육 **인턴을** 했다.

문제 21은 안또니오 루이스 발디비아가 졸업한 후에 한 것을 이야기한다: 시간이 없고, 일하고, 인턴을 했다. 여기서는 그가 무엇을 했는지, 그것을 계속하는지 안 하는지 염두에 두는 것은 중요하다.

22. 발디바이는 … 교육을 받은 회사에서 고용 계약을 못 맺었다.
    A) 그가 하던 일이 **마음에 들지 않아서**
   ✓B) 아직 **학업을** 마치지 못해서
    C) **다른 회사랑 협약을** 조인해서

문제 22에서 발디비아가 교육 인턴을 한 회사에서 계속 일을 하지 않은 이유(좋아하지 않은 것, 공부를 마쳐야 하는 것이나 혹은 다른 회사랑 협약을 맺은 것)나 동기를 찾아야 한다.

23. 발디비아는 … 일하고 싶어한다.

  ✓ A) **풀타임으로**

   B) **쉬는 시간 없이**

   C) **하프타임으로**

문제 23에서 발디비아가 계약을 맺으면 무엇을 하고 싶어하냐고 물어본다; 다시 말하면, 그가 선호하는 근무시간(하루 종일 일하는 것, 정오에 쉬는 시간이 있는지, 반나절 일하는지).

24. 안또니오 루이스 발디비아의 여자친구는 …

   A) 독일에서 **산다.**

   B) 베를린에서 **공부했다.**

  ✓ C) **독일 사람이다.**

문제 24에서 발디비아의 여자친구 이야기를 할 때 그녀에 대해 말한 것(어디 출신인지, 어디 사는지, 어디서 공부를 했는지)과 안또니오 루이스 발디비아에 대해 언급하는 정보와 혼동하지 말아야한다.

25. 면접관은 발디비아가 … 있어 일하는지 알고 싶어한다.

   ✓A) 컴퓨터   B) 계산기   C) 텔레비전

문제 25에서 도움이 되는 사진 3장은 안또니오 루이스 발디비아가 재료나 도구유형으로 일하는 데에 관련이 있다.

이제 청취(트랙10 ⊙ ♫)를 들을 시간이고 적극적으로, 손에 연필을 들고 ✏️ 메모를 적으시오.
다음은 트랙 10에 관련한 메모의 예시이다.

20. 학사 과정을 끝내다, 경제 강습, 석사 과정 시작

21. 일할 시간이 없이, 회사에서 인턴

22. 긍정적인 경험, 아직 공부하고 있었다

23. 하루 종일, 연속적이거나 분할된다.

24. 베를린에서 2년간, 독일 여자친구

25. 컴퓨터 프로그램(소프트웨어)

유형의 이 부분에서 다음과 같은 것을 고려해야 한다:

- 6개의 질문은 대화의 순서를 따를 이유가 없다. 게다가 가끔 간단한 결론을 유도해야 한다. 예를 들면, 만약에 누군가가 자신과 남편이 해안가에서 주말을 보낼 거라고 말하면 두 사람이 기혼이라는 질문의 응답일 수 있다.
- 듣는 단어들이 문제에 나타나지 않는 일도 있을 수 있다; 중요한 것은 실제로 청취에서 말하는 문장의 의미인 것이다.

이제 두 번째로 오디오를 듣고 질문들과 보기들의 의미를 확인하시오.

- 문제 20에서, 학사를 마친 후에, 안또니오 루이스 발디비아는 시작하던 석사 과정을 아직 공부하기(공부하고 있기) 때문에 정답은 C이다.
- 문제 21에서, 지원자가 회사들에서 (교육)인턴을 했고, 근무시간이나 재미있는 일자리를 찾은 것 역시 이야기하지 않았다. 보기 C가 정답이다.
- 문제 22에서, 당신이 안또니오 루이스 발디비아는 공부하고 있고, 아직 공부를 마치지 않았음을 이미 알고 있기 때문에; 그가 일자리를 좋아하지 않아서라는 보기 A는 정답이 아니다. 보기 B가 정답이다.
- 문제 23에서, 발디비아가 원하는 것은 비록 모든 보기(A, B, C)가 다 오디오에서 들려도(왜냐하면 상사가 그에게 택일로 그것들(A, B, C)을 제공하기 때문이다) 풀타임으로 일하는 것이다. 보기 A가 정답이다.
- 문제 24에서 안또니오 루이스의 독일인 여자친구 이야기를 할 때 어디에서 사는지 무엇을 공부하는지 이야기를 하지 않았다; 사실은, 독일에서 공부했던 사람이 안또니오 루이스이고 그때 그는 베를린에서 살았지만 이 질문은 발디비아가 아니라 여자친구에 대한 것이다. 보기 C가 정답이다.
- 문제 25에서 안또니오 루이스 발디비아는 컴퓨터에 설치하는 징보처리 프로그램 관련 일을 한다는 것을 염두에 해야한다. 정답은 보기 A이다.

응답을 답안지에 ✏ 연필로 써야 함을 기억하시오.

▶ 마지막 충고: 유형 5번의 문제와 글을 읽기 위해 더 일찍 끝내고 시간을 아끼도록 노력하시오. 왜냐하면 새로운 유형에서 청취를 시작하기 전에 사용할 수 있는 시간이 없기 때문이다.

연습하기 위하여

▶ 이제 이 유형의 연습문제 17과 18를 할 수 있다(56와 57쪽). 문제에 대한 청취는 트랙 11과 12이다.
▶ www.enclave-ele.net/dele 웹사이트에 이 연습문제들에 대한 풀이가 있는 정답이 있다.

⏳ 시작시간: ＿＿ : ＿＿

지시사항

당신은 까날 노르떼(Canal Norte) 방송국의 여직원과 구직하는 사람 간의 전화대화를 듣게 될 것이다. 대화를 두 번씩 듣고, 각 질문(20~25)에 알맞은 보기(A, B 또는 C)를 선택하시오.

선택한 보기를 답안지에 표기하시오.

질문

20. 알바로 뻬레스(Álvaro Pérez)는 … 일하고 싶어한다.

    A) 외국에서

✓B) 언론 매체에서

    C) 사무실에서

21. 알바로 뻬레스는 …

    A) 다른 회사에서 일한다.

    B) 한 통의 편지를 받았다.

✓C) 기혼이다.

22. 알바로 뻬레스는 … 경력이 있다.

✓A) 판매하는 사람으로서

    B) 사서로서

    C) 컴퓨터 전문가로서

23. 지금 알바로 뻬레스 씨는 … 산다.

    A) 다른 도시에서

    B) 사무실 근처에서

✓C) 다른 나라에서

24. 면접날이 …

    A) 화요일이다.

✓B) 목요일이다.

    C) 금요일이다.

25. 면접이 있을 곳은 …

✓A) 　　B) 　　C)

 마침 시간: ＿＿ : ＿＿

유형 4 연습문제 18 트랙 12 ⊙♫

지시사항

당신은 한 웨이터와 고객 간의 대화를 듣게 될 것이다. 대화를 두 번씩 듣고, 각 질문(20~25)에 알맞은 보기(A, B 또는 C)를 선택하시오.

선택한 보기를 답안지에 표기하시오.

질문

20. 아주머니는 …에 있다.

A)

B)

✓C)

21. 대화는 … 실시한다.

   A) 오전에

✓B) 정오에

   C) 밤에

22. 오늘의 메뉴는 …

   A) 후식과 음료수를 포함한다.

   B) 정오에만 제공된다.

✓C) 매주 일요일에 제공되지 않는다.

23. 먼저 아주머니는 … 먹을 것이다.

   A) 수프를

   B) 연어를

✓C) 샐러드를

24. 웨이터는 … 두 번째 음식으로 제안한다.

   A) 연어를

✓B) 양고기를

   C) 스테이크를

25. 후식으로, 아주머니는 … 선호한다.

✓A) 케이크를

   B) 바나나를

   C) 사과를

⌛ 마침 시간: ____ : ____

청취 유형 5번에 대한 지시와 전략

유형

일상생활의 주제에 대한 간단한 대화가 있고 5개의 문장에 연결시켜야 할 이미지 8개가 있다. 대화는 두 번씩 듣게 될 것이며, 문장을 읽기 위해 15초가 주어진다.

⚙ **지시와 전략**

예를 들어보자.

> **주의!!** 읽기와 밑줄긋기의 첫 번째 단계는 과제 4번의 마지막 분(순간)에 시작하려고 노력해야 한다는 것을 기억하시오.

우선, 문장을 다 읽고 가장 중요한 것에 ✏ 밑줄을 긋기 위해 15초가 주어진다. 거의 항상 대화가 일어나는 장소에 대해 묻는다: 엘리베이터, 공항, 가게 등.

	문장들	이미지들
26.	대화의 <u>장소</u>.	G
27.	호르헤(Jorge)의 <u>직업</u>.	F
28.	루시아(Lucía)의 딸은 <u>여행한다</u>.	H
29.	호르헤가 (이것을) <u>좋아한다</u>.	E
30.	루시아 아들의 <u>학업</u>.	C

각 문장들의 가장 중요한 단어들에 밑줄을 그은 후에 사진을 보고 각 이미지에 최소한 한마디를 적도록 노력하시오.

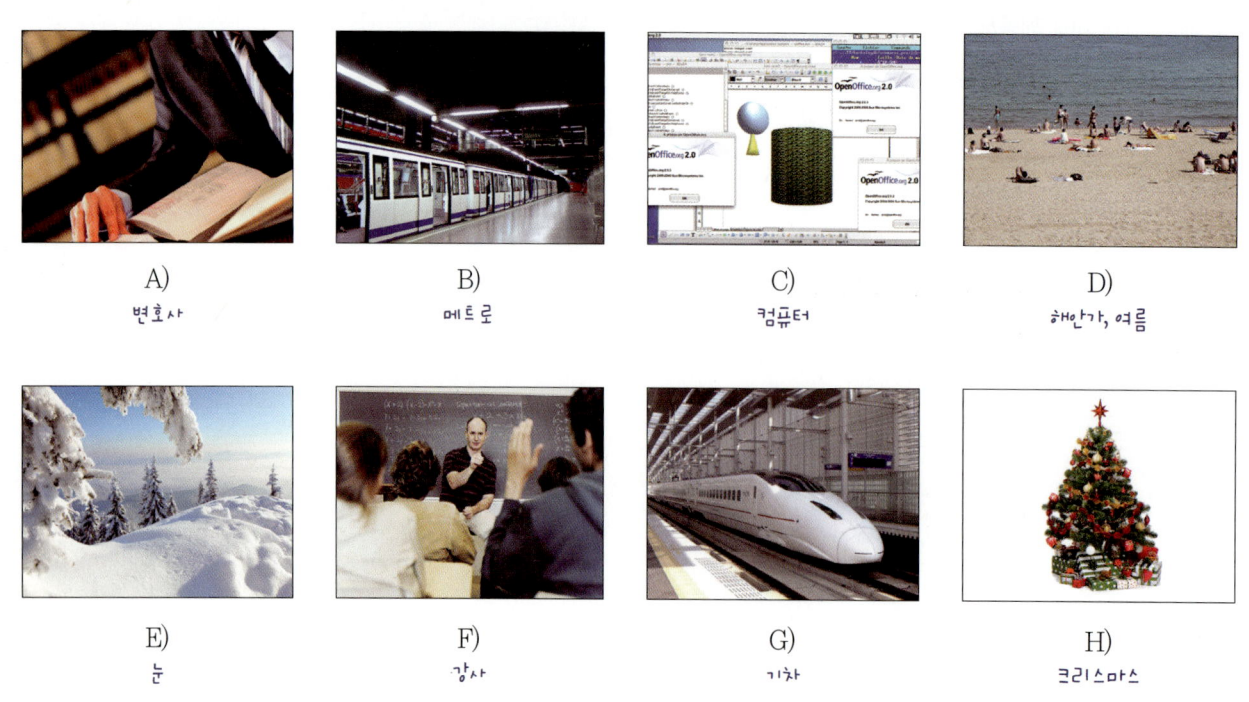

A) 변호사
B) 메트로
C) 컴퓨터
D) 해안가, 여름
E) 눈
F) 강사
G) 기차
H) 크리스마스

이제 13트랙 ⊙♫을 듣고 연습을 하기 위해서 가장 중요한 단어나 구를 써보시오.

	문장들	이미지들
26.	대화의 <u>장소</u>	역들, 늦음
27.	호르체의 <u>직업</u>	강사, 수업들
28.	루시아의 딸은 <u>여행한다</u>	일 년에 한 번 크리스마스에
29.	호르헤가 (이것을) <u>좋아한다</u>.	눈이 아주 예쁘다
30.	루시아 아들의 <u>학업</u>.	컴퓨터

이 유형에서는 다음의 것들을 고려해야한다:

▶ 간접적인 정보가 있다; 대화의 장소나 말하는 사람들이 하는 일과 같은, 왜냐하면 다른 자료나 다른 단어를 통해서 이러한 화제들에 주로 관련이 있기 때문이다.

▶ 질문들의 순서가 대화에 나오는 자료들의 순서와 똑같지 않을 수 있다.

▶ 이미지들은 활동이나 잘 알려져 있는 장소를 지시하지만 역시 매우 보편적인 것이다: 강의실의 사진은 이 사람이 수업을 듣거나 시험을 보는 것을 나타낼 수 있다. 공 하나는 그가 축구를 좋아하는 것이나, 그가 축구경기를 보러 간 것이나, 매주 주말에 그가 친구들과 같이 그 스포츠를 하는 것을 의미할 수도 있다.

이제 두 번째로 오디오를 듣고 첫 번째로 쓴 것을 확인해 보시오.

청취를 두 번 들은 후에 정보를 가지고 각 문장에 적절한 이미지를 선택할 수 있다.

– **문장 26.** 대화의 장소는 메트로(이미지B)가 아니라 기차(이미지G)이다, 왜냐하면 목적지에 도착하기 전까지 역 2개가 남았고 기차가 늦게 출발했음을 알고 있어서 두 도시 간의 긴 여행이기 때문이다.

– **문장 27.** 호르헤는 고등학교에서 역사 강사로서 일하고 비또리아(Vitoria)에서 산다고 말했기 때문에 F가 정답이라는 것은 의심할 여지가 없다.

– **문장 28.** 이제 외국에서 살고 오직 일 년에 한 번 스페인에 가는 루시아 씨의 딸 이야기를 한다; 여행하는 날짜는 여름(이미지D)이 아니라 크리스마스(이미지H)이다; 왜냐하면 그녀의 남편은 그 시기에 일하기 때문이다. 이미지H가 정답이다.

– **문장 29.** 호르헤가 컴퓨터(비록 컴퓨터를 전혀 이해하지 못해도)를 좋아하는지 또는 더위와 해안가를 아주 좋아하는지 잘 알 수 없고; 그렇지만 대화에 나오는 것은 그가 추위를 좋아하고 눈이 아주 예쁘다고 말하기 때문에 이 문장에서는 이미지E가 정답이다.

– **문장 30.** 까디스(Cádiz)에서 살고 있는 루시아의 아들은 컴퓨터를 아주 좋아해서 대학교에서 컴퓨터를 공부하고 있다. 이미지C가 정답이다.

연습하기 위하여

▶ 이제 이 유형의 연습문제 19와 20을 할 수 있다(60와 61쪽). 연습문제에 상응하는 청취는 트랙 14와 15이다.

▶ www.enclave-ele.net/dele 웹사이트에 이 연습문제들에 대한 풀이가 있는 정답이 있다.

유형 5   연습문제 19   트랙 14 ⊙♫

🕐 시작시간: ____ : ____

지시사항

당신은 평소의 일과 약속들에 대해 이야기하는 두 사람 간의 대화를 들을 것이다. 대화를 두 번씩 듣고, 각 문장(26~30)에 알맞은 이미지(A~H)를 선택하시오.

이미지 8개가 있다. 5개를 선택하시오.

선택한 보기를 답안지에 표기하시오.

이제 문장을 읽기 위해 15초가 주어진다.

문장들		이미지들
26.	대화의 장소.	E
27.	베아뜨리스(Beatriz)의 여행동기.	C
28.	뻬드로(Pedro)의 주말들.	G
29.	이번 주 주말에 제안.	B
30.	뻬드로가 있던 장소.	D

A)

B)

C)

D)

E)

F)

G)

H)

🕐 마침 시간: ____ : ____

유형 5 연습문제 20 트랙 15 ⊙♫

🕐 시작시간: _____ : _____

지시사항

당신은 그들의 자녀와 일자리에 대해 말하는 두 사람 간의 대화를 듣게 될 것이다. 대화를 두 번씩 듣고, 각 문장(26~30)에 알맞은 이미지(A~H)를 선택하시오.

이미지 8개가 있다. 5개를 선택하시오.

선택한 보기를 답안지에 표기하시오.

이제 문장을 읽기 위해 15초가 주어진다.

	문장들	이미지들
26.	대화의 장소.	F
27.	안또니오(Antonio)의 아들.	G
28.	엘레나(Elena)의 딸.	E
29.	다음 주 주말을 위한 제안.	A
30.	엘레나의 지난 주.	H

A)

B)

C)

D)

E)

F)

G)

H)

🕐 마침 시간: _____ : _____

Ⅲ. 작문 테스트

작문 테스트는 3개의 유형으로 나누어져 있고 50분이 주어진다. 이 테스트는 독해 테스트와 듣기 이해 테스트를 마친 다음에, 20분의 휴식 후 실시하는 것이다. 푹 쉬고 긴장을 풀기 위해 이 시간을 유익하게 사용하시오; 한 시간 내에 시험의 첫번째 파트가 끝난다.

▶ **유형 1번**은 30∼40개의 단어가 있는 글을 쓰는 것이고, 다시 말하면, 당신은 약 5줄을 써야한다. 이메일이나, 블록이나 포럼에 참여 등일 수 있다. 10분 이내에 하도록 노력하시오. 문장을 잘 읽고 가장 중요한 것에 밑줄을 긋고 ✎ 요구하는 것을 쓰시오. 쓸 것에 대한 도표를 만들 수 있다. 나중에 볼펜으로 답안지에 글을 쓰시오.
▶ **유형 2번**은 70∼80개의 단어가 있는 글을 쓰는 것이고, 다시 말해, 당신은 약 10줄을 써야 한다. 글은 누군가를 위한 메모나 당신 일기의 한 페이지나 편지일 수 있다. 문장에는 문맥이 제공될 것이고 글을 전개하는데 도움이 되도록 이미지도 있을 것이다. 주어진 시간은 약 15분이다.
▶ **유형 3번**은 70∼80개의 단어가 있는 대화체나 서술형 문장을 쓰는 것이고, 다시 말해, 약 10줄을 써야한다. 문장을 읽고 정보와 당신이 상상으로 추가할 수 있는 더 많은 자료를 어떻게 정리할 것인지를 생각해 보시오. 주어진 시간은 약 15분이다.

마지막 10분 동안, 3개의 글을 다시 읽고 실수(문법이나 맞춤법이나 표현 등과 같은 것)가 있는지 확인하도록 이것들을 다시 보시오; 하지만 글들은 이미 완성되어 있으니 많이 수정하지는 마시오. 문장을 채우기 위한 부호 혹은 글자와 관련된 맞춤법(g/j, b/v, h)과 같은 것들만 정정하시오.

이 테스트에서 매우 중요한 것은:

- 상상력과 기억력이 있는 것: 당신께 영화나 마을이나 한 친구에 대해 이야기하라고 요청하면 현실적인 것이나 누군가를 생각해야한다. 당신이 알고 있는 사람을 묘사하는 것은 완벽한 묘사를 창작하는 것보다 더 쉽다. 새로운 또는 변한 정보를 추가할 수 있지만, 현실적인 이미지로 분리시키는 것이 더 낫다. 예를 들면, 만약에 당신의 빨간머리인 누나를 묘사하다가 그 단어가 스페인어로 어떻게 되는지 기억이 안 나면 "누나는 검은 머리다."라고 쓰면 된다. 만약에 그녀에 대한 신체적인 묘사를 할 단어가 기억이 안 나면 누나의 성격이나 취미나 일자리나 공부 등에 대해서 쓰면 된다.
- 동사의 다양한 시제를 쓰는 것. 과거의 사건들을 묘사할 것이기 때문에 현재형으로만 쓰면 안 된다. 당신의 장래 계획에 대한 질문도 할 수 있으므로 과거형, 현재형과 미래형으로 표현해야 한다.
- 각 과제에 써야 할 단어수를 아는 것. 단어들을 세지 않아도 되지만 최소 몇 행을 채워야 하는지는 알아야 한다.
- 메모지에 있는 공간에만 쓸 것.

작문 유형 1번에 대한 지시와 전략

유형

당신이 참여하는 블록이나 포럼, 이메일을 써야 한다. 단어수는 30~40개여야 한다.

이를 위해서 시험에 제공되는 지시를 따라야 한다.

이 유형을 위해 약 ⏳ 10분이 주어진다.

✿ 지시와 전략

다음과 같은 유형의 예문을 분석해보자.

> 당신은 친구를 만나기 위해 (단어 수: 30~40개) 메시지를 써야한다.
> 메시지(예를 들면, 이메일)가 포함해야 하는 것은:
> – 모임의 동기를 말하기
> – 어디에서 만날지 명시하기
> – 누가 참석할지 설명하기

우선, 지시사항이 제시하는 상황을 이해해야 한다.

이 경우에는, 친구에게 쓰는 것을 생각하고 두 사람이 좋아하는 활동, 어디에서 만나곤 하는지를 생각하시오. 다음에 이 모든 것들을 묘사 할 단어를 다 아는지 생각하시오. 누구와, 일반적으로 무엇을 하곤 했는지를 기억하려고 노력하시오; 그렇지만 모든 이런 것에 다른 자료, 새로운 정보나 당신이 좋아할 것을 추가하세요.

둘째, 메시지에 포함해야 하는 부분을 읽으시오. 똑같은 순서를 따를 필요는 없지만, 모든 정보가 들어 있어야 함을 기억하시오. 그 다음에, 지시의 각 행에 단어를 쓰시오.

모임의 동기를 말하기	후안(Juan)의 생일
어디에서 만날지 명시하기	집
누가 참석할지 설명하기	동료들

소피아(Sofia)라는 친구가 있다면 글에서 우선 그녀에게 인사를 하시오. (이것은 이메일이기 때문에 약식으로 다루는 것이고, 예를 들면 역시 블로그나 포럼에서 처럼 단체로 메시지를 사용하는 것도 아니다.)
첫인사 하기.

소피아, 안녕?	1행	단어수 : 2개

이제 당신은 모임의 동기를 설명한다. 원한다면 질문을 통해 그 정보를 추가할 수 있다(예를 들면, 다른 계획이 있냐고 물어보는 것).

모임의 동기를 말하기.

후안(Juan)은 내일 그의 생일이라서 이번 주 금요일에 그의 집에서 생일파티를 할 거라고 내게 전화했어. 갈래?	2행 3행	단어수: 20개

이미 22개의 단어를 (스페인어로) 썼고 아직 글의 시작부분이지만 요청되는 모든 자료들을 완성해야 한다.

두 번째 단락을 마친 후에 글에 있어야 하는 다음 정보(어디에서 만날지)로 넘어간다. 이 경우에는, 이 정보가 이미 나타나서 반복할 필요가 없지만 세 번째 생각(누가 갈 것)을 도입 하도록 도움이 될 수 있다.

어디서 만날 것인지 표시하기 및 누가 참석할 것인지 설명하기.

직장 동료들이랑 그의 집에 오후 8시에 가기로 했어.	4행 5행	단어수: 18개

여기까지 제안된 목적을 달성하였지만 다른 어떤 것을 더 추가하면 된다.

네가 올지 안 올지 내게 전화해.	6행	단어수: 7개

스페인어로 단어 7개가 있어서(총 47단어), 메시지는 이제 의미를 지니고 있고, 이것이 과제의 목표이다. 마치기 위해 메시지를 보낼 사람에게 끝인사를 하시오.

뽀뽀, 아미네(Amine) 씀	7행

이 과제에서 염두에 둬야 할 것은 다음과 같다:

▶ 글은 간단한 문장으로 짧아야 한다.
▶ 글을 다 쓴 다음에, 첫인사와 끝인사를 잊지 않았는지, 맞춤법이 맞는지, 동사 변화가 잘 됐는지, 문장 사이에 구두점이 있는지, 적절한 연결사(그리고, 왜냐하면, 그래서)를 사용했는지 확인하기 위해 다시 읽어야 한다.
▶ 이 글은 지시사항의 정보를 다 포함했는지 확인해야 한다.
▶ 단어를 세기 위해, 가장 빠른 것은 행을 세고 각 행에 당신이 쓴 단어의 수를 곱하는 것이다.

연습하기 위하여

▶ 이제 이 유형의 연습문제 21과 22를 할 수 있다(65와 66쪽).
▶ www.enclave-ele.net/dele 웹사이트에 이 연습문제들에 대한 풀이가 있는 정답이 있다.

유형 1 연습문제 21

⏳ 시작시간: ____ : ____

지시사항

당신은 Enganchadosalatele.com 웹사이트의 *텔레비전의 드라마(Las series televisivas)* 포럼에 참가하길 원한다. 웹사이트의 정보를 읽고 포럼에 메시지를 쓰시오. 메시지에 포함되어 있어야 하는 것은:

– 드라마가 무슨 주제를 다루는지, 어디에서 전개되는지 말하기;
– 당신이 가장 좋아하는 등장인물들을 묘사하기;
– 언제 이 드라마를 보는지 왜 좋아하는지 설명하기.

단어 수: 30~40개

Enganchadosalatele.com

| 홈 | 광고 | 포럼 | 드라마 | 출연진 | 애니메이션 |

포럼 – 텔레비전의 드라마

좋아하는 드라마, 관심이 있는 이야기, 매주 보는 인물들, 매주 당신을 놀래키는 상황들은…
저희 포럼에 참가하고 제일 좋아하는 드라마는 무엇인지, 무슨 주제인지, 인물들이 누구인지, 무슨 요일에 보는지, 언제부터 보는지, 왜 좋아하는지 우리에게 이야기해 주세요…

최근의 메시지		순서	
제목	글쓴이	날짜	댓글
✉ *어떻게 됐는지 알려 줘(Cuéntame cómo pasó)*	이스마엘(Ismael)	2011년 7월 18일	8
✉ *세라노 부부(Los Serrano)*	로드리고(Rodrigo)	2011년 4월 5일	5
✉ *여기는 살 수 있는 사람이 없다 (Aquí no hay quien viva)*	모니까(Mónica)	2011년 6월 16일	2

📄 **새 메시지**

나는 "아이다"라는 스페인 코미디시리즈를 좋아한다.
주인공의 집과 바, 아주 서민적인 구역에서 전개된다.
등장인물들은 매우 호의적이고 유쾌하고, 항상 토론한다.
그리고 각 연속물에는 많은 고민거리가 있다.
나는 매주 일요일 오후마다 시리즈를 보고 나를 매우 즐겁고 웃게 하기 때문에 그것을 좋아한다.

⏳ 마침 시간: ____ : ____

유형 1 연습문제 22

⌛ 시작시간: ____ : ____

지시사항

당신은 최근 본 영화에 대한 글을 블로그에 쓰길 원한다. 왜 그것이 좋았는지, 감독이나 주인공이 누구인지, 어디에서 그것을 보았는지 이야기를 하시오. 메시지에 포함되어 있어야 하는 것은:

– 영화의 줄거리를 이야기하기;

– 감독과 주인공들이 누구인지, 어느 나라 영화인지 명시하기;

– 마음에 들었는지 안 들었는지 왜 그랬는지 설명하기.

단어 수: 30~40개

영화에 대해서

2013년 9월 15일, 수요일

내가 좋아하는 영화

나는 오스카상을 받은 깜빠네야 감독의

"눈동자의 비밀" 이란 영화를 봤다.

영화는 리까르도 다린과 솔레닫 비야일이 연기를 했고

한 경찰이 해결하려고 하는 살인에 관한 줄거리이다.

줄거리는 잘 꾸며져 있고 나는 마음에 들었다.

나의 페이스북 프로필

방문계

방문객 수

32311

블록 파일들

● 2012 (620)
 생일
 신기한 영화
 믿기 어려운 이야기
 취업 면접
 소풍 날
 광고
 아픈 사람, 집에서
 기념비
 비와 바람

Publicado por enClave-ELE en 01:33

⌛ 마침 시간: ____ : ____

작문 유형 2번에 대한 지시와 전략

유형

당신은 메모나 편지나 일기의 기록을 써야 한다. 글의 단어 수는 70~80개여야 한다.

이를 위해서, 당신은 문맥을 상상하고 구체적인 지시를 따라야 한다. 약간의 이미지의 도움도 있을 것이다.

이 과제를 위해 ⏳ 15분이 주어진다.

지시와 전략

다음과 같은 예문을 분석해보자.

> 당신의 친한 친구가 결혼해서 그의 나라 남쪽의 한 마을에 있다. 여자 친구에게 엽서를 쓰시오. 엽서에 포함되어 있어야 하는 것:
> – 그 장소를 왜 여행했는지 말하기;
> – 장소가 어떤지 묘사하기;
> – 결혼식이 어땠는지 누가 참석했는지 설명하기.

우선 제시되는 상황과 수용해야 하는 것들을 생각하시오. 이미지의 도움도 있다.

 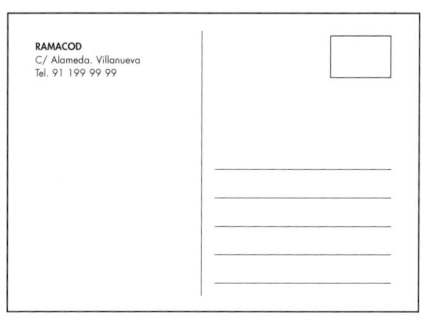

여자친구에게 엽서를 써야 하므로 먼저 할 수 있는 것은 여자의 이름과 주소를 쓰는 것이다.(거짓의 주소와 꾸며 낸 이름일 수도 있지만 가장 좋은 것은 실제의 (여자)친구에게, 그녀의 실제 주소, 거리, 도시와 나라를 쓰는 것이다; 왜냐하면 그 방법은 더 쉽게 글을 쓰도록 하는 것이기 때문에)

로시오 솔리스 산체스(Rocío Solís Sánchez)
떼시폰떼 가예고(Tesifonte Gallego), 2번, 5층 A
02002 알바세떼(Albacete)
스페인

이제 글을 쓰기 위해 연습의 각 지시에 따라 단어나 구를 쓸 수 있다.

– 그 장소를 왜 여행했는지 말하기;	결혼식, 초대, 어린 시절의 친구
– 장소가 어떤지 묘사하기;	작은 마을, 산, 무더위, 상냥한 사람들
– 결혼식이 어땠는지 누가 참석하셨는지 설명하기.	전통 결혼식, 친구와 가족, 시간표, 숙소, 거행, 재미있는 이야기

이 단어들을 바로 스페인어로 쓰는 것이 좋다; 왜냐하면 그것 자체를 글에 활용할 것이기 때문이다. 이 과제를 잘 하기 위해, 이와 비슷한 장소를 여행했던 것이나 결혼식에 참석했던 자기 경험이나 기억을 활용하시오.

> 일반적으로 이 유형의 글들은 아주 개인적인 성격의 것으로, 아는 사람에게 쓰기 때문에 반말을 사용한다.
>
> 만약에 존댓말로 글을 써야 하면, 경우에 따라서 당신이나 당신들, 3인칭 단수나 복수를 활용하시오.

첫인사 하기.

아나, 안녕!	1행

"사랑하는 아나에게" 더 형식적이지만 또한 가능하다.

왜 그 장소를 여행했는지 말하기.

나는 나의 친구인 빠블로(Pablo)의 고향인 누블라(Nubla)에 와 있어.	2행
그는 우리가 어린 시절부터 알고 있어서 그의 결혼식에 나를 초대했어.	3행

장소가 어떤지 묘사하기.

산 근처에 있는 아주 아름답고 작은 마을이야,	4행
무덥지만 상쾌한 장소야.	5행

결혼식이 어땠는지 누가 참석했는지 설명하기.

결혼식은 토요일 오후였어. 먼저 모든 그의 가족들이랑 같이	6행
마을의 성당에 와 있었고, 다음에 전통 레스토랑에서	7행
저녁식사를 먹었고 자정이 지나서까지 춤을 췄어.	8행
아주 즐거운 시간을 보냈어.	9행

이 마지막 단락과 더불어(총 80개 단어) 과제를 다 했고 요청되는 단어 수에 달성했지만 아직 끝인사가 부족하다:

끝인사 하기.

뽀뽀, 안헬(Angel) 씀	10행

이 과제에서 염두에 두어야 할 것은 다음과 같다:

▶ 글은 간단한 문장으로 짧아야 한다.
▶ 글을 다 쓴 다음에, 첫인사와 끝인사 그리고 주소를 적는 것을 잊지 않았는지 확인하기 위해 다시 읽어야 한다. 다른 한편으로, 맞춤법이 맞는지, 동사 변화가 잘 됐는지, 문장 사이에 구두점이 있는지, 적절한 연결사(그리고, 왜냐하면, 그래서)를 활용했는지 확인하시오.
▶ 이 과제에서, 요청하는 것에 응답과 당신이 쓴 단어를 활용하면서, 지시사항의 순서와 구성을 따랐는지 확인해야 한다.
▶ 단어를 헤아리기 위해 가장 빠른 것은 행(약 10개)을 세고 각 행에 당신이 쓴 단어의 수를 곱하는 것이다.

연습하기 위하여

▶ 이제 이 유형의 연습문제 23과 24를 할 수 있다(70와 71쪽).
▶ www.enclave-ele.net/dele 웹사이트에는 이 연습문제에 대한 풀이가 있는 정답이 있다는 것을 기억하시오.

유형 2 연습문제 23

⌛ 시작시간: _____ : _____

지시사항

당신은 하루에 한 것을 매일 밤 일기에 쓴다. 이 기록에서 오늘 한 일을 쓰시오. 글에 쓰여 있는 것은:

– 아침부터 한 일을 말하기;

– 어디에서 누구와 같이 있었는지 명시하기;

– 당신에게 발생한 특별한 무언가를 이야기하기.

단어 수: 70~80개

날짜: _25_
요일: _월_

나는 7시에 일어나서, 샤워를 하고, 아이들을 깨웠다.

큰 애는 매우 게을러서, 일찍 일어나길 원치 않는다.

8시에 차분히 TV를 보면서 아침을 먹었다.

8시 반에 대학에 가기 위해 나의 차를 탔다.

학생들은 나를 기다리고 있었다.

나는 그들과 일본, 이집트 그리고 환경친화적인 것들에 대해 이야기 했다.

12시에 점심을 준비하기 위해 집에 돌아왔고 2시에 아이들은

학교에서 돌아왔다.

점심식사 후 전화로 내 여동생과 대화를 했고

오후 5시에 스페인어 공부를 하러 수업에 갔다.

⌛ 마침 시간: _____ : _____

유형 2   연습문제 24

지시사항

당신은 당신의 집에서 나가려 한다. 위생품과 식료품이 필요하다. 메모를 적고 가족에게 장을 봐 달라고 부탁하는 메모를 적으시오. 메모에 쓰여 있는 것은:

– 당신이 왜, 어디에 나가는지 말하기;

– 어떤 상품이 필요한지, 왜 필요한지 명시하기;

– 어디에서 그것들을 살 수 있는지 이야기하기.

첫인사와 끝인사를 잊지 마시오.

단어 수: 70~80개

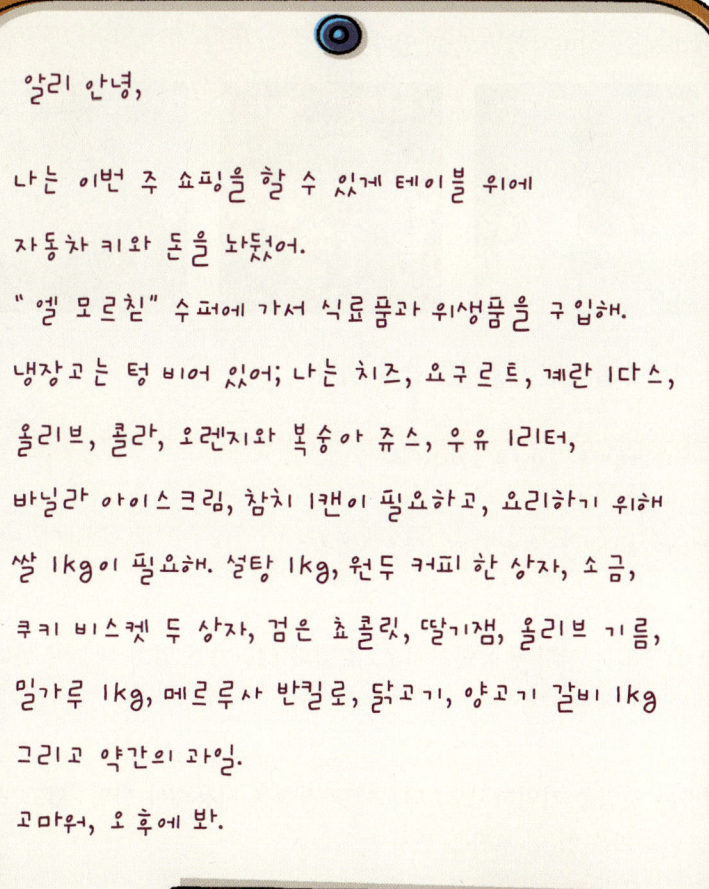

작문 유형 3번에 대한 지시와 전략

유형

당신은 서술형 글이나 대화체 문장을 작성해야한다. 글의 단어수는 70~80개여야 한다.
이를 위해서 당신은 문맥과 구체적인 지시를 따라야 한다. 이미지의 도움이 있을 것이다.
이 과제를 하기 위해 약 ⏳ 15분이 주어진다.

⚙ 지시와 전략

다음 유형의 예시를 분석해보자.

> 당신이 최근의 휴가 동안 했던 것을 이야기해야 한다. 언급 해야 하는 것:
> – 장소가 어땠는지;
> – 누구와 같이 있었는지;
> – 휴가 동안 무엇을 했는지.

우선 일어나게 될 상황과 수용해야 하는 것들을 생각하시오. 이미지의 도움도 있다.

이제 글을 쓰기 위해 당신에게 도움이 될 각 예문의 지시에 따라 단어나 구를 쓸 수 있다.

– 장소가 어땠는지;	해안가, 바다, 박물관, 기념품, 호의적인 사람
– 누구랑 같이 있었는지;	친구, 가족
– 휴가 동안 무엇을 했는지.	수영하다, 쉬다, 박물관을 방문하다, 선물을 사다, 호텔

첫 번째 문제를 쓰기 시작하시오; 장소를 묘사하고 요구되는 상황에 응답하시오: 호텔과 해안가가 있기 때문에 바다에서 가까운 장소 이야기 하기가 적절하다.

요구되는 것은 "당신의 최근 휴가" 에 대해 이야기하는 것임을 기억하시오; 때문에 과거형을 사용해야 한다. 짧고 간단한 (그리고, 나중에, 왜냐하면, 위해서와 같은 연결사로 연결되어 있는) 문장을 쓰시오.

장소가 어땠는지.

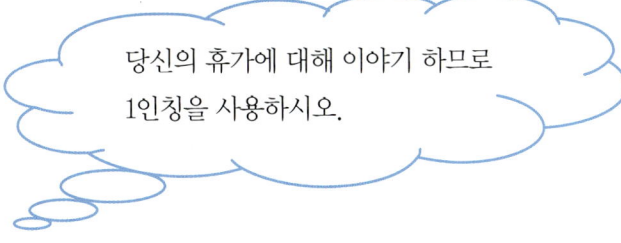

당신의 휴가에 대해 이야기 하므로
1인칭을 사용하시오.

첫 번째 단락	나는 작년에 쿠바로 휴가를 갔다. 아바나는 아주 아름다운 도시이고	1행
	오래된 건물과 기념물이 많다.	2행
	그때 너무 더웠다. 섬이 아주 아름답고, 조용하고, 멋있는 해안가	3행
	그리고 방문할 만할 많은 장소가 있다.	4행

38개의 스페인어 단어들은 마지막 휴가 동안 당신의 경험; 어디에 있었는지 그리고 장소가 어떤지를 수용한다. 당신이 사용한 동사 시제를 주의하시오: 쿠바에 갔다, 더웠다(과거형으로); 나머지 문장은 현재형을 사용했다: 아바나는… 도시이고, 사람들이 상냥하고…, 섬이 아주 예쁘고…, 해안가… 있다.

누구와 같이 있었는지.

| 두 번째 단락 | 나는 나의 남편과 아들과 같이 갔다. 우리는 해수욕을 좋아하고 | 5행 |
| | 많은 도시를 방문했다. | 6행 |

16개의 스페인어 단어와 더불어 이미 총 54개의 단어가 있고 당신이 했던 어떤것들을 이야기 했지만, 지시사항 옆에 당신이 쓴 것과 이미지에 나타나있는 생각들을 유익하게 사용하면 된다.

휴가 동안 무엇을 했는지.

세 번째 단락	우리는 시내에 있는 작은 호텔에서 머물렀다. 모든 가족들을 위한	7행
	선물을 샀고 많은 박물관과 유적지를 방문했다.	8행
	아주 좋은 시간을 보냈다.	9행

24개의 스페인어 단어를 추가해서 총 78단어가 있어서 3개 단락의 작성을 다 마쳤다; 지금은 글이 잘 쓰여 있고 어떤 중요한 생각이 빠져있지 않은지 확인하기 위해 다시 읽을 때이다.

연습하기 위하여

▶ 이제 이 유형의 연습문제 25와 26을 할 수 있다(74와 75쪽).

▶ www.enclave-ele.net/dele 웹사이트에는 이 연습문제에 대한 풀이가 있는 정답이 있다는 것을 기억하시오.

유형 3   연습문제 25

지시사항

여기에서는 소니아 가르시아(Sonia García)의 삶의 자료와 사진들을 소개한다. 그녀의 전기를 써 보시오. 전기에 들어 있어야 하는 것은:

– 그녀의 외모와 성격

– 그녀가 좋아하는 것과 취미

– 그녀의 삶에서 가장 중요한 사건들

단어 수: 70~80개

전기의 자료

• 성함: 소니아 가르시아 빠레데스(Sonia García Paredes)
• 출생지: 멕시코
• 생년월일: 1983년 12월 28일
• 호적 상태: 미혼

1) Sonia García Paredes는 매우 역동적이고 활발한 여성이다. 그녀는 1983년 12월 28일에 멕시코에서 태어났다. 그녀의 아버지 José Luis는 56세이고, 어머니 Estefanía는 54세이다. Sonia는 금발의 긴머리에 푸른색 눈과 아름다운 미소를 갖고 있는 매우 아름다운 소녀이다. 그녀는 호의적이고 친절한 사람이다. Sonia는 싱글이고 연극작품을 쓰며 그림 전시도 한다. 그녀가 25세 때 인생이 바뀌었다. 수학 선생님으로써 수업하는 새로운 직업을 갖게 되었고, Fernando라는 31세의 애인도 생겼다.

2) 우리의 Sonia는 우리에게 많은 기쁨을 준다. 비록 27세이지만 18세 소녀의 모습이다. 그녀는 생머리에 천사의 얼굴을 갖고 있고, 입술에 항상 미소를 머금고 어둠을 밝혀주는 시선을 갖고 있다. 우리는 그녀를 사랑하지만 그녀의 수학 수업 학생들은 우리보다 더 그녀를 사랑한다. 그녀를 유명하게 했던 연극작품을 썼으며 그녀와 결혼을 한 그녀의 인생의 동반자인 Fernando를 알게 된 기회였다. 그는 재미있는 남자이고 미래가 밝은 화가이다. Sonia가 그렇듯이 그는 그녀를 처음 보는 순간부터 사랑에 빠졌다. 이제는 서로가 없이 살 수 없다.

유형 3 연습문제 26

시작시간: ____ : ____

지시사항

여기에서는 산딴데르(Santander)라는 도시의 자료와 사진들을 소개한다. 이 사진들을 묘사해 보시오. 글에 들어 있어야 하는 것은:

– 어디에 있는지;

– 어떤지;

– 도시에 무엇이 있는지, 무엇을 할 수 있는지.

단어 수: 70~80개

자료

- 도시의 이름: 산딴데르
- 인구: 265,000
- 위치: 스페인 북쪽
- 교통편: 항구, 공항, 고속도로

산딴데르는 바다근처, 스페인 북쪽에 있는 아름다운 도시이다.

겨울에는 춥고, 맑은 날 비가 온다.

도시에는 25만 이상의 사람이 살고; 조그마한 도시이고 거리를 산책하기에 매우 쾌적하다.

산딴데르에는 오래된 건물들, 좁은 길들과 매우 멋진 기념비들이 많이 있다.

역시 멋진 해변도 있다.

산딴데르에는 항구와 공항이 있기 때문에 배, 비행기, 기차 또는

고속도로(자동차나 버스로)를 이용해서 도착할 수 있고, 교통편이 매우 편하다.

막다레나 왕궁

사르디네로 해변

마침 시간: ____ : ____

회화 테스트는 4개의 유형으로 구성되고 약 15분 동안 진행된다.

▶ 유형 1번: **독백.** 시험에는 전개되는 5개의 가능성과 더불어 일반적인 2개의 주제를 접할 것이다. 당신은 한 주제와 전개되는 하나의 선택권을 선택해야한다. 그것에 대해서 3~4분 동안 이야기 해야 한다.

▶ 유형 2번: **묘사.** 2분이나 3분 동안 한 사진을 묘사해야 한다. 나타나는 사람들의 특징을 묘사하는 것, 이 사람들이 사진 속에서 하는 일을 설명하고 그리고 이 상황에서 발생하는 일을 상상하는 것이다. 게다가 이 사진은 유형 3번의 대화를 실행하기 위한 시점으로 제공된다.

▶ 유형 3번: **대화.** 지난 사진을 보면서 교사/면접관이랑 대화를 계속해야 한다. 어떨 때는 면접관의 질문에 답해야 하고 어떨 때는 당신이 그 사람(면접관)에게 질문을 해야 한다.

▶ 유형 4번: **대담.** 한 주제에 대해서 교사/면접관이랑 이야기를 할 것이고(예를 들면, 영화관이나 연극에 가는 것, 산이나 바다에서 휴가), 두 사람은 자신의 이유를 주장하면서 자신의 관점을 고수 할 것이다.

4개의 유형 중에서 유형 1번 및 2번은 표현에 대한 것이고 3번 및 4번은 상호 작용에 대한 것이다; 다시 말하면, 유형 1번 및 2번에서는 당신이 한 주제에 대해 이야기를 해야 하고 3번 및 4번에서는 면접관과 대화해야 한다.

이 테스트에서 다음과 같은 것을 염두에 두는 것이 중요하다:

– 유형 1번 및 2번을 준비하기 위해 15분이 주어진다. 이 시간 동안 시험에서 표현할 생각들을 종이에 적는 것을 추천한다. 역시 유형 3번에서 면접관이 할 수 있는 몇 개의 질문을 생각해야 한다.

– 준비시간의 첫 5분은 유형 1번에만 매진 할 수 있다; 체계적인 형태로 주제에 대해 알고 있는 모든 단어들을 종이에 쓰면서 면접 동안 당신이 당신의 노트를 보고 참고할 수 있다는 것을 기억하시오. (하지만 말하는 모든 것을 읽으면 안 된다).

– 이 테스트에서 가장 중요한 것은 당신의 일상 생활(일자리, 가족, 여가, 도시, 당신의 집, 습관, 음식, 휴가, 여행 등)에 대한 분명한 메시지를 스페인어로 전할 수 있다는 것을 보여주는 것이다.

– 이 모든 4가지 유형에서 당신은 유창히 표현해야 한다; 다시 말하면, 너무 느리게 하지도 말고 너무 빠르게 하지도 마시오; 자연스럽고 분명하고, 차분하게 표현해야 한다; 왜냐하면 당신이 말할 모든 주제들은 쉽고 익숙하기 때문이다.

– 문법을 지키면서 말하는 것을 잊지 마시오 (과거형이나 현재형을 표시하고 싶은 시제에서 동사의 형태를 활용하시오; 적절한 인칭에 따라: 나, 너, 당신, 그/그녀, 우리, 그들, 그녀들).

– 시험 초반에, 면접관이 당신께 당신을 알기 위해, 당신은 반말이든(너) 존댓말이든(당신) 어떤 형식의 인터뷰를 원하는지 알기 위해 어떤 질문을 할 것이다. 당신에게 더 편한 형식(둘 다 적절하고 알맞다)을 사용하면 되지만 한 형식을 선택한 다음에 면접 내내 그 형식을 사용해야 한다.

회화 유형 1번에 대한 지시와 전략

유형

독백. 3~4분 동안 한 주제에 대해 발표해야 한다. 시험에는 당신이 잘 발표하도록 도울 수 있는 질문이 제시될 것이다.

✿✿ 지시와 전략

한 예시를 들어보자.

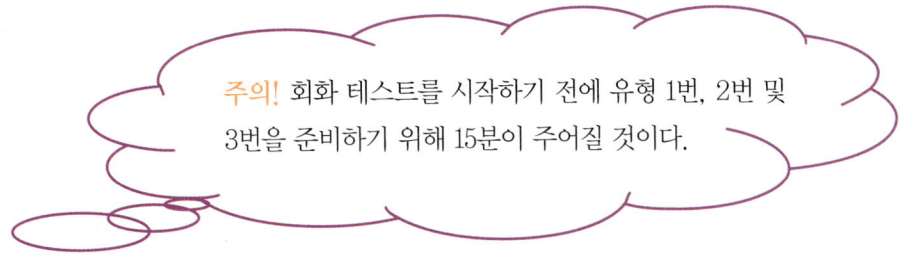

주의! 회화 테스트를 시작하기 전에 유형 1번, 2번 및 3번을 준비하기 위해 15분이 주어질 것이다.

당신께 여가(*El tiempo libre*)와 가족(*La familia*)인 주제 2개가 주어졌다고 상상해 보시오. 당신은 여가를 선택했고 전개의 다양한 가능성은 여가를 보내는 여러가지 형태가 포함되어 있다: 읽기, 가족 생활하기, 여행하기, 극장 가기, 스포츠 하기. 이것들 중에서 독서에 대해서 이야기 하기로 한다.

이 주제에 대해 6개의 질문이 나올 것이다. 이 질문들은 주제를 어떻게 전개해 나갈 수 있는 지에 관한 지도일 뿐이다. 모든 것들에 대답할 필요가 없고 만약에 대답을 한다면 나타나는 순서에 따라서 대답할 필요가 없다.

> **읽기**
> – (한 달에, 일년에) 책 몇 권을 읽습니까?
> – 집에 몇 권의 책이 있습니까? 어디에?
> – 어떤 종류의 책(소설, 역사, 시, 전문 서적 등등)을 좋아합니까? 왜요?
> – 가장 좋아하는 책은 무엇입니까? 왜입니까?
> – 주로 어디에서 읽습니까? 몇 시에? 얼마 동안?
> – 최근에 산 책은 무엇입니까? 어디에서? 얼마였습니까?

나중에 발표 할 생각을 종이에 써도 된다는 것을 기억하시오. 메모를 할 때 다음과 같은 주석은 피하시오.

5

300

전기

돈 키호테 데 라 만차. 재미있다

집. 밤

호세 소리야(José Zorrilla)씨의 돈 후안 떼노리오(Don Juan Tenorio) (각색)

어떻게 하면 됩니까? 무엇이 낫습니까?

▶ 제안된 전체적인 주제(여가)를 생각하며 발표할 특별한 주제에 대해서 이야기하고 싶은 것을 생각하시오.

▶ 당신의 생각들을 용지에 정리하시오. 시험카드에 있는 질문들이 당신이 말하고자 하는 것을 정리하도록 도움을 줄 수 있다.

▶ 가끔 한 질문이 다른 질문을 생각하도록 도울 수 있다; 예를 들면, 당신이 최근 산 책에 대한 질문은 어디에서 샀는지, 얼마였는지, 또 그때 누구랑 있었는지, 본인을 위한 것이었는지 선물할 것이었는지, 주로 어떤 책을 선물하거나 받는지, 항상 똑같은 서점에서 구매를 하는지, 한 달에 몇 번씩 그 서점에 가는지, 왜 그런지 등등을 기억하도록 도울 수 있다.

▶ 가능한 한, 각각의 것을 하는 이유와 원인을 설명해 보시오.

이제 우리들은 약 4분동안 발표를 하기 위해서 첫 준비 5분 동안 여러분이 메모를 쓸 수 있도록 용지의 예문을 제시한다.

당신이 꼭 해야 하는 것:

나는 많이 읽는다. 한 달에 책 5 권.
집에 약 300권의 책이 있다.
집에서, 밤에, 퇴근 후에, 잠자리에 가기 전에 읽는다.
가끔 여행할 때 혹은 버스 안에서 읽는다.
휴가동안에 많이 읽는다.
나는 전기를 좋아한다.
흥미롭고 재미있어서 돈키호테 데 라만차는 내가 제일 좋아하는 책이다.
대학 서점에서 돈 후안 떼노리오의 각색을 샀고 기뻤었다.

이렇게 해서:

▶ 당신의 기호("…좋아한다"), 경험("…샀다"), 습관("…에서 읽는다, 전에/후에 …동안 …") 일상 생활("책가게에서…"), 수량("…나는~을 가지고 있다") 등을 발표하기가 더 쉽다.

▶ 이런 정리된 단어들과 문장이 있어서 말하기가 더 간단하다. 게다가 전해야 하는 정보가 있고 구성만 정리하면 된다("…좋아한다… 왜냐하면… 역시… 읽는다 … 최근에 구매한/선물한 책은").

연습하기 위하여

▶ 이제 이 유형의 연습문제 27과 28을 할 수 있습니다(79와 80쪽).

유형 1 연습문제 27

독백

지시사항

당신은 3~4분 동안 면접관 앞에서 일에 대해 이야기해야 한다. 당신에게 제시된 것들 중에서 하나를 선택하시오.

일상적인 일

- 어디에서 일합니까?
- 평일에 직장에서 무엇을 합니까?
- 몇 시에 일을 시작합니까? 몇 시에 끝납니까?
- 무슨 요일에 일하지 않습니까?
- 직장동료들은 어떻습니까?
- 언제부터 이 직장에 다녔나요?
- 당신의 업무 중 가장 중요한 것은 무엇입니까?

첫 번째 직업

- 처음 어디에서 일했습니까?
- 언제 일하기 시작했습니까?
- 직장에서 무엇을 했습니까?
- 시간대는 어땠습니까?
- 직장동료들은 어땠습니까?
- 왜 그 직장을 그만뒀습니까?
- 이 직장의 가장 좋은 것과 가장 긍정적인 것에 대해서 무엇을 기억합니까?

직장

구직 중

- 어디에서 일하고 싶습니까?
- 어떻게, 어디에서 구직합니까?
- 학력이 어떻습니까?
- 왜 일하고 싶습니까?
- 얼마를 벌고 싶습니까?
- 무슨 언어를 잘합니까?
- 경력이 어떠합니까?

직장의 근교

- 회사에 어떻게 갑니까?
- 회사에 무엇이 있습니까?
- 회사에 도착하면 무엇을 합니까?
- 회사에서 어떤 특별한 옷을 입습니까?
- 일할 때 어떤 사물을 사용합니까?
- 어디에서 식사를 합니까? 누구랑?
- 다른 활동을 하려고 회사 밖에서 동료들이랑 만나기도 합니까?

이상적인 직업

- 어떤 일을 하고 싶습니까?
- 무엇을 할 줄 압니까?
- 당신의 이상적인 직업에서 무엇을 하기를 원합니까?
- 어떤 시간대를 원합니까?
- 얼마를 벌고 싶습니까?
- 당신은 직원으로서 어떻습니까?
- 직장에서 높게 평가하는 것은 무엇입니까? (월급, 시간표, 활동, 동료와의 관계, 상사...).

유형 1　연습문제 28

독백

지시사항

당신은 3~4분 동안 면접관 앞에서 여행에 대해 이야기해야 한다. 제안된 것 중에서 하나를 선택하시오.

혼자 여행하기
- 혼자 여행하기를 좋아합니까? 왜요?
- 최근에 혼자 여행을 언제 했습니까?
- 어디에 갔습니까? 여행은 얼마나 걸렸습니까?
- 혼자서 여행할 때 주로 무엇을 합니까?
- 어떤 나라(장소, 도시)로 혼자 여행하기를 좋아합니까? 왜요?
- 혼자 여행할 때 무슨 교통 수단을 선호합니까?

단체 여행하기
- 단체 여행을 좋아합니까? 왜요?
- 누구랑 같이 단체 여행을 합니까? 무엇을 합니까? 어디에 갑니까?
- 단체 여행을 처음에 언제 했습니까? 어디에 갔습니까? 무엇을 했습니까? 특별한 일이 있었습니까?
- 어디로 단체 여행하기를 좋아합니까? 왜요?
- 단체 여행을 할 때 무슨 교통 수단을 사용합니까?
- 최근에 단체 여행을 언제 했습니까? 어디에 갔습니까? 왜요? 누구랑 같이?
- 단체 여행을 하는데 무엇을 좋아합니까? 단체 여행을 하는데 무엇을 싫어합니까?

여행

가족 여행
- 가족 여행을 좋아합니까? 왜요?
- 얼마나 자주 가족 여행을 합니까? 어디에 가곤 합니까? 왜요?
- 가족 여행할 때 무엇을 합니까? 가족 중에서 누구랑 같이 여행하기를 가장 좋아합니까? 왜요?
- 가족 여행을 하실 때 무슨 교통 수단을 사용합니까?
- 최근에 가족 여행을 언제 했습니까? 어디에 갔습니까? 누구랑? 왜요?
- 어디에서 가족 여행하기를 좋아합니까? 왜요?

가장 좋아하는 곳 여행하기
- 어디로 여행하기를 가장 좋아합니까(도시, 해안가, 산)? 왜요?
- 여행할 때 가장 좋아하는 곳이 어디입니까?
- 가장 좋아하는 곳이 어떻습니까?
- 가장 좋아하는 곳에서 무엇을 합니까?
- 얼마나 자주 가장 좋아하는 곳에 갑니까?
- 가장 좋아하는 곳에 최근에 언제 있었습니까? 얼마 동안? 무엇을 했습니까?

다르고 이국적인 곳 여행하기
- 이국적이고 색다른 곳을 방문한 적이 있습니까? 어디? 얼마 동안 있었습니까?
- 이국적인 곳에 간 이유는 무엇입니까? 누구랑?
- 그 곳에는 무엇이 있었습니까?
- 그 곳을 어떻게 처음 알게 됐습니까?
- 색다르고 이국적인 곳에 여행하는 것을 좋아합니까? 왜요?

회화 유형 2번에 대한 지시와 전략

독백. 2분이나 3분 동안 보고 있는 사진을 자세히 묘사해야 한다. 나타나는 사람들의 특징을 묘사하는 것, 이 사람들이 사진에서 하는 것, 그리고 이 상황에서 발생하는 일을 상상하는 것이다.

⚙ 지시와 전략

> **주의!** 말하기 테스트를 시작하기 전에 과제 1번, 2번 및 3번을 준비하기 위해 15분을 사용할 수 있다는 것을 기억하시오.

다음과 같은 이미지로 한 예를 들어보자.

여기 (브레인스토밍 등) 다음과 같은 직업을 수행해야 한다.

남성용 옷가게.
구두도 있고 액세서리도 있다.
아저씨는 직원이랑 이야기하고 있다.
그는 캐주얼 옷을 입고 있고 아마 직장에서 입을 셔츠를 찾는 중 또는 내일 취직 면접이 있을 수 있다.
그는 직원에게 어떤 셔츠의 사이즈나 값을 물어보는 것 같다.
가게 안에 한 남자와 한 여자 2명이 더 있다.
그는 봉투를 가지고 있어서 뭔가를 더 구매한 것 같다.
가게의 직원은 갈색 바지, 소매가 긴 파란색 셔츠와 갈색 스웨터를 입고 있다. 그는 상냥하고 친절한 것 같다.

연습하기 위하여

▶ 이제 이 유형의 연습문제 29와 30을 할 수 있다(82와 83쪽).

이미지 묘사

지시사항

이미지를 묘사하시오: 장소, 사람, 사물과 활동.

사람의 외모에 대해서, 사람의 옷이나 가지고 있는 사물에 대해서 이야기해야 한다.

당신은 2~3분 동안 이야기해야 한다.

유형 2　연습문제 30

이미지 묘사

지시사항

이미지를 묘사하시오: 장소, 사람, 사물과 활동.

사람의 외모에 대해서, 사람의 옷이나 지니고 있는 사물에 대해서 이야기해야 한다.

당신은 2~3분 동안 이야기해야 한다.

유형 2　연습문제 30

회화 유형 3번에 대한 지시와 전략

유형

대화. 지난 사진을 보면서 교사/면접관이랑 대화를 나눠야 한다.

지시와 전략

> **주의!** 말하기 테스트를 시작하기 전에 유형 1번, 2번 및 3번을 준비하기 위해 15분을 사용할 수 있다는 것을 기억하시오.

당신이 셔츠를 사러 들어온 사람이고 직원이랑 이야기하는 상황을 상상하면서 예를 들어 봅시다.

이를 위해서, 이 상황에서 발생하는 여러가지 질문과 응답을 준비할 수 있다.

면접관은 여러분들이 있는 옷가게의 직원으로서 당신에게 질문을 하거나 당신의 질문에 대답할 것이다.

가장 중요한 것은 뭔가를 구입할 수 있고, 구매 여부를 결정하기 위한 질문을 할 수 있는 것을 표시하는 것이다.

이 과제의 상황이 아주 자유로워서 주로 양쪽(면접관과 수험자) 질문과 대답이 있지만 정상적으로는 면접관이 대부분의 질문을 하는 사람이다.

다음은 옷가게에 대한 이미지를 바탕으로 하는 대화의 예시이다.

1. 시작

면접관: 인사
– 안녕하세요?

수험자: 인사
– 안녕하세요?

면접관: 인사/첫 번째 질문
– 무슨 일로 오셨습니까? 뭘 도와드릴까요?

수험자: 대답
– 제가 찾고 있는 것은…

2. 전개 과정

면접관: 특징
– 어떤 색깔로?

수험자:
– 제가 좋아하는 것은…

면접관: 선택

– 무슨 사이즈이세요?

수험자:

– 제 사이즈는…

면접관:

– 이것은 마음에 드세요?

수험자:

– 예 / 아니요….

면접관:

– 원하시면, 입어 보셔도 돼요. 탈의실(피팅룸)이 뒤에 있습니다.

수험자:

– 알겠습니다.

면접관:

– 어떠세요?

수험자:

– 작아요 / 좋아요 / 나빠요….

면접관: 지불 방법

– 카드로 결제하실 건가요? 현금으로 결제하실 건가요?

수험자:

– 카드요 / 현금이요.

3. 작별과 종결

면접관:

– 대단히 감사합니다. 또 오세요. 안녕히 가세요.

수험자:

– 안녕히 계세요…

연습하기 위하여

▶ 이제 이 유형의 연습 31과 32를 할 수 있다(86와 87쪽).

유형 3   연습문제 31

면접관이랑 대화

지시사항

당신은 책을 반납하기 위해서, 그리고 스페인 역사에 대한 또 다른 책을 대출하기 위해서 당신이 도서관에 있는 상황을 상상해야 한다. 사서와 이야기를 나누고 찾고 있는 것을 부탁해야 한다. 면접관은 사서이다.

대화의 모델

1. 시작

면접관: 인사
– 안녕하세요?

수험자: 인사
– 안녕하세요?

면접관: 인사/첫 번째 질문
– 무었을 원하세요?

수험자: 대답
– 이 책을 반납하고 싶어요...

2. 전개 과정

면접관: 질문
– 또 다른 책도 대출하실 거예요?

수험자:
– 네, 스페인 역사에 대한 책이요.

면접관: 내역
– 무슨 시대? / 이떤 지자? / 무슨 출판사? / 무슨 판형 (책, CD)?

수험자:
– 르네상스에 대해서…. / 마누엘 뚜뇨 데 라라(Manuel Tuñón de Lara) 저자의… / 아길라르(Aguilar) 출판사의… / 책 판형으로….

면접관: 지시
– 이 경우에는 2번 통로에 있는 책장에서 찾아 보세요, 그리고 컴퓨터에서도 검색하시면 돼요.

수험자:
– 찾아주시겠어요? / 제가 찾겠습니다.

면접관: 불가능
– 죄송하지만, 지금 이 책은 대출이 불가능합니다. 다음 주 월요일에 반납될 거예요. 전화번호를 가르쳐 주시면 전화를 드리겠습니다.

수험자:
– 저의 전화번호는 ... 입니다.

3. 작별과 종결

면접관:
– 그러면, 월요일에 뵙겠습니다.

수험자:
– 대단히 감사합니다. 안녕히 계세요...

유형 3 연습문제 32

면접관이랑 대화

지시사항

당신은 식사를 다 드신 후에 레스토랑에 있는 상황을 상상해야 한다. 웨이터에게 계산서를 부탁해야 한다. 면접관은 웨이터 역할을 한다.

대화의 모델

1. 시작

면접관: 인사
– 잘 드셨습니까? (음식은 괜찮으셨나요?)

수험자: 인사
– 예, 맛있었어요.

면접관: 인사/첫번째 질문
– 또 다른 것을 드릴까요? (어떤 걸 더 원하십니까?)

수험자: 대답
– 아니요, 감사합니다...

2. 전개 과정

면접관: 요구
– 계산을 해 드릴까요? (이제 계산서 가져올까요?)

수험자:
– 예, 부탁드립니다.

면접관: 의문
– 여기 있습니다. 계산이 맞습니까?

수험자:
– 계산서에는 팁이 포함되어 있습니까?

면접관:
– 아닙니다. 팁은 따로 결제됩니다.

수험자: 지불 방법
– 카드 되요?

면접관:
– 예, 괜찮습니다. 신분증을 보여 주시겠습니까?

수험자:
– 예, 여기 있습니다.

면접관:
– 여기 사인을 좀 해 주세요.

수험자:
– 예, 알겠습니다.

3. 작별과 종결

면접관:
– 좋습니다. 감사합니다. 또 오세요.

수험자:
– 천만에요. 다음에 뵐게요.

회화 유형 4번에 대한 지시와 전략

유형

대화. 한 주제에 대해 이야기를 해야 한다(예를 들면, 영화관이나 극장에 가는 것, 산이나 바다에서 휴가). 카드가 2장이 있고, 하나는 당신의 것이고 또 하나는 면접관의 것입니다. 당신은 당신의 카드에 나오는 역할을 해야 합니다. 면접관은 상대방 역할을 할 것이다.

⚙ 지시와 전략

예를 들어봅시다.

당신에게 어떤 상황이 제시되는 다음과 같은 카드가 주어지는 것을 상상하시오. 이 경우에는, 당신은 연극을 보고 싶어하는 친구랑 같이 있지만 당신은 영화관에 가고 싶어한다.

B카드: 수험자	
당신은 오늘 오후에 친구랑 같이 나가기로 약속했다. 둘이 만날 때 당신은 그 친구에게 영화관에 가자고 제안하지만 친구는 연극을 보고싶다고 한다. 해야 하는 것: 1. 당신은 친구에게 영화관에 가고 싶다고 이야기하기. 2. 왜 영화관에 가고 싶은지 설명하기.	
영화관 – 더 싸다. – 영화관이 더 많고 다양한 영화를 상영한다. – 여러가지 언어로.	연극장 – 더 비싸다. – 공연이 많지 않다. – 집에서 멀다.
3. 친구랑 타협에 도달하기.	

이 상황은 B카드: 수험자의 것에 나타난다. 여기에 따라야 하는 지시가 제시된다. ("해야 하는 것: 1. 당신은 친구에게 영화관에 가고 싶다고 이야기하기; 2. 왜 영화관에 가고 싶은지 설명하기 그리고 3. 친구랑 타협에 도달하기").

카드에는 도움이 될 수 있는 몇몇 견해들이 있지만 영화관에 찬성하는 주장과 극장에 반대하는 주장의 생각을 바탕으로 하면서 다른 가능성을 추가하면 된다.

비록 추천할 만한 것이라도 이 카드의 모든 주장을 사용할 필요는 없다. 중요한 것은 모든 유형을 하는 동안 카드에 대한 의견을 유지하는 것이 필요하다.

다음과 같은 카드가 있는 면접관은 당신 친구의 역할을 할 것이고, 극장에 가자는 주장을 고수할 것이기 때문에 둘은 이 주제에 대해서 대화할 것이다.

A카드: 면접관

당신은 오늘 오후에 친구와 나가기로 약속했다. 둘이 만날 때 그는 당신께 영화관에 가자고 제안하지만 당신은 연극을 보기를 원한다.

해야 하는 것:

1. 친구에게 당신이 연극 보러 가기를 원한다고 말하기.
2. 왜 연극을 보고 싶은지 설명하기.

연극 – 유일하다(각 공연은 유일하다). – 배우랑 직접 접촉 – 진정성 있다.	영화관 – 다른 날 갈 수 있다. – 관객이랑 서로 교감이 없다. – 인위적이다.

3. 친구랑 타협에 도달하기.

이 대화에서 가장 중요한 것은 면접관이랑 타협에 도달하는 것이다.

첫 번째로, 당신은 당신의 주장과 더불어 면접관을 설득시킬 의도로 이야기해야 한다.

두 번째로, 한 번에 모든 이유들을 다 표현하면 안 된다, 그 반면에 주장을 하나 하나씩 말하면서 각 면접관의 관점에서 이유를 제공하고 답하기 위해 면접관의 말을 잘 들어야 한다.

그러므로 이 유형은 커다란 3가지 국면으로 이루어져 있다:

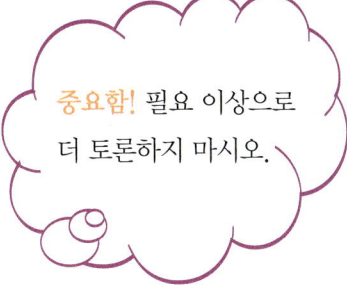

중요함! 필요 이상으로 더 토론하지 마시오.

1. 글과 과제가 요구하는 것을 이해하기; 다시 말하면, 다른 사람이랑 무언가 하기: 예를 들면 어느 날 무엇을 해야 할 지부터, 어떤 색깔로 어떤 값으로 무슨 차를 사야할 지를 결정하기.

2. 논의하고 있는 주제에 대해 찬성하는 의견과 반대하는 의견 표시하기. 조금씩 조금씩 당신의 주장을 표현해야 한다. 면접관이 찬성하는 무언가를 말할 때 반대하는 주장을 표현하시오; 또 거꾸로 하시오. 항상 당신은 계속해서 이야기 할 것과 면접관이 말한 것을 연결하시오.

3. 타협에 도달하기, 공통점을 찾기, 이쪽의 주장이 이해할 수 있고 수락할 만한 것이면 승락하는 이유를 말하기, 또는 대신에 무언가 요청하기("오늘은 영화관에 가지만 다음엔 연극장에 가요."). 토론에 이기는 것과 지는 것은 주장하거나 설득시킬 줄 안다는 증명이 아니라는 것을 아는 것이 중요하다. 중요한 것은 타협에 도달하는 것이다. 이치에 부합하는 자세를 취하는 것은 다른 사람의 관점을 이해하는 것이다. 극단적인 경우에는 타협에 도달할 수 없다는 사실에 동의할 수도 있다("너는 영화관에 가라, 나는 극장에 간다."); 하지만 일반적으로 대화를 통해서 두 사람 모두를 만족시킬 해결책을 찾을 수 있다.

연습하기 위하여

▶ 이제 이 유형의 연습문제 33과 34를 할 수 있다(90와 91쪽).

유형 4 연습문제 33

면접관이랑 이야기

지시사항

당신은 당신의 카드에 제시된 정보에 따라 3~4분 동안 면접관과 이야기해야 한다.

A카드: 면접관

당신은 직장동료와 직장을 바꿀 가능성에 대해 이야기한다. 당신은 사무실에서 일할 가능성에 대해서 이야기하지만 동료는 집에서 일하는 것을 선호한다.

해야 하는 것:

1. 직장동료에게 당신은 사무실에서 일하는 것을 좋아한다고 이야기하기.

2. 왜 사무실에서 일하는 것을 선호하는지 설명하기.

 사무실에서 일하기
– 사람들과 더 많은 접촉이 있다.
– 직업의 공간과 개인의 공간이 따로 있다.
– 직장 동료들이랑 관계가 있다.

 집에서 일하기
– 지루하고 사회적 관계가 제한된다.
– 하루 종일 일한다.
– 조직이 더 필요하다.

3. 동료랑 타협에 도달하기.

B카드: 수험자

당신은 동료와 직장을 바꿀 가능성에 대해 이야기한다. 당신은 집에서 일할 가능성에 대해서 이야기하지만 동료는 사무실에서 일하는 것을 선호한다.

해야 하는 것:

1. 직장동료에게 당신은 집에서 일하는 것을 좋아한다고 이야기하기.

2. 왜 집에서 일하는 것을 선호하는지 설명하기.

 집에서 일하기
– 시간대가 더 자유롭다.
– 교통수단이 필요 없다.
– 아이들을 돌볼 수 있다.

 사무실에서 일하기
– 교통에 대한 돈과 시간의 비용이 든다.
– 시간표도 있고 규칙도 있다.
– 외식이 있다.

3. 동료랑 타협에 도달하기.

유형 4　연습문제 34

면접관이랑 이야기

지시사항

당신은 당신의 카드에 제시되는 정보에 따라 3~4분 동안 면접관과 이야기해야 한다.

A카드: 면접관

당신은 친구랑 같이 여행계획을 짜고 있다. 당신은 가을에 여행하자고 제안하지만 친구는 봄에 하는 것을 선호한다.

해야 하는 것:

1. 친구에게 당신은 가을에 여행하고 싶다고 이야기하기.
2. 왜 가을에 여행하는 것을 선호하는지 설명하기.

가을 – 더 낭만적이다. – 아름다운 풍경. – 다양한 과일.	**봄** – 더 덥다. – 질병 위험(꽃가루 알레르기) – 곳곳에 많은 사람들이 있다.

3. 친구랑 타협에 도달하기.

B카드: 수험자

당신은 친구와 여행계획을 짜고 있다. 당신은 봄에 여행하자고 제안하지만 친구(남자 또는 여자)는 가을에 여행하는 것을 선호한다.

해야 하는 것:

1. 친구에게 당신은 봄에 여행하고 싶다고 이야기하기.
2. 왜 봄에 여행하는 것을 선호하는지 설명하기.

봄 – 낮이 더 길다. – 더 쾌활하다 – 밖으로 소풍을 갈 수 있다.	**가을** – 날씨가 나쁘다(비, 추위). – 더 어둡다. – 나뭇잎도 없고 꽃도 없다.

3. 친구랑 타협에 도달하기.

⧗ 시작시간: _____ : _____

지시사항

문장 7개와 10개의 글을 읽고, 각 문장(1~7)에 알맞은 글(A~J)을 선택하시오.

예시가 포함된 글 11개가 있다. 7개를 선택하시오.

선택한 보기를 답안지에 표기하시오.

예시:

글K

공이나 자전거 공원에 반입금지

정답은 **K**이다.

A B C D E F G H I J K

0. □ □ □ □ □ □ □ □ □ □ ■

문장		글
0.	놀면 안 된다.	K
1.	정육점 할인.	H
2.	청소와 위생 대책.	B
3.	아이들이 혼자서 갈 수 없다.	I
4.	가구를 보호해야 한다.	J
5.	주말에 영업하지 않는다.	G
6.	그것을 가지는 것은 비용이 들지 않는다.	D
7.	교통 수단에 대한 정보.	C

글A

판촉할인

11월 23일부터 1월 15일까지,
안경점3000 (Óptica 3000)의
모든 까끼(Kaki) 안경을
선택

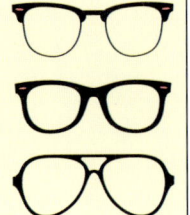

글B

(15~20초 동안)
비누로 손을 자주 씻고,
무엇보다도 식사하기 전과
일을 한 후에 하세요.

글C

도착 하는 방법.
마드리드 A6(Madrid A6)에서 19번 출구.
M-50에서, "빠르께 엠
쁘레사리알"("Parque
Empresarial") 82번 출구.
몬끌로아(Moncloa)의 버스
터미널에서 625번 버스.

글D

만약에 아직
신운두로(Sinunduro)
신용카드가 없다면
아무 우체국에서 무료로 주문하세요.

글E

유일한 가격.

음료수 1개, 후식 1개 그리고 15개 이상의 음식.

영업시간: 매일 13시부터 16시까지 영업.

로스 올리보스(Los Olivos) 마음껏 뷔페.

글F

가족의 요리법들을 수집하세요. www.
tucocina.chi 웹사이트에서 더 많은 요리법을
찾을 수 있습니다.

글G

만령제(만성절) 징검다리 연휴로,

다음 주 월요일까지

센터가 닫혀 있을 겁니다.

글H

닭 한 마리 구매시
당신께 계란
6개를 선물합니다.

글I

어른이랑 동반하지 않으면
10세 이하의 아이들은
승강기 사용금지.

글J

테이블이나 의자에

낙서하지 마시오.

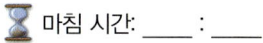
마침 시간: _____ : _____

⏳시작시간: ＿＿＿ : ＿＿＿

지시사항

루이사(Luisa)가 그녀의 남자친구 호아낀(Joaquín)에게 쓴 이메일을 읽고, 질문(8~12)에 응답하시오. 정답(A, B 또는 C)을 선택하시오. 선택한 보기를 답안지에 표기하시오.

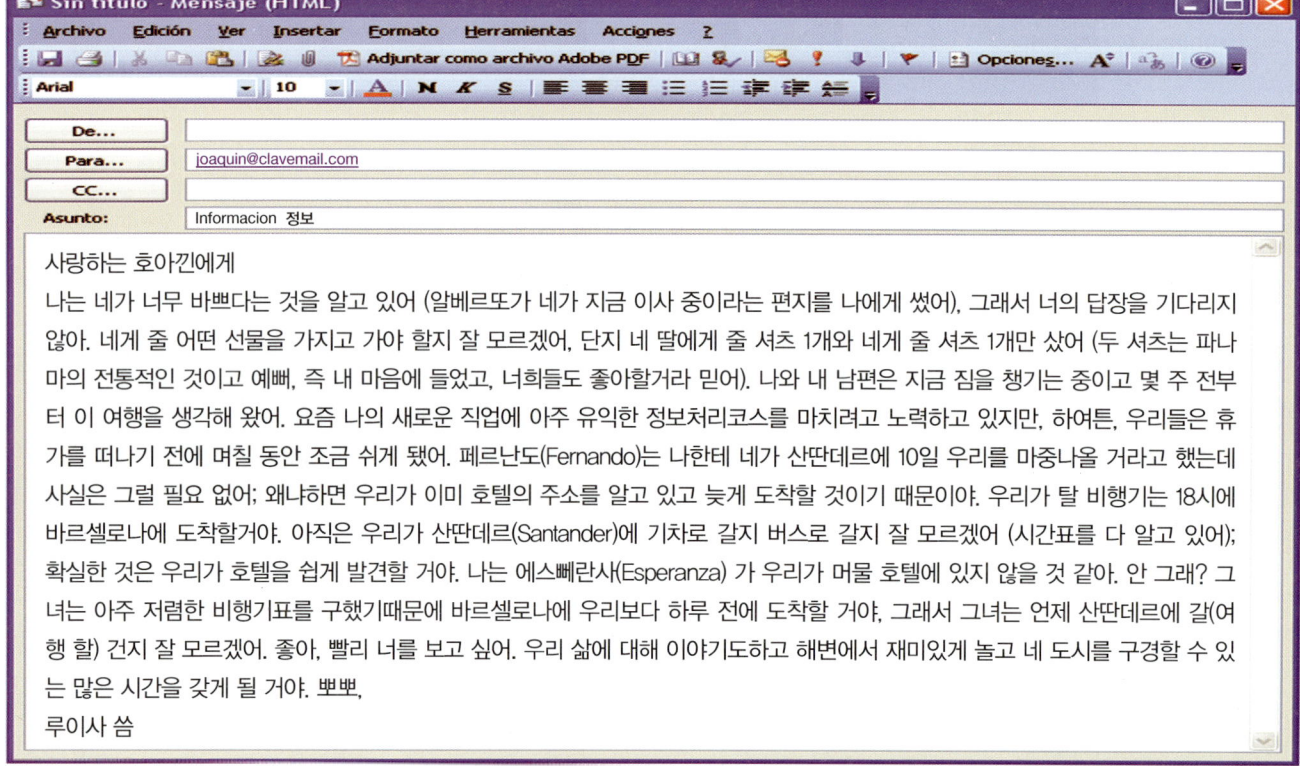

질문

8. 이 이메일에서, 루이사는… 같이 할 여행 이야기를 한다.
   A) 그녀의 자녀랑
   ✓B) 그녀의 남편이랑
   C) 그녀의 가족이랑

9. 이 이메일에 의하면 …
   A) 알베르또는 이사 중이다.
   ✓B) 루이사가 탈 비행기는 바르셀로나에 도착한다.
   C) 페르난도는 루이사를 마중하러 산딴데르에 간다.

10. 루이사는 … 잘 모른다.
   A) 산딴데르에 있는 호텔의 주소를
   B) 산딴데르에 가는 버스표의 가격을
   ✓C) 에스뻬란사가 산딴데르에 도착할 날짜를

11. 이 이메일에 의하면, 루이사는 …
   A) 산딴데르에 이미 머물어 본 적 있다.
   B) 호아낀에게서 답장을 받고 싶어한다.
   ✓C) 여행할 거라서 기쁘다.

12. 루이사와 남편은 …
   ✓A) 선물 몇 개를 이미 샀다.
   B) 오후에 산딴데르에 도착한다.
   C) 에스뻬란사가 머물 호텔에 있을 것이다.

⏳마침 시간: ＿＿＿ : ＿＿＿

독해

⏳ 시작시간: ____ : ____

지시사항

당신은 6개의 광고를 읽고, 질문(13~18)에 응답하시오. 정답(A, B 또는 C)을 선택하시오.

예시:

글0

> "꼬르도바의 영혼"(El alma de Córdoba). 꼬르도바의 대성당 야간 방문. 에세이(E.C.I.)의 가게에서 입장권 판매. 에세이 구매카드를 가진 고객을 위한 특별한 가격.

0. 이 행사는 …
   A) 에세이의 고객만을 위한 것이다.
   B) 많은 시간이 걸린다.
   C) 밤에 실시한다.

정답은 **C**이다.

	A	B	C
0.	☐	☐	■

글1

지하철역과 경찰서에서
가까운 2인용 아파트 방을 임대합니다.
개인용 화장실. 1인용.
월세: 330유로,
모든(가스, 수도, 전기) 비용 포함.
수영장 및 인터넷.

글2

그란 솔(Gran Sol) 호텔과 께 메 꾸엔따스 (Qué me cuentas) 잡지사는 2명의 독자를 초대합니다. 리비에라 마야(Riviera Maya) 의 그란 솔 호텔에서 2명을(2인용) 위한 멕시코 카리브해 여행 상품권을 받으세요.
중남미국가에 대해 가장 좋아하는 나라가 어떤 나라인지 이야기하는 문자메시지를 678 72 43 45에 보내 주세요.
가격: 메세지 당 3.48유로, 세금 포함.
대회 기간: 1월 31일까지

13. 이 아파트의 전기비, 수도비와 공동 비용은…
   A) 매달 지불한다.
   ✓B) 월세 포함돼서 지불한다.
   C) 300유로쯤이다.

14. 무료 여행 상품권을 얻기 위해서는…
   A) 전화를 걸어야 한다.
   ✓B) 짧은 글을 써야 한다.
   C) 질문에 대답해야 한다.

글3

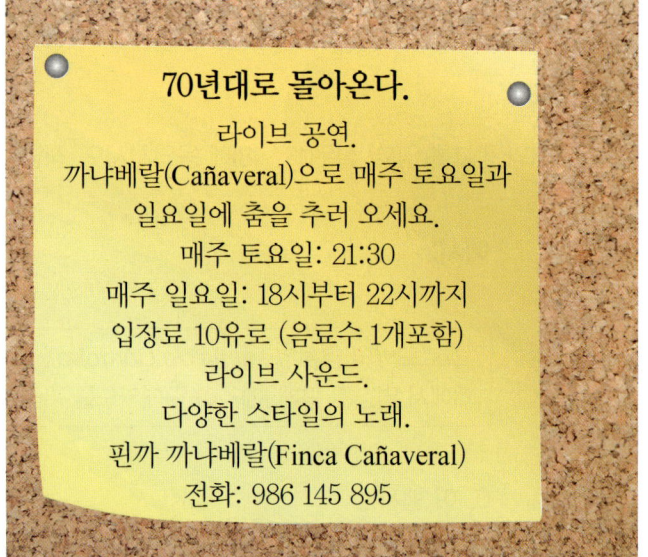

제 2회 고급 연수과정
미디어 마케팅 광고.
산 하이메(San Jaime) 대학 학위.
직업과 병행할 수 있는 시간표.
신문사나 라디오방송국이나
텔레비전방송국에서 인턴.
연수 기간: 2월 5일부터 6월 11일까지.
더 많은 정보: 914 435 336
또는 www.conferenciasyformacion.com

15. 이 연수에서는 …
✓A) 회사에서 인턴을 한다.
B) 신문사에서 일해야 한다.
C) 대학 학위를 가져야 한다.

글4

70년대로 돌아온다.
라이브 공연.
까냐베랄(Cañaveral)으로 매주 토요일과
일요일에 춤을 추러 오세요.
매주 토요일: 21:30
매주 일요일: 18시부터 22시까지
입장료 10유로 (음료수 1개포함)
라이브 사운드.
다양한 스타일의 노래.
핀까 까냐베랄(Finca Cañaveral)
전화: 986 145 895

16. 이 음악 공연에 관람하면 …
A) 춤을 춰야 한다.
✓B) 다양한 음악을 들을 것이다.
C) 음료수 1개값을 지불해야 한다.

글5

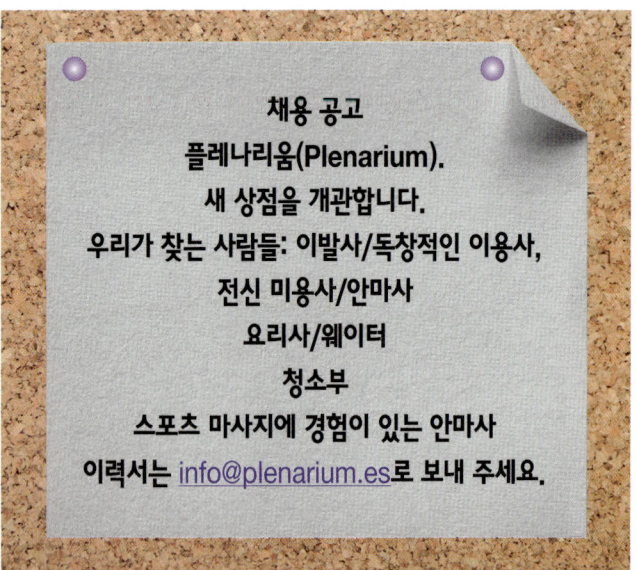

에레데 리바스 알 디아(RD. Rivas al Día)에서
단어에 따라 무료 광고
범위는 30개의 단어를 초과해서는 안 됩니다.
rivasaldia@rivas-vaciamadrid.org로 보내 주세요.
우편 주소: 에레데 리바스 알 디아
리바스 비시아마드리드(Rivas Vaciamadrid) 시청
데 라 꼰스띠뚜시온(de la Constitución) 광장, 1
28522 리바스 바시아마드리드

17. 이 신문사의 광고들은 …
A) 싸다.
B) 이메일로만 할 수 있다.
✓C) 아주 짧아야 된다.

글6

채용 공고
플레나리움(Plenarium).
새 상점을 개관합니다.
우리가 찾는 사람들: 이발사/독창적인 이용사,
전신 미용사/안마사
요리사/웨이터
청소부
스포츠 마사지에 경험이 있는 안마사
이력서는 info@plenarium.es로 보내 주세요.

18. 이 광고에서, 회사는 …
✓A) 일할 사람들이 필요하다.
B) 스포츠 선수들에게 간호를 제공한다.
C) 새 상점에 대해서 보고한다.

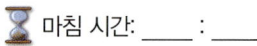 마침 시간: ____ : ____

⌛ 시작시간: ____ : ____

지시사항

마드리드 상점과 쇼 가이드북에 대한 7개의 문장과 10개의 글을 읽고, 각 문장(19~24)에 알맞은 글(A~J)을 선택하시오.

예시가 포함된 글 10개가 있다. 6개를 선택하시오.

선택한 보기를 답안지에 표기하시오.

예시:

글K

0. 큰 홀들에 있으면 우리는 안달루시아(Andalucía)의 기념물에 있다고 믿는것 같다.

정답은 **F**이다.

A	B	C	D	E	F	G	H	I	J	K
0. ☐	☐	☐	☐	☐	■	☐	☐	☐	☐	☐

	문장	글
0.	거기의 큰 홀들에는 안달루시아(Andalucía)의 기념물에 있다고 느낄 수 있다.	F
19.	현금으로 지불해야 한다.	B
20.	주말에만 영업한다.	J
21.	사물도 판매한다.	G
22.	자동차는 무료 주차할 수 있다.	D
23.	매주 일요일에 영업하지만 음악 공연이 없다.	C
24.	더 일찍 밤에 끝나는 상점.	I

마드리드의 업소와 쇼

A. 베를린 카바레
매주 일요일에 쉰다. 시간대: 월요일부터 목요일까지 23시~5시;
금요일 및 토요일: 23시~6시. 클럽. 카바레 공연. 가까운 주차장.
라이브 공연을 제공한다. 이 카바레의 문을 지나는 것은 완벽한
분위기인 30년대의 독일 카바레로 이동하는 것이다.

B. 치니따스(Chinitas) 카페
매주 월요일에 쉰다. 시간대: 20:30~2시. 플라멩코. 신용카드는
허용되지 않는다.
18세기의 아름다운 궁전에 위치한 플라멩코 식당/플라멩코 무대.
일류급 국제요리와 최고의 플라멩코의 공연을 제공한다.

C. 보기(Boguí) 재즈클럽
시간대: 일요일부터 목요일까지: 22시~5시. 금요일, 토요일 그리
고 공휴일 전야: 22시~6시. 추에까(Chueca)구역에 보기 재즈클
럽은 생동감 있는 재즈를 사랑하는 사람들이 모이는 장소다. 매
주 월요일부터 토요일까지 콘서트가 있고; 입장 오후 23시 및 24
시다.

D. 데엘레스 라운지(DL'S Lounge)
매일 영업한다. 시간대: 일요일부터 수요일까지: 20시~1시. 목요
일부터 토요일까지 20시~3시. 식당/바. 무료 주차.
그란 비아에 있는 고전적인 장소에서는, 편안하고 세계주의의 분
위기에서 문화나 예술계의 사람들을 만나는 것은 흔한 일이다.

E. 아란후에스(Aranjuez) 대형 카지노
매일 영업합니다. 시간대: 15시~6시. 카지노. 대형 주차장.
최신 설비, 마드리드의 유일한 쇼들, 성공한 기업가들 그리고 사
교모임 그리고 아방가르드한 음식 제공.

F. 또레스 베르메하스(Torres Bermejas)
플라멩코의 무대. 매일 영업한다. 시간대: 20:30~2시. 플라멩코
의 춤과 음악의 거장들이 공연했던 장소. 그라나다(Granada)의
알암브라 궁전의 복제판 특별히 아름다운 홀.

G. 하드 로크(Hard Rock) 카페 마드리드
영업시간: 화요일부터 일요일까지. 시간대: 12:30~2시. 금요일과
토요일: 12:30~3시. 기념품 매점: 10시~1:30. 술집/식당. 록 박물
관의 신화적인 작품 및 음식, 음악, 칵테일의 환상적인 혼합을 제
공한다.

H. 로 볼라(La Bola)
매주 일요일 저녁에 쉽니다. 시간대: 13시~16시 및 20:30~24시.
마드리드 요리. 고대 일세기 이상된 마드리드의 역사적인 고전적
인 주점. 이 주점은 오래된 요리법으로 만든 마드리드 전골로 유
명하다. 흙마루뚝배기에 천천히 만들어진다.

I. 라 바라까(La Barraca)
매일 영업합니다. 시간대: 13시~16시 및 20:30~23시.
토요일, 일요일 그리고 공휴일: 13:30시~16:30시 및 20시
~23:30시. 발렌시아(Valencia) 요리. 1935년부터 그 홀들을 지
나쳤던 유명한 사람들의 사진들로 두드러지는 꼼꼼히 만든 친숙
한 분위기.

J. 꼬랄 데 라 모레리아(Corral de la Morería)
영업시간: 금요일부터 일요일까지. 시간대: 20시~1:30시.
플라멩코 식당. 플라멩코 대성당이라고 간주되는 이 장소는 1956
년부터 국내 플라멩코 거장들과 더불어 최고의 공연을 제공한다.

(출처: *"마드리드 스타일"*(Madrid Style). 2009년. 158~153쪽).

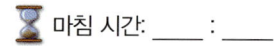 마침 시간: ____ : ____

⏳ 시작시간: ____ : ____

지시사항

당신은 소설의 주인공이 그 날 했던 것을 이야기하는 소설의 일부분을 읽고, 질문(25~30)에 응답하시오. 정답(A, B 또는 C)을 선택하고. 선택한 보기를 답안지에 표기하시오.

오전 8시에, 바르셀로나에 비가 온다. 나가지 않고 집에서 머물면서 청소 하기로 결정한다. 9시에 아주 피곤해서 시간을 보내려고 잠깐 텔레비전을 본다. 여러 사람들이 나온다. 우리나라에서 그렇게 좋아하는 것들과 흡사한 (프로그램)콩크르를 보고있다. 어떤 부부한테 나폴레옹 성이 어떻게 되냐고 물어본다. 여자는 "베나벤떼(Benavente)."라고 대답한다. 정답이 아니다. 이제 다른 부부가 대답해야 하지만 그들의 대답도 역시 정답이 아니다. 앵커는 50만 뻬세따를 놓쳤다고 콩크르 참가하는 부부들에게 말한다. 22개월 동안 계속 콩쿠르 참가해 오고 있는 다른 부부가 들어온다. 난 프로그램이 지루해서 텔레비전을 끈다.

오전 11시에 쇼핑하러 나간다. 옷가게에 들어가서 셔츠를 입어 본다. 마침내 넥타이를 산다. 그 다음에 가판대에 들어가서 신문 2장과 잡지 1권을 산다. 전자제품가게에서 모든 것들이 마음에 들지만 결국에는 커피포트만 살 수 있었다. 그럼에도 불구하고 보석상에서 자동 손목시계를 산다. 아내의 생일 때문에 그녀에게 선물을 해야 했기에 화장품 가게에 가는 것이 가장 좋은 것이라고 생각한다. 람블라스(Ramblas)에서 산책하는 동안 하늘에 구름이 낀다. 비가 올 것 같다. 식사 시간이라 집 근처에 있는 중국집에 들어간다.

중국집 주인은 장시성 사람이고 어렸을 때 바르셀로나로 이민했다. 그는 이미 결혼했고 4명의 자녀가 있다. 그는 매주 월요일부터 토요일까지 일하고 일요일에 쉬면서 가족이랑 같이 산책을 하러 나간다. 그는 중국에 돌아가고 싶어서 일하고 돈을 저축한다고 말한다. 그는 내게 무슨 일을 하냐고 물어본다. 나는 볼레로 가수라고 대답한다. 그는 자기 나라를 기억하게 하는 볼레로를 아주 좋아한다고 한다.

나는 집에 돌아갔지만 "고장"이라는 포스터가 승강기 문에 걸려 있다. 걸어서 올라가다가 이웃집 문을 지날 때 발길을 멈춘다; 왜냐하면 어머니가 만든 야채음식을 먹고싶지 않다고 고함을 치는 이웃 아들의 소리를 들었기 때문이다. 나는 집에 들어가서 잠옷을 입고 침대에 누워서 그 날의 나머지 시간동안은 쉬기로 한다. 국내외적으로 매우 잘 알려진 현대 스페인 소설 *베르똘도, 베르똘디노 그리고 까사세노* 등을 읽기 시작한다.

(출처: *"구르브에게서 연락이 없이"*(Sin noticias de Gurb), 에두아르도 멘도사(Eduardo Mendoza). 세익스 바랄(Seix Barral) 출판사. 바르셀로나. 1999년)

질문

25. 이 글은 … 대한다.

    A) 주인공의 취미를

   ✓B) 주인공의 일상 생활을

    C) 주인공의 도시를

26. 이 글에 의하면 …

   ✓A) 장시는 일하지 않을 때 그의 가족이랑 같이 산책을 간다.

    B) 티브이 콩쿠르의 참가자들은 돈을 많이 벌었다.

    C) 주인공은 그의 가족이랑 같이 임대 아파트에서 산다.

27. 주인공은 …

    A) 이혼했다.

   ✓B) 아파트에서 산다.

    C) 실업자다.

28. 이 이야기의 날은 …

   ✓A) 바르셀로나는 날씨가 나빴다.

    B) 주인공이 음식을 샀다.

    C) 상점들이 영업하지 않았다.

29. 이 글에 의하면 주인공의 이웃은 …

    A) 주인공 아파트 바로 앞에서 산다.

    B) 최근 이혼했다.

   ✓C) 음식을 만들었다.

30. 이 글에 의하면 주인공은 … 종사한다.

   ✓A) 전문 음악에

    B) 집에서 청소를 하는 것에

    C) 스페인 문학을 가르치는 것에

유형 1   연습문제 40   트랙 16 ⊙♫

⏳ 시작시간: ____ : ____

지시사항

7개의 라디오 광고를 듣게 될 것이다. 광고들은 두 번씩 반복된다. 각 광고에 대한 질문에 알맞은 응답(A, B 또는 C)을 선택하시오. 선택한 보기를 답안지에 표기하시오.

이어서 한 예를 듣게 될 것이다:

0. 라파엘(Rafael)의 CD는 …
   A) 중남미에서 발표됐다.
   B) 대중음악이 들어있다.
   C) 연인들의 선물이다.

정답은 **B**이다.

```
   A   B   C
0. □   ■   □
```

질문

1. 스페인 날씨 정보에 따르면 오늘은 …
   A) 800미터에서 눈이 올 것이다.
   ✓B) 더 추울 것이다.
   C) 아침에 비가 올 것이다.

2. 이 프로그램에서 당신은 … 수 있다.
   ✓A) 정보를 요구 할
   B) 전화를 할
   C) 의사랑 이야기를 할

3. 만약에 이 휴대폰을 사면 귀하에게… 선물한다.
   A) 카메라를
   B) 카드를
   ✓C) 가방을

4. 아 뚜 아이레(A tu aire) 회사에서, 비행하는 동안 … 수 있다.
   ✓A) 커피를 마실

   B) 전화를 할
   C) 인터넷 검색을 할

5. 악세소리오스 블랑꼬(Accesorios Blanco)에서는 …
   A) 구매시 실내화를 선물한다.
   ✓B) 남녀 상품들을 판매한다.
   C) 세트를 사는 것이 더 재미있다.

6. 라 까라꼴라(La Caracola) 식당은 …
   A) 16유로로 메뉴를 제공한다.
   ✓B) 오후 4시까지 영업한다.
   C) 매주 주말에 영업하지 않는다.

7. 이 충고에 따르기 위해 … 안 된다.
   A) 과일을 많이 먹으면
   B) 하루에 자주 먹으면
   ✓C) 먹으면서 이야기하면

⏳ 마침 시간: ____ : ____

시험 1

⏳ 시작시간: ____ : ____

지시사항

당신은 라디오 뉴스를 듣는다. 뉴스는 두 번씩 반복된다. 각 질문에 알맞은 응답(A, B 또는 C)을 선택하시오. 선택한 보기를 답안지에 표기하시오. 문제를 읽기 위해 35초가 주어진다.

질문

8. 이 달리기에는 … 참가했다.
   A) 16개교 이상의 학교가
   B) 사내아이들보다 여자아이들이 더
   ✓C) 작년보다 더 많은 아이들이

9. 유년기 부문 승자는 …
   A) 프란시스코 또마스(Francisco Tomás)였다.
   ✓B) 다비드 곤살레스(David González)였다.
   C) 라울 마르띠네스(Raúl Martínez)였다.

10. 이 달리기는 … 열린다.
   ✓A) 7년 전부터
   B) 브라보 무리요 (Bravo Murillo) 학교에서
   C) 데 라 꼰스띠뚜시온(de la Constitución) 공원에서

11. 달리기 마지막에는 … 위한 선물이 있었다.
   A) 참가자들의 부모님들을
   ✓B) 학교의 강사들을
   C) 학생들의 반동료들을

12. 이 달리기의 날은 …
   ✓A) 추웠다.
   B) 비가 많이 왔다.
   C) 토요일이었다.

13. 이 달리기에 … 참가한다.
   A) 강사들과 학생들이
   B) 스포츠 선수들과 코치들이
   ✓C) 동네 학생들이

⏳ 마침 시간: ____ : ____

청취

유형 3   연습문제 42   트랙 18 ⊙♫

⏳ 시작시간: ____ : ____

지시사항

당신은 7개의 메시지를 듣는다. 각 메시지는 두 번씩 반복된다. 각 메시지(14~19)에 알맞은 문장(A~J)을 선택하시오.

예시가 포함된 10개의 문장이 있다. 6개를 선택하시오.

선택한 보기를 답안지에 표기하시오.

이제 예를 청취하시오:

메시지 0.

정답은 **B**이다.

A   B   C   D   E   F   G   H   I   J

0. ☐ ■ ☐ ☐ ☐ ☐ ☐ ☐ ☐ ☐

이제 문장들을 읽기 위해서 25초가 주어진다.

문장들
A. 과일을 고를 수 있다.
B. 더 늦게 출발 할 것이다.
C. 오후에 헬스장에 가는 것을 선호한다.
D. 금요일 오후에 문을 닫는다.
E. 그림을 보러 가자고 제안한다.
F. 다른 날로 약속을 미뤄야 한다.
G. 메뉴는 와인이나 맥주가 포함되어 있다.
H. 입장은 무료이고 자유다.
I. 오전에는 열지 않는다.
J. 그들은 일주일 동안 휴가를 떠난다.

	메시지들	문장들
	메시지 0	**F**
14.	메시지 1	D
15.	메시지 2	A
16.	메시지 3	J
17.	메시지 4	F
18.	메시지 5	H
19.	메시지 6	C

⏳ 마침 시간: ____ : ____

유형 4   연습문제 43   트랙 19 ⊙♫

⏳ 시작시간: ____ : ____

지시사항

당신은 학생인 두 친구들 사이의 대화를 듣는다. 대화는 두 번씩 반복된다. 각 질문(20~25)에 알맞은 응답(A, B 또는 C)을 선택하시오.

선택한 보기를 답안지에 표기하시오.

이제 질문을 읽기 위해 35초가 주어진다.

질문

20. 여자는 … 산다.

　　A) 그녀의 새 가족이랑

　✓B) 공공 아파트에서

　　C) 아파트에서 혼자

21. 여자의 아파트 친구들은 거의 다 … 공부한다.

　　A) 법학을

　✓B) 역사학을

　　C) 컴퓨터 과학을

22. 남자는 …

　　A) 역사학을 공부한다.

　　B) 도서관에서 일한다.

　✓C) 어떤 여자를 알았다.

23. 금요일에, 남자는 … 싶어했다.

　　A) 네덜란드를 여행하고

　　B) 도서관에서 공부하고

　✓C) 영화를 보러 가고

24. 여자는 …에 남자를 초대한다.

✓A) 　　　B) 　　　C)

25. 남자의 새 친구인 모니까(Mónica)는 …

　　A) 컴퓨터 과학을 공부했다.

　✓B) 다른 나라에서 살아 본 적이 있다.

　　C) 그의 친구들을 만나고 싶어했다.

⏳ 마침 시간: ____ : ____

⏳ 시작시간: _____ : _____

지시사항

당신은 한 사람이 당한 절도사건에 대해 두 사람의 대화를 듣는다. 대화는 두 번씩 반복된다. 각 문장(26~30)에 알맞은 이미지(A~H)를 선택하시오.

8개의 이미지가 있습니다. 5개를 선택하시오.

선택한 보기를 답안지에 표기하시오.

이제 문장을 읽기 위해 15초가 주어진다.

문장들		이미지들
26.	대화의 장소.	G
27.	알리시아(Alicia) 의 오후.	A
28.	도둑이 어떤지.	C
29.	알리시아는 어디에서 사는지.	E
30.	도둑맞은 사물들.	H

A)

B)

C)

D)

E)

F)

G)

H)

⏳ 마침 시간: _____ : _____

작문

⌛ 시작시간: _____ : _____

지시사항

당신은 일주일 전에 어떤 회사에 이력서를 보냈다. 회사가 당신의 이력서를 잘 받았는지 확인하기 위해 회사에 이메일을 써 보시오. 이메일에 포함되어 있어야 하는 것은:

– 인사하기 및 자기 소개하기

– 이력서를 언제 보냈는지 말하기

– 직위를 명시하기

단어수: 30~40개

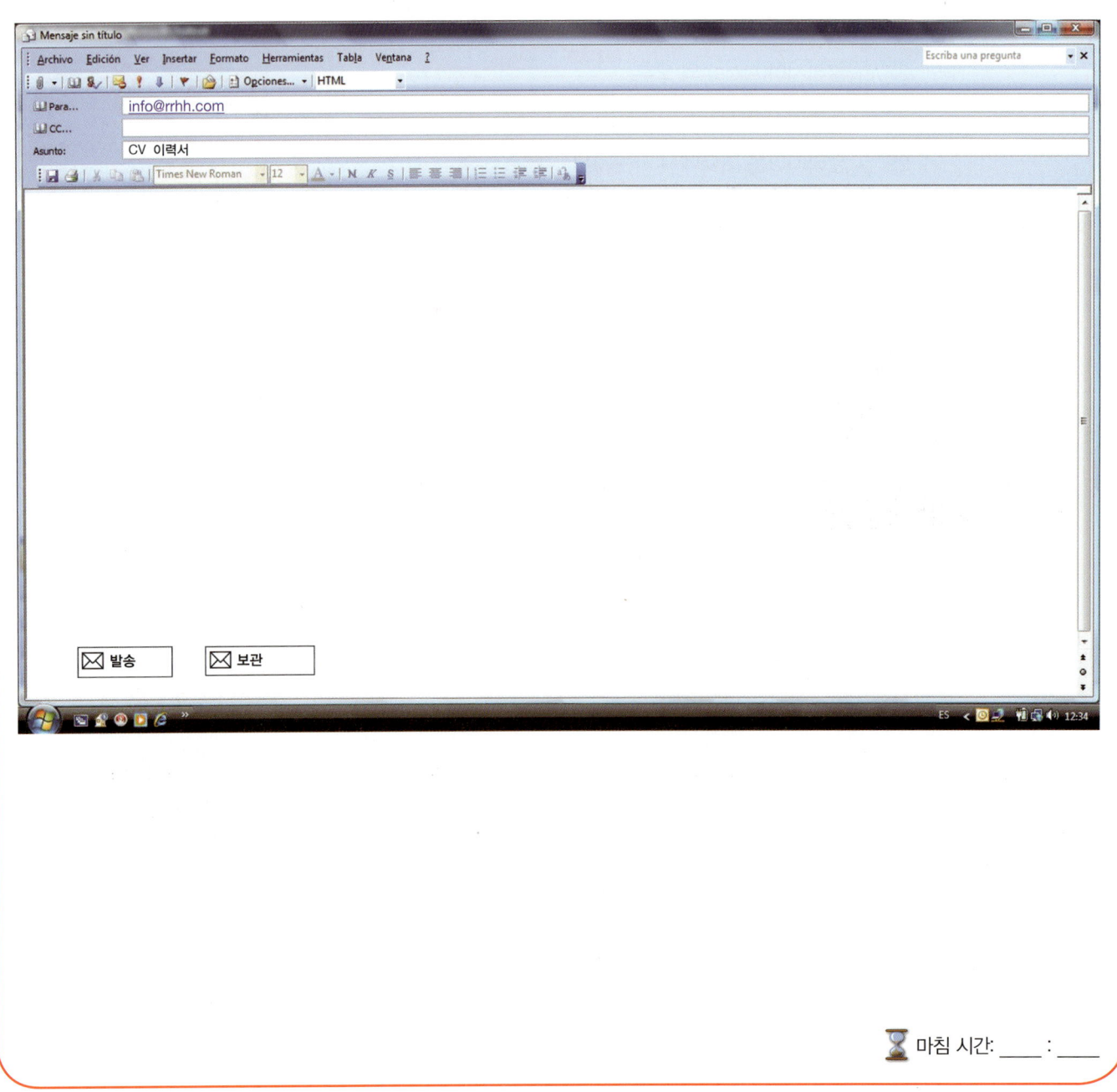

⌛ 마침 시간: _____ : _____

작문

⏳ 시작시간: ____ : ____

지시사항

당신은 한 달 동안 당신의 집이나 방을 임대한다. 신문에 실릴 광고를 써 보시오. 광고 안에는:

- 집이 어디인지, 어떤지 말하기
- 몇 개의 방이 있는지 설명하기
- 안에 있는 가구와 전자제품을 명시하기

날짜와 가격을 명시하는 것을 잊지 마시오.

단어수: 70~80개

⏳ 마침 시간: ____ : ____

작문

⏳ 시작시간: ____ : ____

지시사항

여기서는 떼레사 알바레스(Teresa Álvarez)의 삶의 자료와 사진들을 소개한다.

그녀의 일대기를 써 보시오. 일대기에 들어가야 하는 것은:

- 그녀의 외모와 성격
- 그녀의 기호와 취미
- 그녀의 인생에서 가장 중요한 사건들

단어 수: 70~80개

전기의 자료

- 성함: 떼레사 알바레스 가르시아(Teresa Álvarez García)
- 출생지: 리마(페루)
- 생년월일: 1981년 11월 13일
- 호적 상태: 이혼

_____

_____

_____

_____

_____

_____

_____

⏳ 마침 시간: ____ : ____

회화

독백

지시사항

당신은 3~4분 동안 면접관 앞에서 교통 수단에 대해 이야기해야 한다. 제시된 것들 중 하나를 선택하시오.

자동차

– 자동차가 있습니까? 무슨 종류입니까? 무슨 브랜드입니까? 무슨 모델입니까?
– 언제 자동차를 사용합니까? 왜요?
– 어디를 자주 갑니까?
– 자동차로 누구랑 여행합니까?
– 하루에 몇 시간 자동차를 탑니까?
– 자동차로 특별한 여행을 한 적 있습니까?
– 자동차로 가면 무슨 장점이 있습니까?

기차

– 기차 여행을 좋아합니까? 왜요?
– 기차로 어디에 가곤 합니까? 표가 얼마입니까?
– 당신의 도시에 기차역이 있습니까? 다른 도시들과 교통편이 좋습니까?
– 기차로 여행할 때 뭘 합니까?
– 기차로 여행하면 무슨 장점이 있습니까?
– 최근 언제 기차로 여행을 했습니까?

교통 수단

비행기

– 비행기 여행을 좋아합니까? 왜요?
– 얼마나 자주 비행기 여행을 합니까?
– 비행기로 어디에 갔습니까? 왜 비행기를 이용합니까?
– 당신의 도시 근처에 공항이 있습니까?
– 비행기로 여행하는 데 무슨 장점이 있습니까? 비행기로 여행하는데 단점은 무엇입니까?
– 최근에 언제 비행기 여행을 했습니까? 어디에 갔습니까? 표가 얼마였습니까?

배

– 배 여행을 좋아합니까? 왜요?
– 배로 몇 번 여행을 했습니까?
– 배로 어디에 갔습니까? 왜요?
– 당신의 도시 근처에 항구가 있습니까?
– 배로 여행하는 동안 무엇을 합니까?
– 배로 여행하는 것의 장점은 무엇입니까? 배로 여행하는 것의 단점은 무엇입니까?
– 최근에 언제 배 여행을 했습니까?

버스

– 버스 여행을 좋아합니까? 왜요?
– 얼마나 자주 버스로 여행을 합니까? 어디로 갑니까? 장기 여행입니까? 단기 여행입니까?
– 당신의 도시에 버스 터미널이 있습니까?
– 버스로 당신의 나라에서 다른 도시들과 당신의 도시 사이의 교통이 편리합니까?
– 버스를 이용하는데 어떤 장점이 있습니까?
– 버스 여행의 단점은 무엇입니까?
– 최근에 언제 버스 여행을 했습니까? 어디에 갔습니까? 어디에서?

지시사항

당신은 3~4분 동안 면접관 앞에서 식사에 대해 이야기해야 한다. 제시된 것들 중에서 하나를 선택하시오.

집에서 식사

- 언제 집에서 식사를 합니까? 몇 시에?
- 누가 요리합니까?
- 어떤 음식을 요리합니까?
- 집에서 어떤 음식을 즐겨 먹습니까? 누구와 함께 식사를 합니까? 식사를 하면서 무엇을 합니까?
- 집의 어떤 방에서 식사를 합니까?
- 집에서 식사를 하는 것을 선호합니까? 외식을 선호합니까?

외식

- 얼마나 자주 외식을 합니까? 왜요?
- 외식을 하실 때 무엇을 먹는 것을 좋아합니까?
- 외식 할 때 어떤 장소로 갑니까?
- 외식을 누구랑 같이 합니까?
- 당신 도시의 레스토랑에서 식사를 하는 데 얼마의 비용이 듭니까? 카드로 지불합니까? 현금으로 지불합니까?
- 당신이 가장 비싸고 고급스러운 레스토랑에서 식사를 하신 곳이 어떤 곳 입니까? 무엇을 주문했습니까?

식사

친구랑 같이 식사

- 얼마나 자주 친구랑 식사를 합니까? 그들과 만나는 특별한 날이 있습니까? 왜요?
- 어디에서 식사를 합니까? 친구의 집에서? 레스토랑에서? 왜요?
- 몇 명이 모입니까?
- 어떤 동기로 친구랑 식사합니까?
- 당신의 친구들은 어떤 식사를 좋아합니까?
- 친구들을 위해서 요리해 본 적이 있습니까? 특별 요리는 무엇입니까?
- 식사를 하기 전에 무엇을 합니까? 식사 동안은? 식사가 끝나면?

명절 식사

- 명절에 무엇을 먹곤 합니까?
- 명절에는, 외식을 선호합니까? 집에서 식사하는 것을 선호합니까?
- 명절에 어디에서 누구랑 같이 식사를 합니까?
- 명절을 지낼 때 식당 테이블을 예약하곤 합니까?
- 주말에 무엇을 드십니까? 누구와 함께 먹습니까? 어디에서?
- 당신 나라의 가장 중요한 명절이 무엇입니까? 그날 무엇을 먹습니까?

일상 생활 식사

- 하루에 몇 번 식사를 합니까? 몇 시에? 매 식사는 어디에서 합니까?
- 매일 누구랑 같이 식사를 합니까?
- 무엇을 먹곤 합니까?
- 가장 좋아하는 음식은 무엇입니까?
- 싫어하는 음식이 있습니까?
- 특정한 음식을 먹는 것이 금지된 것이 있습니까? 왜요?

회화

이미지 묘사

지시사항

이미지를 묘사하시오: 장소, 인물, 사물과 활동.

인물의 신체적 특징에 대해서, 입고 있는 옷이나 지니고 있는 사물에 대해서 이야기해야 한다.

당신은 2~3분 동안 이야기해야 한다.

면접관이랑 대화

지시사항

당신은 취업 면접이 있다는 상황을 상상해야 한다. 당신은 사장님의 질문에 대답해야 한다. 면접관은 사장이다.

대화의 모델

1. 시작

면접관: 인사
– 안녕하십니까?

응시자: 인사
– 안녕하십니까?

면접관: 연락 이유
– 당신의 이력서에 관심이 있어서 연락했습니다. 몇 가지 질문을 하고 싶습니다.

응시자: 대답
– 알겠습니다…

2. 전개 과정

면접관: 학력
– 우선, 무엇을 공부 했는지 알고 싶군요.

응시자:
– 저는…. 공부했습니다.

면접관: 경력
– 지금까지 경력이 무엇입니까?

응시자:
– 저는… 일했습니다.

면접관: 관심사
– 왜 우리 회사에서 일하는데 관심이 있으십니까?

응시자:
– 이 회사는 현대적이고 역동적이며 해당 분야에서 리더일 뿐만 아니라 이 곳에서 일하면서 많은 것을 배울 것이라고 믿기 때문에 이 회사에서 일하고 싶습니다.

면접관: 조건
– 그러면, 이 일자리의 조건을 아십니까? 6개월간 계약직이라는 것을 알고 있습니까? 한 주에 20시간 일하는 것이 괜찮습니까?

응시자:
– 예, 조건을 다 알고 있고, 괜찮다고 생각합니다.

3. 작별과 종결

면접관:
– 그러면, 이력서를 좀 더 깊게 분석하고, 결과를 알리기 위해 며칠 이내에 연락을 드리겠습니다.

응시자:
– 대단히 감사합니다. 곧 뵙겠습니다.

회화

면접관이랑 대화

지시사항

당신은 당신의 카드에 나타나는 정보에 따라 3~4분 동안 면접관과 이야기해야 한다.

A카드: 면접관
당신은 친구와 쇼핑을 해야한다. 당신은 동네가게에 가자고 제안하지만 친구(남자 또는 여자)는 쇼핑몰에 가는 것을 선호한다. 해야 하는 것: 1. 친구에게 당신은 동네가게에 가고 싶다고 이야기하기. 2. 왜 동네가게를 선호하는지 설명하기.

 동네가게
- 개인적인 대우.
- 다양한 상품과 질.
- 근처에 있고, 도시 생활.

 쇼핑몰
- 많은 사람.
- 멀고 교통수단이 필요함.
- 고정 가격. 정찰가격

3. 친구랑 타협에 도달하기.

B카드: 수험자
당신은 친구와 쇼핑을 해야한다. 당신은 쇼핑몰에 가자고 제안하지만 친구(남자 또는 여자)는 동네가게에 가는 것을 선호한다. 해야 하는 것: 1. 친구에게 당신은 쇼핑몰에 가고 싶다고 이야기하기. 2. 왜 쇼핑몰에 가는 것을 선호하는지 설명하기.

 쇼핑몰
- 많은 상품이 있고 가게의 다양함, 할인.
- 주차장.
- 에어컨과 난방.

 동네가게
- 상품의 다양함과 수량이 적다.
- 제한된 영업시간.
- 어려움 (반환, 주차장...)

3. 친구랑 타협에 도달하기.

⏳ 시작시간: ＿＿ : ＿＿

지시사항

7개의 문장과 10개의 글을 읽고, 각 문장(1~7)에 알맞은 글(A~J)을 선택하시오.

예문이 포함되어 있는 11개의 글이 있다. 7개를 선택하시오.

선택한 보기를 답안지에 표기하시오.

예시:

글K

| 개 조심 | |

정답은 **K**이다.

A	B	C	D	E	F	G	H	I	J	K
0. ☐	☐	☐	☐	☐	☐	☐	☐	☐	☐	■

문장		글
0.	위험한 동물이 있다.	K
1.	당신의 생각들을 발표할 수 있다.	C
2.	고속도로에서 나쁜 날씨.	J
3.	담배를 끊게 된 이유(동기).	H
4.	말하면 안 된다.	A
5.	어떤 사람들은 지불하지 않는다.	E
6.	1개의 빈 방이 있다.	F
7.	목욕하기 위해 필요하다.	G

글A

도서관에서는
침묵을 지키시오.
건물내에서
먹기와 마시기 금지.

글B

배우 1명의 질병으로 인해
연극 공연이 연기됩니다.

글C

포럼에 참가하기 위해서,
다음과 같은 주소에
이메일로
글과 질문을 보내세요.
losabemostodo@yomeloinvento.com

글D

테이블을 예약하기 위해서는
948 234 421로 전화하세요.

글E

이번 주 일요일에,
반상회 회원들은
놀이공원을 방문할 것입니다.

회원들을 위한 무료 입장.

글F

방을 공유하기 위해
친구 구함

글G

호텔 수영장을
사용하기 위해서는
수영모와
적절한 수영복 착용이
필수입니다.

글H

더 이상 담배를 피우지 않기 위한
좋은 방법들이 있습니다.
당신의 방법들은 어떤 것들 입니까?

글I

재료:
설탕,
밀가루,
건조 오렌지,
비타민 E, B6와 B1

글J

눈을 조심하세요.
자동차의 속도를 줄이세요.

마침 시간: _____ : _____

⏳ 시작시간: ____ : ____

지시사항

레오(Leo)가 친구 앙헬(Ángel)에게 쓴 이메일을 읽고, 질문(8~12)에 답하시오. 정답(A, B 또는 C)을 선택하시오.
선택한 보기를 답안지에 표기하시오.

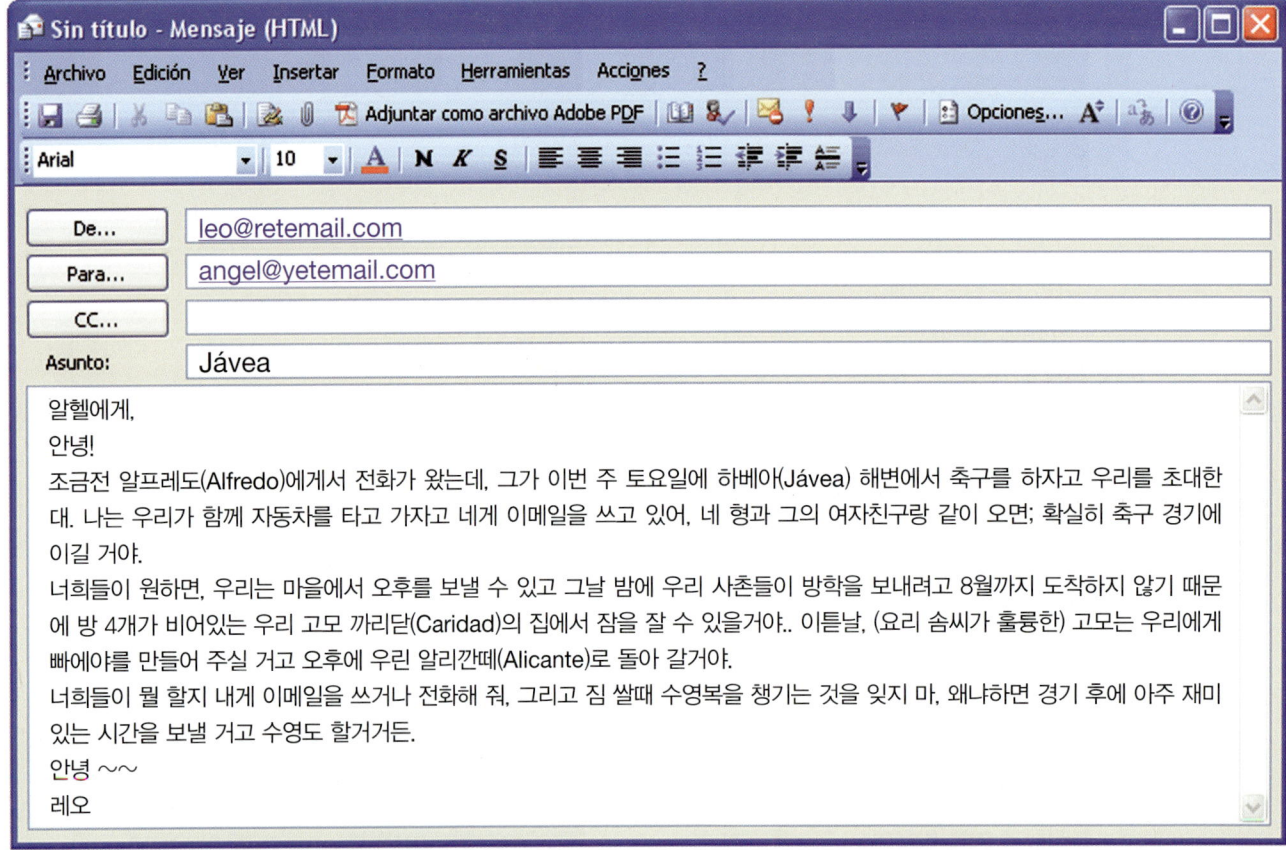

Sin título - Mensaje (HTML)

Archivo Edición Ver Insertar Formato Herramientas Acciones ?

Adjuntar como archivo Adobe PDF   Opciones...

Arial   10

De...   leo@retemail.com
Para...   angel@yetemail.com
CC...
Asunto: Jávea

알헬에게,
안녕!
조금전 알프레도(Alfredo)에게서 전화가 왔는데, 그가 이번 주 토요일에 하베아(Jávea) 해변에서 축구를 하자고 우리를 초대한
대. 나는 우리가 함께 자동차를 타고 가자고 네게 이메일을 쓰고 있어, 네 형과 그의 여자친구랑 같이 오면; 확실히 축구 경기에
이길 거야.
너희들이 원하면, 우리는 마을에서 오후를 보낼 수 있고 그날 밤에 우리 사촌들이 방학을 보내려고 8월까지 도착하지 않기 때문
에 방 4개가 비어있는 우리 고모 까리닫(Caridad)의 집에서 잠을 잘 수 있을거야.. 이튿날, (요리 솜씨가 훌륭한) 고모는 우리에게
빠에야를 만들어 주실 거고 오후에 우린 알리깐떼(Alicante)로 돌아 갈거야.
너희들이 뭘 할지 내게 이메일을 쓰거나 전화해 줘, 그리고 짐 쌀때 수영복을 챙기는 것을 잊지 마, 왜냐하면 경기 후에 아주 재미
있는 시간을 보낼 거고 수영도 할거거든.
안녕 ~~~
레오

질문

8. 알프레도는 앙헬과 레오를 … 초대한다.
   A) 빠에야를 먹는 것에
   ✓B) 축구를 하는 것에
   C) 바다에서 목욕을 하는 것에

9. 이메일에 의하면 …
   A) 레오의 사촌들은 하베아에서 산다.
   B) 알프레도는 전화할 것이다.
   ✓C) 레오와 앙헬은 자동차로 여행을 할 것이다.

10. 레오의 고모 집은 …
   A) 산중에 있다.
   ✓B) 빈 방이 있다.
   C) 4개의 침실이 있다.

11. 일요일에 …
   ✓A) 그들은 빠에야를 먹을 것이다.
   B) 그들은 하베아에서 머물 것이다.
   C) 바다에서 수영을 할 수 있다.

12. 경기 후에, 레오는 … 제안한다.
   A) 산책 하자고
   ✓B) 마을 구경하자고(방문하자고)
   C) 바다에서 목욕하자고

⏳ 마침 시간: ____ : ____

⌛ 시작시간: ____ : ____

지시사항

당신은 광고 6개를 읽고, 질문(13~18)에 응답하시오. 정답(A, B 또는 C)을 선택하시오.
선택한 보기를 답안지에 표기하시오.

예시:

글0

> 라스 바뚜에까스(Las Batuecas) 식당. 생선 전문. 레이나 마리아 빅또리아(Reina María Victoria)거리, 83. 매주 일요일부터 목요일까지 저녁에 영업하지 않습니다. 단체를 위한 특별한 메뉴. 카드가 됩니다.

0. 이 식당에서는 …

　　A) 화요일에 저녁식사를 할 수 있다.

　　B) 카드로 지불할 수 있다.

　　C) 특별한 메뉴를 주문할 수 있다.

정답은 **B**이다.

　　A　　B　　C

0.　☐　■　☐

글1

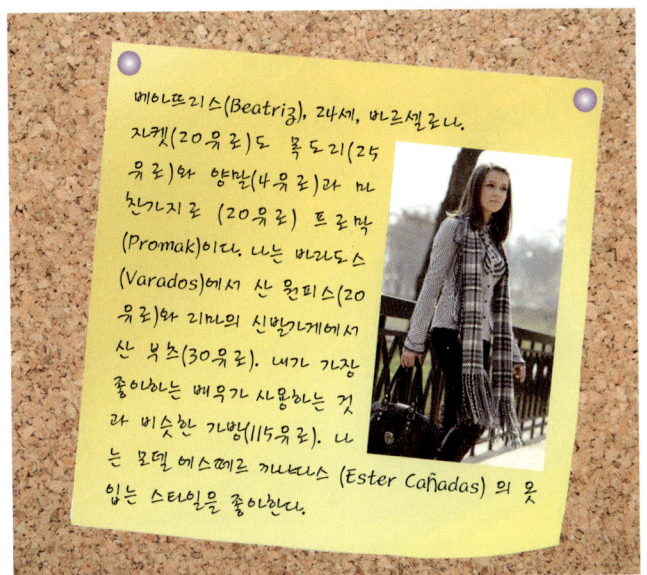

글2

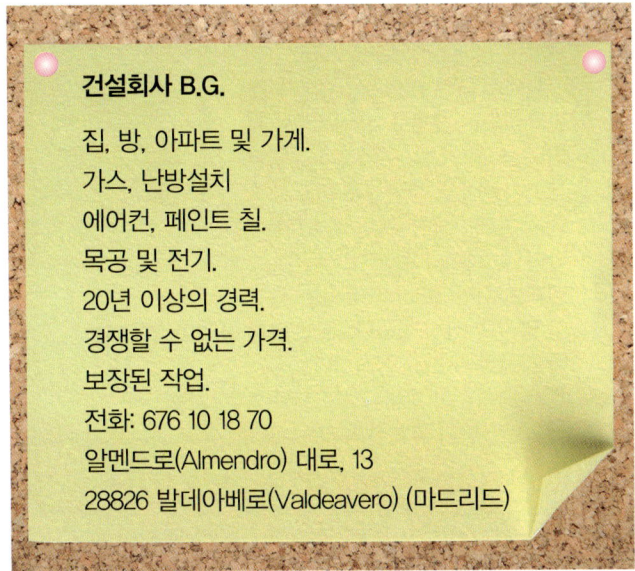

13. 이 여자는 … 사용한다.
　A) 에스떼르 까냐다스의 가방을
　✓B) 목을 위한 의류를
　C) 바라도스의 목도리를

14. 이 광고에 의하면 …
　A) 회사만 공사를 한다.
　B) 이 회사는 난방을 가지고 있다.
　✓C) 모든 종류의 건물에 페인트칠을 한다.

글3

비아헤스 뜨리운파도르(Viajes Triunfador)와
아길라 비아헤스(Águila Viajes)
빌바오(Bilbao)방문을 위해 당신을 초대합니다.
구겐하임(Guggenheim) 박물관을 구경하고
도시를 즐기세요.
메드리드에서 12월 4일에 출발해서; 가격: 1인
당 208유로부터, 포함되어 있는 것은 왕복 기
차표와 4성급인 프루따 하르디네스 델 알바
(Fruta Jardines de Alba)호
텔에서 더블 룸과 조식을 포함
한 3일 숙박.

글4

당신의 아들이 자라면, 새로운 옷
만 필요한 것은 아닙니다. 우유 보
다 세배의 힘을 내는 시우닫 데 파
리아스(Ciudad de Farías) 치즈
가 필요합니다. 수 천가지 다른 그
리고 재미있는 방법으로 시우다드
치즈를 만들 수 있습니다.
그 모든 것들은 매력적일 것입니다: 설탕이 있는
토스트로 아침식사를 위해, 식사시간에 야채가
들어 있는 음식과 함께. 간식을 먹을 때 샌드위치
로. 저녁식사를 할 때 과일 칵테일로.

15. 빌바오에 가는 여행은 …
  ✓A) 예술품을 볼 수 있다.
   B) 식사가 모두 다 포함되어 있다.
   C) 고객을 위한 선물이다.

16. 시우닫 데 파리아스 치즈는 …
   A) 바지와 셔츠를 선물한다.
  ✓B) 우유보다 더 영양가 있다.
   C) 항상 빵이랑 먹는다.

글5

새로운 프레스띠헤(Prestige) 세딕기는,
수뻬르세꼬(Superseco) 의 새 프
로그램으로 찬물로 빨래하면서 뛰
어난 효과가있는 시장에서 유일한
세탁기입니다. 수뻬르세꼬 프로그
램 덕분에 80퍼센트의 에너지를 절
약할 수 있습니다.
엘렉뜨로팍스(Electrofax)는 지구
와 당신의 경제의 이름으로 전기를 아끼는 것에 대
한 감사를 드리고 싶습니다.
추가 요금없이 12개월까지 지불(할부) 가능.
5월 30일까지 유효한 특가

글6

2월 28일전까지

www.pescaderiascorunesas.es으로

당신의 요리법을 보내 주시고

생선 요리 대회에 참가하세요.

최고의 사진: 500유로 상금

최고의 요리: 1,500유로

17. 이 전자제품은 …
   A) 5월 말까지 판매된다.
   B) 시장에서 가장 싸다
  ✓C) 1년내에 지불될 수 있다.

18. 이 대회는 최우수 … 시상한다.
   A) 생선가게 주인를
  ✓B) 사진 작가를
   C) 어부를

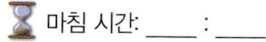

마침 시간: _____ : _____

⏳ 시작시간: _____ : _____

지시사항

마드리드 공원 가이드북에 대한 7개의 문장과 10개의 글을 읽고, 각 문장(19~24)에 알맞은 글(A~J)을 선택하시오.

예시가 포함된 10개의 글이 있다. 6개를 선택하시오.

선택한 보기를 답안지에 표기하시오.

예시:

글K

0. 아주 특이한 나무가 있다.

정답은 **H**이다.

	A	B	C	D	E	F	G	H	I	J
0.	☐	☐	☐	☐	☐	☐	☐	■	☐	☐

문장		글
0.	아주 특이한 나무가 있다.	H
19.	야외에서 음료수 1개나 샌드위치 1개를 살 수 있다.	F
20.	다른 나라의 건물을 가지고 있다.	J
21.	거의 매일 공연이 있다.	C
22.	그곳에서 부터 여행을 떠날 수 있다.	A
23.	그것을 보려면 돈을 내야 한다.	D
24.	육체적인 운동을 할 수 있다.	G

마드리드의 공원

A. 아또차(Atocha) 열대 정원
이 정원은 고속 열차역에 있고, 마드리드에 도착하는 관광객들에게 환영인사를 한다. 옛날의 아또차 철도역에 있는 색다른 공간이다.

B. 안갈로나(Angalona) 왕자 정원
라 파하(de la Paja) 광장과 산 안드레스(San Andrés)와 산 프란시스꼬 엘 그란데(San Francisco el Grande) 성당 옆에 있다. 거기부터 바일렌(Bailén) 거리를 따라 알무데나(Almudena) 대성당과 왕궁까지 유쾌한 산책길이 있다.

C. 레띠로(Retiro) 공원
시내에 위치하고 118헥타르이며, 특히 매주 주말에, 나무 주변에 많은 사람들이 모일때면 생동감 있고 행복한 공원이다; 큰 호수 산책길에는 어릿광대, 연극, 음악가, 안마사 또는 행상인들이 있다.

D. 왕립 식물원
옛날의 천문대와 농업부 건물 근처에 있다. 매주 토요일 오전 11시에 가이드투어가 있다 (입장료에 포함, 2유로). 방문하기 가장 좋은 계절은 가을이다.

E. 후안 까를로스 I(Juan Carlos I) 공원
이 공원의 넓은 면적에 마리오 이라라사발(Mario Irarrazábal)이 만든 "손가락"(Dedos) 그리고 안드레스 까지야스(Andrés Casillas)가 만든 "멕시코 공간"(Espacio México)과 같은 야외의 위대한 조각품을 세울 것을 고려하고 있다. 뜨로스 꿀뚜라스(Tres Culturas) 정원도 있고 아이들과 놀기 위한 아주 특별한 장소도 있다.

F. 까사 데 깜뽀(Casa de Campo)
1700헥타르에 이르는 까사 데 깜뽀는 마드리드 시민들은 가족이랑 같이 하루를 보내거나, 단지 산책을 나갈 수 있다. 수많은 나무가 심어져 있으며 길도 있다. 조그만 선박을 빌릴 수 있는 큰 호수가 있고, 거의 연중 사용할 수 있는 테라스들도 있다.

G. 띠에르노 갈반(Tierno Galván) 공원
안헬 니에또(Ángel Nieto) 오토바이 박물관이 포함돼 있는 쁠라네따리오(Planetario) 공원으로 알려져있다. 마드리드 남쪽의 녹색길에 위치하며, 4개의 인공호수, 걸어서 갈 수 있는 길, 자전거 전용길(차선), 스포츠와 어린이들의 놀이 장소가 있다.

H. 까쁘리초(Capricho) 공원
이 공원은 시내에서 멀지만 지하철을 타고 갈 수 있다. 샘, 강, 작은 나무의 (심장 모습의 이파리 때문에 사랑의 나무란 세르시스(cercis) 로서) 미로가 있는 낭만적인 공원이다. 매주 주말과 공휴일만 개방한다.

I. 로드리게스 사아군(Rodríguez Sahagún) 공원
삘랄(Pilar)구역에 위치하고, 역시 삐노스(Pinos)공원으로써 알려졌다. 문화 행사와 놀이 프로그램들이 있어 이 공원은 여름에 특별히 역동적이다.

J. 오에스떼(Oeste) 공원
공원 안에는 기원 전 2세기에 이집트 정부가 스페인에 선물한 데봇(Debot) 사찰이 있다. 작은 박물관이 있고 학생들을 위한 투어도 있다.

(출처: "초록색 도시, 마드리드"("Madrid, la ciudad verde"). *열차에서 풍경(Paisajes desde el tren)*. 205번. 2007년 11월. 60~71쪽).

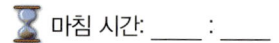 마침 시간: ____ : ____

⏳ 시작시간: ____ : ____

지시사항

스페인 심리학자 루이스 로하스 마르꼬스(Luis Rojas Marcos) 전기를 읽고, 그 다음에 질문(25~30)에 응답하시오. 정답 (A, B 또는 C)을 선택하시오.
선택한 보기를 답안지에 표기하시오.

루이스 로하스 마르꼬스는 1943년에 세비야(Sevilla)에서 태어났다. 너그럽고, 개방적이고 예민한 아이였다. 음악에 재능이 있어 어렸을 때부터 피아노와 기타, 후에는 드럼을 배웠다. 아주 어렸을 때부터 의학을 공부하고 싶어했고. 1968년, 24살이었을 때 세비야 대학에서 의학 공부를 마치자마자 뉴욕에 가서 그때부터 그곳에서 거주하면서 의사로서 공공위생에 종사했다. 뉴욕 주립 대학 의료과학 박사과정을 이수했고 빌바오(Bilbao) 대학에서 박사 과정을 마쳤다. 1972년에 미국 국립 정신 건강학회는 이민자들의 언어와 관련된 문제를 연구하기 위해 그에게 3년간 지원을 해 주었다. 그가 쓴 연구물들은 미국의 가장 유명한 과학잡지들에 실렸다.

1980년대 초기에 뉴욕 공립 병원 연합회 정신과장으로 임명됐고 1992년에 그 도시의 시립 정신 병원장으로 임명됐다. 이 직위에서 그는 중남미, 중국, 러시아와 카리브해 나라들 이민자들을 위한 건강 프로그램을 만들었다. 3년 후에 시장은 그를 뉴욕 공립 병원과 건강 시스템의 집행 위원장으로 임명했다. 이 시스템은 16개의 시립 병원이 포함되어 있었고, 많은 건강 센터들이 있었다. 이 기관은 4만명 이상의 노동자들이 있었다. 이 센터를 이끌었던 6년 동안 (2001년) 9월 11일의 사건(9.11테러)을 지내고 뉴욕 비상회의 회원으로서 피해자들을 도와줘야 했다. "9월 11일 더 저쪽으로"(Más allá del 11 de septiembre)라는 작품에서 자기 경험 이야기를 했다.

국제적으로 가장 저명한 스페인 정신과 의사는 "나는 일찍 일어나 오전 5시쯤에, 매주 네 번 정도 센트럴 파크에 달리기를 하러 가지요. 뉴욕 마라톤 대회에서 16년 째 달리고 있고 11월 1일에 출발지점에 있기를 기대한다." 라고 즐겁게 고백한다.

오늘날, 로하스 마르꼬스 의사는 뉴욕 대학의 정신 의학과 교수이고 수많은 기사와 책들의 작가다. 그 중에는 "도시와 그곳의 도전"(La ciudad y sus desafíos), "깨진 부부"(La pareja rota), "폭력의 씨앗"(Las semillas de la violencia) 그리고 "낙천주의의 힘"(La fuerza del optimismo)이라는 작품이 있다. 기혼이고 4명의 자녀가 있으며, 음악을 아주 좋아하고, 시간이 나면 그가 좋아하는 운동을 한다.

(출처: "외부로 시선"(Miradas al exterior). 11번.
2009년 7월~9월. 64쪽)

질문

25. 이 글은 … 대한다.
    ✓A) 미국에서 성공한 스페인 의사를
    B) 스페인에서 유명한 미국 의사를
    C) 전세계에서 유명한 심장전문의를

26. 현재 루이스 마르꼬스는 …
    A) 경쟁력 있는 스포츠 선수다.
    B) 뉴욕에 대한 책을 쓴다.
    ✓C) 미국 대학교에서 일한다.

27. 어렸을 때, 루이스는… 되고 싶어했다.
    A) 음악가가
    ✓B) 의사가
    C) 스포츠 선수가

28. 미국에서, 그는 … 일했다.
    A) 도시의 시장으로서
    B) 소설의 작가로서
    ✓C) 병원장으로서

29. 이 글에 의하면 루이스는 … 아주 좋아한다.
    A) 이민자들을 돕는 것을
    ✓B) 음악을 듣는 것을
    C) 일찍 일어나는 것을

30. 어렸을 때, 루이스는 …
    A) 착한 학생이었다.
    B) 콘서트에서 공연을 했다.
    ✓C) 차분한 아이가 아니었다.

청취

⏳ 시작시간: _____ : _____

지시사항

당신은 7개의 라디오 광고를 듣는다. 광고는 두 번씩 반복된다. 각 광고에 대한 질문에 알맞은 응답(A, B 또는 C)을 선택하시오.

선택한 보기를 답안지에 표기하시오.

이어서 한 예를 듣게 될 것이다:

0. 관광안내소는 … 판매한다.

　　A) 관광카드를

　　B) 입장권을

　　C) 기념품을

정답은 **A**이다.

　　A　　B　　C

0. ■　　□　　□

질문

1. 책을 받기 위해 … 한다.

　A) 전화를 해야

　✓B) 개인 정보를 줘야

　C) 편지를 보내야

2. 이 프로그램에서 … 이야기를 할 것이다.

　✓A) 요리법

　B) 유명한 식당

　C) 시장의 상품

3. 엘 뽀르떼 이를란데스(El Porte Irlandés)에서는, 가구들은 …

　A) 집 구매시 무료이다.

　B) 가장 낮은 가격이 있다.

　✓C) 1년 동안 지불한다.

4. 메시지를 보내면, … 받을 수 있다.

　A) 호텔에서 일주일 동안 머물 수 있는 표를

　B) 모든 박물관의 입장권을

　✓C) 비행기표를

5. 많은 나라에서, 끄리스딸 435(Cristal 435) 자동차는 …

　✓A) 최고다.

　B) 가장 작다.

　C) 가장 크다.

6. 사진 전시회는 …

　A) 마드리드 도시에 대한 것이다.

　✓B) 인터넷으로 방문할 수 있다.

　C) 1월 말부터 볼 수 있다.

7. 엘 쁠라네따 아술(El Planeta Azul) 여행사에서는 …

　A) 축구 경기에 관람하는 것이 29유로다.

　✓B) 저녁식사를 위해 예약을 한다.

　C) 관광투어를 선물한다.

⏳ 마침 시간: _____ : _____

유형 2　연습문제 58　트랙 22 ⊙♫

⏳ 시작시간: ____ : ____

지시사항

당신은 호텔의 손님을 위한 안내방송을 듣는다. 방송은 두 번씩 반복된다. 각 질문에 알맞은 응답(A, B 또는 C)을 선택하시오.

선택한 보기를 답안지에 표기하시오.

주어진 시간은 35초이다.

질문

8.　빠른 그림 대회는 …

✓A) 정오에 끝난다.

　B) 뗄레빠띠아(Telepatía) 회사의 직원들을 위한 것이다.

　C) 오후에 열린다.

9.　호텔의 헬스장은 …

　A) 제일 높은 층에 있다.

　B) 추위 때문에 닫혀 있다.

✓C) 21시에 끝난다.

10. 뗄레빠띠아 회사의 직원들은 …

　A) 호텔에서 숙박한다.

　B) 오늘 파티를 한다.

✓C) 모임에 참석한다.

11.　식당에는 …

✓A) 아주 특별한 저녁식사가 있다.

　B) 행진이 열릴 것이다.

　C) 생선만 제공할 것이다.

12. 이 오디오에서 방송되는 것은 …

　A) 접수대와 통화할 전화번호를

✓B) 방에서 나가야 할 시간대를

　C) 대회를 주최하는 회사를

13. 호텔에서 머무는 손님들은 … 수 있다.

　A) 20:30시부터 저녁을 예약할

　B) 12시 후에 방에서 나갈

✓C) 하루에 아무때라도 샌드위치를 주문할

⏳ 마침 시간: ____ : ____

유형 3   연습문제 59   트랙 23 ⊙♪

⌛ 시작시간: _____ : _____

지시사항

당신은 7개의 메시지를 듣는다. 각 메시지는 두 번씩 반복된다. 각 메시지(14~19)에 알맞은 문장(A~J)을 선택하시오.

예시가 포함된 10개의 문장이 있다. 6개를 선택하시오.

선택한 보기를 답안지에 표기하시오.

이제 예를 청취하시오:

메시지 0.

정답은 I이다.

A	B	C	D	E	F	G	H	I	J
0. ☐ ☐ ☐ ☐ ☐ ☐ ☐ ☐ ■ ☐

이제 문장들을 읽기 위해 25초가 주어진다.

문장들	
A.	동전만 사용하면 된다.
B.	주말에 전화를 하면 안 된다.
C.	여행이 아주 빠르다.
D.	임대할 수 있다.
E.	여행하기 전에 먹기 위해서.
F.	카드로 지불한다.
G.	다시 전화해야 한다.
H.	비행기가 곧 이륙할 것이다.
I.	7시 반부터 저녁식사를 할 수 있다.
J.	메뉴는 매일 바뀐다.

메시지들		문장들
	메시지0	I
14.	메시지1	H
15.	메시지2	G
16.	메시지3	B
17.	메시지4	E
18.	메시지5	A
19.	메시지6	D

⌛ 마침 시간: _____ : _____

유형 4   연습문제 60   트랙 24 ⊙♫

⌛ 시작시간: _____ : _____

지시사항

당신은 두 친구들 사이의 전화대화를 듣는다. 대화는 두 번씩 반복된다. 각 문제(20~25)에 알맞은 응답(A, B 또는 C)을 선택하시오.

선택한 보기를 답안지에 표기하시오.

질문

20. 마리아(María)는 … 막 돌아왔다.

    A) 축구 경기에서

✔B) 극장에서

    C) 저녁 식사에서

21. 후안(Juan)은 마리아에게 … 전화한다.

    A) 아침에

    B) 낮에

✔C) 밤에

22. … 있기 때문에 후안은 마리아에게 전화한다.

✔A)    B)    C)

23. 마리아는 … 그녀의 일을 끝낸다.

    A) 화요일에

✔B) 2시에

    C) 내일

24. … 때문에 마리아는 후안에게 축하한다.

    A) 최근의 결혼식

    B) 좋은 일자리

✔C) 새로운 직장

25. 후안은 … 부에노스 아이레스에 간다.

    A) 다음 주에

✔B) 다음 달에

    C) 내년에

⌛ 마침 시간: _____ : _____

청취

⧖ 시작시간: ____ : ____

지시사항

당신은 이번 주 주말에 해야 할 것에 대해 이야기하는 두 사람간의 대화를 듣는다. 대화는 두 번씩 반복된다. 각 문장(26~30)에 알맞는 이미지(A~H)를 선택하시오.

8개의 이미지가 있다. 5개를 선택하시오.

선택한 보기를 답안지에 표기하시오.

이제 문장들을 읽기 위해 15초가 주어진다.

문장들		이미지들
26.	대화의 장소.	F
27.	이번 주 주말에 빠울라(Paula)는 무엇을 할지.	D
28.	오늘 오후에 세사르(César)는 무엇을 할지.	B
29.	빠울라의 생일선물.	C
30.	세사르는 빠울라를 초대한다.	H

A)

B)

C)

D)

E)

F)

G)

H)

⧖ 마침 시간: ____ : ____

작문

⏳ 시작시간: ____ : ____

지시사항

당신은 최근 참석한 생일파티에 대해 블로그에 글을 쓰기를 원한다. 파티 이야기를 하고 그곳에서 누구를 만났는지 이야기하시오. 글에 포함되어 있어야 하는 것은:

– 파티가 어디서 열렸는지, 누가 거기에 있었는지 이야기하기

– 생일을 기념하는 사람이 어떤 옷을 입었는지 묘사하기

– 당신이 그에게 무엇을 선물 했는지 설명하기

단어 수: 30~40개

나의 스페인어 진도

2013년 2월 11일, 목요일

생일

_____

_____

_____

_____

_____

나의 페이스북 프로필

f

방문계

방문객 수

블록 파일들

● 2012 (310)
  마지막 소설
  신기한 영화
  믿을 수 없는 이야기
  일자리 면접
  소풍 날
  광고
  아픈 사람, 집에서
  기념비
  비와 바람

Publicado por enClave-ELE en 01:33

⏳ 마침 시간: ____ : ____

작문

⏳ 시작시간: _____ : _____

지시사항

당신의 집에 리모델링이 필요하다. 건축공사 전문회사에 메시지를 쓰시오. 메시지에 포함되어야 하는 것은:

– 자기 집이 어떤지 말하기

– 무슨 방을 바꾸려고 하는지 명시하기

– 어떤 리모델링을 하고 싶은지 설명하기

– 답장 부탁하기

첫인사와 끝인사를 잊지 마시오.

단어 수: 70~80개

받는이:
오브라스 이 레포르마스(Obras y Reformas S.L.)

2013년 6월 1일

존경하는 여러분:
저는… 요구하려고 여러분께 연락합니다.

⏳ 마침 시간: _____ : _____

작문

작문

유형 3 　연습문제 64

⏳ 시작시간: ＿＿＿ : ＿＿＿

지시사항

여기는 마리아 호세(María José)가 한 여행의 자료와 사진들을 소개한다. 그녀의 이야기를 써 보시오. 당신 써야 하는 것은:

– 어디였는지

– 무엇을 했는지

– 누구랑 같이 갔는지

단어 수: 70~80개

자료

• 동기: 휴가
• 여행지: 쿠바
• 기간: 3주일
• 교통 수단: 비행기

⏳ 마침 시간: ＿＿＿ : ＿＿＿

시험 2

회화

독백

지시사항

당신은 3~4분 동안 면접관 앞에서 쇼핑에 대해 이야기해야 한다. 제시된 것들 중 하나를 선택하시오.

동네 가게
- 당신의 집 근처에 많이 있습니까?
- 몇 시에 이 가게들의 영업이 시작합니까? 몇 시에 끝납니까? 매일 영업합니까?
- 동네 어떤 가게에 자주 갑니까? 왜요? 거기서 무엇을 삽니까?
- 얼마나 자주 동네 가게에 갑니까?
- 동네 가게를 선호합니까? 쇼핑몰을 선호합니까?
- 동네 가게에 최근 언제 갔습니까?

쇼핑몰
- 당신의 도시에 많은 쇼핑몰이 있습니까?
- 다른 장소와 달리 쇼핑몰에서 무엇을 찾을 수 있습니까?
- 쇼핑몰에서 쇼핑하는 것을 좋아합니까? 왜요?
- 얼마나 자주 쇼핑몰에 갑니까? 무슨 요일이죠?
- 쇼핑몰을 선호합니까? 동네 가게를 선호합니까?
- 최근에 쇼핑몰에 언제 갔습니까? 무엇을 샀습니까?

쇼핑

시장
- 당신의 집 근처에 시장이 있습니까?
- 다른 곳과 달리 시장에서 무엇을 찾을 수 있습니까?
- 시장에서 쇼핑하는 것을 좋아합니까? 왜요?
- 얼마나 자주 시장에 갑니까?
- 시장을 선호합니까? 동네 가게를 선호합니까?
- 최근에 언제 시장에 갔습니까? 무엇을 샀습니까?

대형 마트
- 당신의 집 근처에 대형 마트가 있습니까? 어떤 것을 더 좋아합니까?
- 대형 마트의 영업시간이 어떻게 됩니까? 매일 영업합니까?
- 대형 마트에서 쇼핑하는 것을 좋아합니까? 왜요?
- 얼마나 자주 대형 마트에 갑니까?
- 시장을 선호합니까? 대형 마트를 선호합니까?
- 최근 대형 마트에 언제 갔습니까? 무엇을 샀습니까?
- 얼마였습니까?

패션 가게
- 당신의 도시에 패션 가게가 많습니까? 무슨 브랜드? 무엇을 팝니까?
- 당신이 선호하는 패션 가게는 무엇입니까? 어디입니까?
- 패션 가게를 보는 것을 좋아합니까? 패션가게에서 쇼핑하는 것을 좋아합니까?
- 얼마나 자주 패션 가게에 갑니까? 자주 삽니까?
- 최근에 패션 가게에 언제 갔습니까? 무엇을 찾았습니까? 그것을 발견했습니까?

지시사항

당신은 3~4분 동안 면접관 앞에서 휴가에 대해 이야기해야 한다. 제시된 것들 중 하나를 선택하시오.

다음의 휴가

- 어디로 휴가를 가고 싶습니까?
- 그곳에 무엇이 있습니까?
- 누구랑 같이 휴가를 떠날 겁니까?
- 휴가 동안 무엇을 하고 싶습니까?
- 무슨 교통 수단을 이용할 겁니까?
- 어떤 계절에 휴가를 떠날 겁니까?
- 다음의 휴가에 어디에서 숙박할 겁니까?

어린 시절의 휴가

- 어렸을 때 어디에서 휴가를 보내곤 했습니까? 어디에서 숙박했습니까?
- 그곳에는 무엇이 있었습니까? 그때부터 바뀌었습니까?
- 누구랑 같이 어린 시절 휴가를 보냈습니까?
- 휴가 기간 동안 무엇을 하곤 했습니까?
- 당신의 친구들은 어땠습니까? 그들이랑 같이 무엇을 했습니까?
- 휴가가 얼마나 걸렸습니까? 언제 시작했고, 언제 끝났습니까?
- 어떤 교통 수단으로 휴가를 떠났습니까?

휴가

가장 좋은 휴가

- 당신의 가장 좋은 휴가는 어떤 것이었습니까? 왜요?
- 어디에 있었습니까? 그곳은 어땠습니까?
- 누구랑 같이 갔습니까? 왜 그곳에 갔습니까?
- 휴가 동안 무엇을 했습니까?
  어디에서 숙박했습니까? 휴가동안 무슨 교통 수단을 이용했습니까?
- 휴가의 가장 좋았던 것은 무엇이었습니까?
- 얼마나 있었습니까? 나쁜 일이 있었습니까?

최근의 휴가

- 최근의 휴가에 어디에 있었습니까? 왜 그곳을 선택했습니까?
- 그곳이 어땠습니까?
- 누구랑 같이 있었습니까?
- 어디에서 숙박했습니까? 왜요?
- 그 기간에 무엇을 했습니까?
- 그때 무슨 교통 수단을 이용했습니까? 왜요?
- 얼마동안의 휴가였습니까? 무슨 계절에 있었습니까?

저의 휴가

- 어디로 휴가를 떠나는 것을 좋아합니까? 외국에 가곤 합니까? 당신의 나라에 머뭅니까?
- 휴가를 보내러 항상 똑같은 곳에 갑니까? 왜요?
- 휴가 동안 무엇을 합니까? 휴가동안 혼자서 즐기는 취미가 있습니까? 책을 읽습니까?
- 누구랑 휴가를 떠납니까? 왜요?
- 몇 시에 일어납니까? 몇 시에 잠자리에 듭니까? 평소의 시간을 바꿉니까?
- 무슨 교통 수단으로 휴가를 떠나곤 합니까?

이미지 묘사

지시사항

이미지를 묘사하시오: 장소, 인물, 사물과 활동.

인물의 신체적 특징에 대해서, 입고 있는 옷이나 지니고 있는 사물에 대해 이야기해야 한다.

면접관이랑 대화

지시사항

당신은 임대할 집을 구하기 위해 부동산에 있는 상황을 상상해야 한다. 부동산 직원이랑 이야기하고 집에 대한 특정한 정보를 요구해야 한다(방의 수, 가격 등). 면접관은 직원이다.

대화의 모델

면접관: 인사
– 안녕하십니까?

응시자: 인사
– 안녕하십니까?

면접관: 연락 이유
– 무슨 일로 오셨습니까?

응시자:
– 집을 임대하고 싶어서…

2. 전개 과정

면접관: 정보
– 도시의 어떤 구역을 원하십니까?

응시자:
– … 에

면접관:
– 몇 개의 방이 필요하십니까?

응시자:
– 3개의 침실과 거실 1개…

면접관: 조건
– 한 달에 얼마를 내실 수 있습니까?

응시자:
– 약…

면접관:
– 이 조건, 이 가격으로는 승강기가 없고 교통이 편한 구역에 2층 집이 있습니다. 원하시면 내일 오전 11시에 같이 방문할 수 있습니다. 여기서 만나도 됩니다.

응시자:
– 좋습니다. 내일 올게요.

3. 작별과 종결

면접관:
– 내일 뵙겠습니다.

응시자:
– 내일 뵙겠습니다.

회화

면접관이랑 이야기

지시사항

당신은 당신의 카드에 나타나는 정보에 따라 3~4분 동안 면접관과 이야기해야 한다.

A카드: 면접관
당신은 친구랑 같이 산책을 가길 원한다. 친구는 해가 뜰 때 나가면 더 좋겠다고 하지만 당신은 비가 올 때 나가는게 더 좋다고 한다. 해야 하는 것: 1. 친구에게 당신은 비가 올 때 나가는 게 좋다고 이야기하기. 2. 왜 비를 선호하는지 설명하기.

비 – 깨끗한 공기. – 시원한 기온. – 로맨틱하다.	**해** – 너무 덥다. – 너무 밝다. – 걸을 때 피곤하다.

3. 친구랑 타협에 도달하기.

B카드: 응시자
당신은 친구랑 같이 산책을 가길 원한다. 친구는 비가 올 때 나가면 더 좋다고 하지만 당신은 해가 뜰 때 나가는 것을 선호한다. 해야 하는 것: 1. 친구에게 해가 뜰 때 나가고 싶다고 이야기하기. 2. 왜 해가 뜰 때를 선호하는지 설명하기.

해 – 더 기쁘다. – 더 많은 것을 할 수 있다. – 날씨가 좋다.	**비** – 불편하다. – 사고와 질병의 위험. – 우산을 가지고 가야 한다.

3. 친구랑 타협에 도달하기.

독해

⏳ 시작시간: _____ : _____

지시사항

7개의 문장과 10개의 글을 읽고, 각 문장(1~7)에 알맞은 글(A~J)을 선택하시오.

예시가 포함된 11개의 글이 있다. 이 중 7개를 선택하시오.

선택한 보기를 답안지에 표기하시오.

예시:

글K

> 이번 주에 오렌지 1kg 을 사시면 우리는 당신께 하나를 더 드립니다.

정답은 **K**이다.

A	B	C	D	E	F	G	H	I	J	K
0. ☐	☐	☐	☐	☐	☐	☐	☐	☐	☐	■

문장		글
0.	지금은 과일이 더 싸다.	K
1.	음식에 추가된다.	E
2.	접속이 끊겼다.	G
3.	음식은 매일 바뀐다.	B
4.	멀리 있는 게 더 낫다.	J
5.	걸어서 올라가야 한다.	D
6.	아프면 해야 하는 것.	C
7.	많은 시간 동안 열려 있다.	A

글A

> **피드(FID) 헬스장**
> 분할 지불,
> 종일 시간대, 무료 등록.
> 3개월 동안 등록하면
> 우리는 한 달을 더 선물합니다.
> (1월에 등록해야 유효한 할인).

글B

> 매일 식사하는 데 색다른 메뉴.
> 매주 토요일 저녁 식사를 위해 역시
> 영업합니다.
> (단체 저녁식사, 가족 생일...)
> 세구라(Segura) 거리 3, 하베아(Jávea).

글C

의사와 상담이 필요한 경우
192번이나 가장 가까운
건강 센터로 전화 하시오.
더 많은 정보: www.gripea.madrid.org

글D

이 지역에 있는 집을 판매합니다.
승강기 없는 2층.
아주 경제적입니다. 급매.
678 337 654

글E

각종 고기, 생선, 해산물
혹은 클래식 샐러드와 더불어
최적의 먹거리.

글F

2세 이하인 아이들은
볕을 쪼이지 마세요.
알맞는 옷을 입히고 팔,
다리와 얼굴에 크림을 활용하세요.

글G

웹페이지를 표시할 수 없다.
있을 법한 이유:
인터넷에 연결되지 않았거나,
웹사이트에 문제가 있거나,
또는 주소를 잘못 입력했거나 이다.

글H

이번 주 토요일 입장권이
발매됩니다.
매표소는 오전 10시부터
영업할 겁니다.

글I

저희 협회에 가입 하시고
100개 이상의 전문 매점에서 특별 할인에
대한 정보를 받는 (사람들 중)
최초가 될 겁니다.

글J

이제 막 벽을 칠했습니다.
가까이하지 마시오.

⏳ 시작시간: _____ : _____

지시사항

우르술라(Úrsula)가 마드리드에 있는 스페인어 학교에 쓴 이메일을 읽고, 그 다음에 질문(8~12)에 응답하시오. 정답(A, B 또는 C)을 선택하고, 선택한 보기를 답안지에 표기하시오.

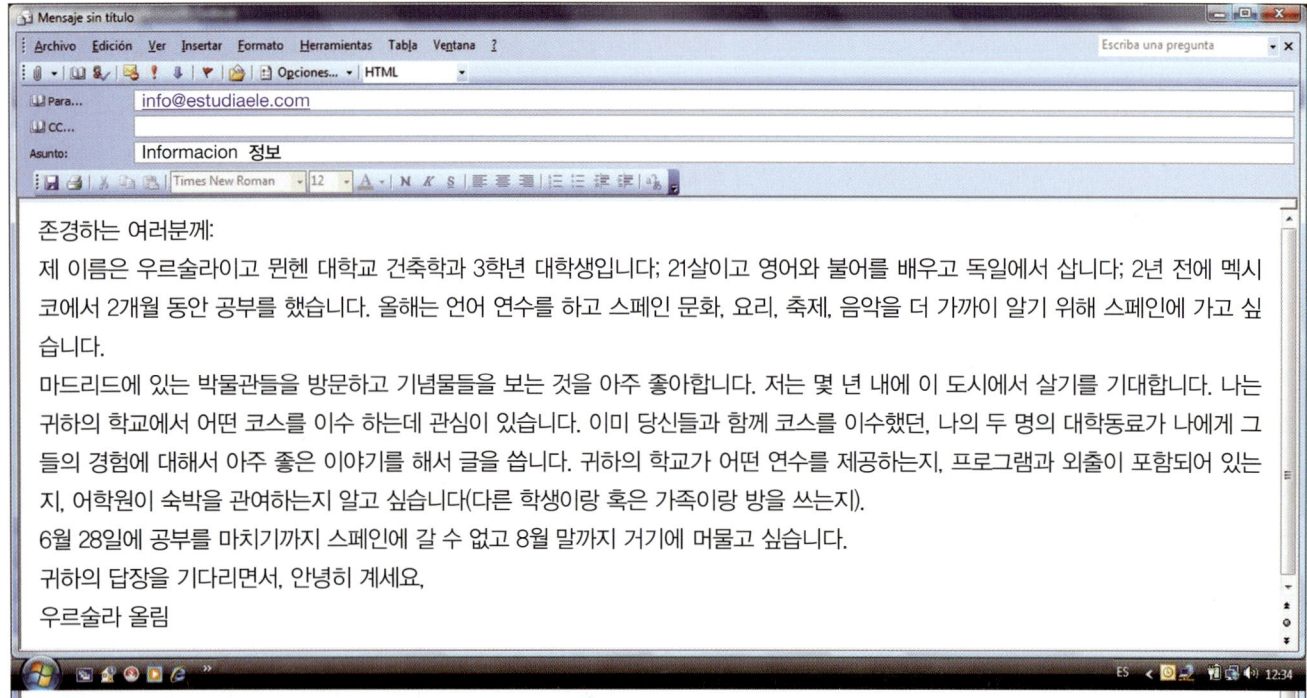

질문

8. 우르술라는 … 위해 쓴다.
   A) 마드리드에서 숙박 시설을 구하기
   ✓B) 연수에 대한 정보를 얻기
   C) 행사들의 가격을 물어보기

9. 이 학교는 …
   A) 우르술라가 몇 년 전에 공부한 적이 있다.
   B) 박물관에 갈 수 있는 투어가 있다.
   ✓C) 우르술라의 친구 두 명이 공부한 적이 있다.

10. 우르술라는 … 살고 싶어한다.
   ✓A) 마드리드에서
   B) 뮌헨에서
   C) 멕시코에서

11. 우르술라는 … 연수를 시작하고 싶어합니다.
   A) 6월 28일 전에
   B) 8월 말에
   ✓C) 7월 초에

12. 우르술라는 … 공부했다.
   A) 건축학을
   ✓B) 멕시코에서
   C) 스페인 문화를

⏳ 마침 시간: _____ : _____

🕐 시작시간: _____ : _____

지시사항

6개의 광고를 읽고, 질문(13~18)에 응답하시오. 정답(A, B 또는 C)을 선택하고, 선택한 보기를 답안지에 표기하시오.

예시:

글0

> 670 35 12 70로 전화 하시오. 전화안내 시간: 매주 월요일부터 금요일까지, 9시부터 20시까지.
> 일주일 내에 당신이 우리에게 주문한 제품을 보내겠습니다.

0. 이 전화안내 서비스에서는 …

    A) 일주일 이내에 대답한다.

    B) 시간대에 대한 정보를 부탁할 수 있다.

    C) 매주 주말에 영업하지 않는다.

정답은 **C**이다.

    A   B   C

0. ☐ ☐ ■

글1

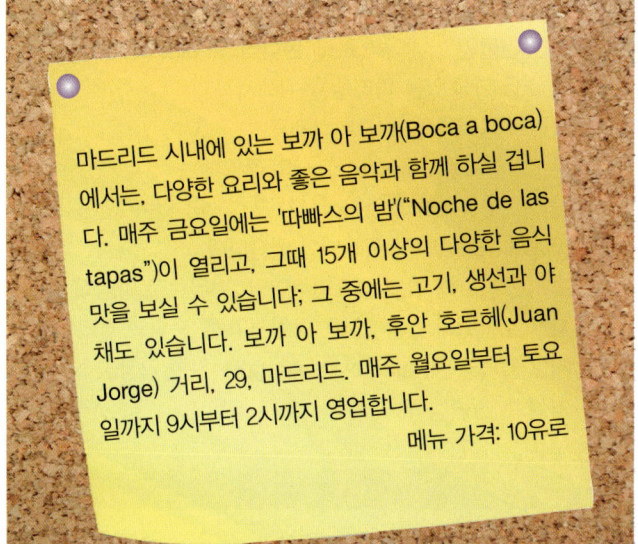

마드리드 시내에 있는 보까 아 보까(Boca a boca)에서는, 다양한 요리와 좋은 음악과 함께 하실 겁니다. 매주 금요일에는 '따빠스의 밤'("Noche de las tapas")이 열리고, 그때 15개 이상의 다양한 음식 맛을 보실 수 있습니다; 그 중에는 고기, 생선과 야채도 있습니다. 보까 아 보까, 후안 호르헤(Juan Jorge) 거리, 29, 마드리드. 매주 월요일부터 토요일까지 9시부터 2시까지 영업합니다.
메뉴 가격: 10유로

글2

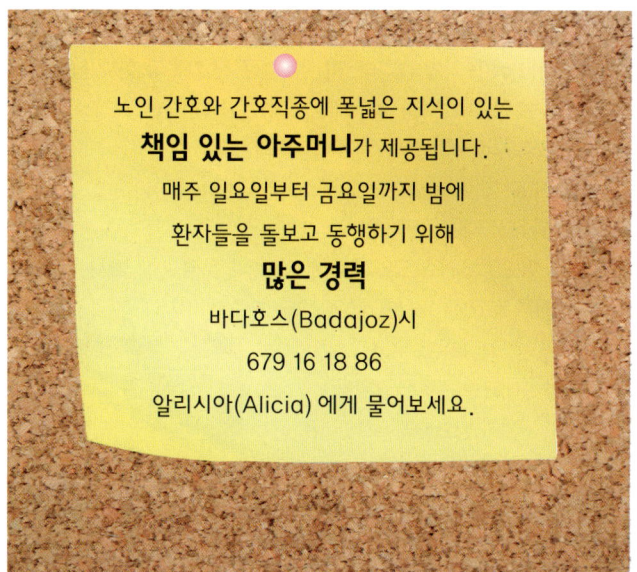

노인 간호와 간호직종에 폭넓은 지식이 있는
책임 있는 아주머니가 제공됩니다.
매주 일요일부터 금요일까지 밤에
환자들을 돌보고 동행하기 위해
많은 경력
바다호스(Badajoz)시
679 16 18 86
알리시아(Alicia)에게 물어보세요.

13. 이 식당에는 …
A) 매주 주말에 특별한 저녁식사가 있다.
B) 따빠스가 정오에 제공된다.
✓C) 여러 가지의 음식이 있다.

14. 알리시아는 … 일을 한다.
  ✓A) 한 도시에서만
  B) 매일 밤에
  C) 모든 세대의 사람들이랑

글3

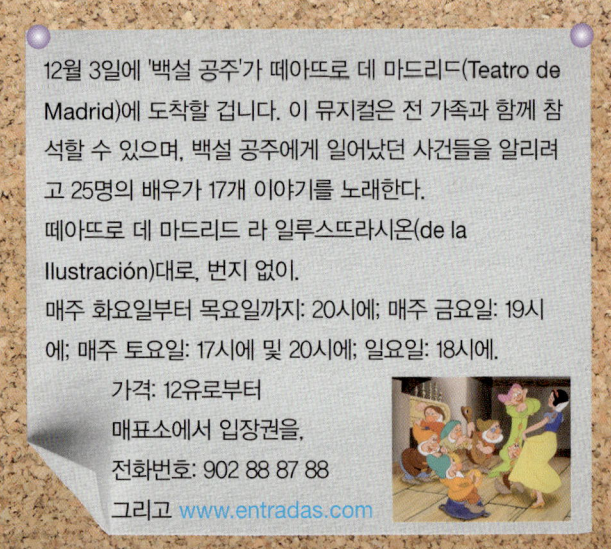

이 목걸이에 대해 부담없이 더 많은 무료 정보를 받도록 당신을 초대합니다 '꼬야르 레이나 데 오리엔떼'(Collar 'Reina de Oriente') 목걸이에 대해 더 많이 상세한 것을 알고 싶다면 오늘 당장 더 많은 정보를 요구하세요. 곧, 이 신기한 보석에 대해 더 많은 것을 발견할 것이고, 여러 개월 동안 조금씩 지불하면서 그것을 어떻게 손에 넣을 수 있는지. 그것을 위해 902 10 79 02로 전화하세요.

15. 이 광고에서는 …
   A) 오늘만 정보를 요청할 수 있다.
   ✓B) 여성용 제품에 대해서 공지한다.
   C) 정보를 부탁하면 목걸이를 선물로 받는다.

글4

원한다면 공부할 수 있습니다.
돌로레스(Dolores) 는 그녀의 미용실을 열었습니다.
"이제 제가 좋아하는 것을 해요."
크리스마스에 대한 새 이야기들이 그렇습니다.
당신과 같이 더 좋은 미래를 믿는
사람들의 실화입니다.
직업 교육의 공식 직함을 이제 얻으세요.
시간에 관계없이, 연령제한 없이, 수업에 참석할 필요 없이.
무료로 900 61 09 00에 전화하시고 상담자가 당신께 개인적으로 안내해 줄 겁니다.

16. 이 광고에서 … 코스 이야기를 한다.
   ✓A) 집에서 공부할 수 있는
   B) 합격하기가 쉬운
   C) 젊은이들을 위한

글5

12월 3일에 '백설 공주'가 떼아뜨로 데 마드리드(Teatro de Madrid)에 도착할 겁니다. 이 뮤지컬은 전 가족과 함께 참석할 수 있으며, 백설 공주에게 일어났던 사건들을 알리려고 25명의 배우가 17개 이야기를 노래한다.
떼아뜨로 데 마드리드 라 일루스뜨라시온(de la Ilustración)대로, 번지 없이.
매주 화요일부터 목요일까지: 20시에; 매주 금요일: 19시에; 매주 토요일: 17시에 및 20시에; 일요일: 18시에.
가격: 12유로부터
매표소에서 입장권을.
전화번호: 902 88 87 88
그리고 www.entradas.com

17. 이 쇼에는 …
   A) 모든 입장권의 값은 같다.
   ✓B) 이야기들을 노래로 만든 것이다.
   C) 아이들이 주인공들이다.

6글

바야 델 떼아(Valle del Tea)에 있는 1874년에 지어진 건물인 발네아리오 데 몬다리스(Balneario de Mondariz)에 있을 파티들을 위해서
당신의 몸과 마음을 준비하세요.
꼰스띠뚜시온(Constitución)의 주말에는
1인당 210유로부터 아침식사가 포함되어 있는 2인용 방에서 3일 숙박이 준비되어 있습니다.
크리스마스 때 가고 싶으면, 1인당 271유로로 아침식사가 포함되어 있는 2인용 방에서 이틀 숙박과 빨라시오 물의궁전(Palacio del Agua)를 위한 입장을 즐기실 수 있습니다.

18. 이 호텔의 광고에는 …
   ✓A) 방은 하루에 400유로 이상이 든다.
   B) 가격은 여러 점심식사와 저녁식사가 포함되어 있다.
   C) 다 해서 5일 숙박이다.

마침 시간: ____ : ____

⏳ 시작시간: ＿＿＿ : ＿＿＿

지시사항

식당 가이드북에 대한 7개의 문장과 10개의 글을 읽고, 각 문장(19~24)에 알맞은 글(A~J)을 선택하시오. 예시가 포함된 10개의 글이 있다. 이중 6개의 글을 고르시오.

선택한 보기를 답안지에 표기하시오.

예시:

0. 신관이다.

정답은 **J**이다.

	A	B	C	D	E	F	G	H	I	J
0.	☐	☐	☐	☐	☐	☐	☐	☐	☐	■

	문장	글
0	신관이다.	J
19.	제공된 음식이 풍부하다.	E
20.	이곳에는 2곳 이상의 식당이 있다.	G
21.	7월 21일에는 음식을 제공하지 않는다.	F
22.	식당에 따라 지불방법이 다르다.	B
23.	가장 비싼 것이다.	H
24.	화요일 밤에 영업하지 않는다.	C

레스토랑 가이드북

A. 라 꾸에바 데 도냐 이사벨라(La Cueva de Doña Isabela)
크고 오래되고 잘 복원된 이 집은 시장요리 전문 식당으로서 1998년에 식당으로서 빛을 보았다. 그날의 메뉴는 매주 월요일부터 금요일까지 제공됩니다. 평균 가격: 25유로.

B. 빨라시오스(Palacios)
다양한 분야의 2개의 식당으로 구성된 호텔 레스토랑이다. 둘 다 라 리오하 주의 똑같은 전통 요리를 제공하지만 선택의 가능성과 당연히 가격에는 차이가 있습니다. 평균 가격: 24유로.

C. 엘 린꼰 데 에밀리오(El rincón de Emilio)
매주 화요일에 저녁식사를 제공하지 않고 2월에 영업하지 않습니다. 라 리오하 주의 손수만든 요리(가정식)와 우수한 와인. 평균 가격: 30유로.

D. 삐까베아(Picabea)
월요일과 일요일 저녁에 영업하지 않습니다. 북쪽 지방의 영향이 있는 라 리오하 주 요리. 생선 전문. 평균 가격: 25유로.

E. 메손 엘 뿌엔떼(Mesón el Puente)
많은 양과 손수만든 음식(가정식)을 선호하는 사람들이 자주 다니는 소박한 업소. 라 리오하 주의 주식으로 감자, 양고기 등갈비… 오늘의 메뉴를 제공합니다. 평균 가격: 15유로.

F. 라 따베르나 데 라 꾸아르따 에스끼나(La taberna de la Cuarta Esquina)
매주 화요일 정오에 그리고 7월 하순에 영업하지 않습니다. 아주 쾌적한 분위기에서 라 리오하주 요리와 좋은 생선. 평균 가격: 30유로.

G. 라 비에하 보데가(La vieja bodega)
17세기의 와인 창고에 설치된 최초의 형태(오리지날구조)를 아직 가지고 있는 다양한 식당. 추천하는 몇몇 맛있는 음식: 속에 채워진 피망, 양고기 구이와 오리고기 등심. 평균 가격: 30유로.

H. 에추아렌(Echuarren)
11월에 영업하지 않습니다. 이 레스토랑은 중요한 요리상을 받았고, 식당이 2개로 분리되어서 한 개는 고전적인 스타일이고 또 한 개는 현대적인 스타일입니다. 전통 주방요리에 품질과 가격 간의 관계는 우수합니다. 평균 가격: 45유로.

I. 엘 무로(El muro)
꼬치구이와 따빠스(tapas) 이외에 리오하 주 전통 메뉴. 라 리오하주 식으로 대구와 햄 버섯 전문. 평균 가격: 18유로.

J. 엘 모노(El Mono)
신관의 2층에 위치한 레스토랑. 라 리오하주 전통 요리. 오늘의 메뉴와 식단. 평균 가격: 25유로.

마침 시간: ____ : ____

⌛ 시작시간: _____ : _____

지시사항

당신은 조각가 끄리스띠나 이글레시아스(Cristina Iglesias)의 전기를 읽고, 질문(25~30)에 응답하시오. 정답(A, B 또는 C)을 선택하고, 선택한 보기를 답안지에 표기하시오.

2000년에 국내 조형 예술상을 받은, 끄리스띠나 이글레시아스의 작품은 전 세계의 컬렉션과 박물관에 있다. 뮌헨 미술 학교에서 교수직을 역임했고, 큰 박물관과 화랑과 예술 비에날레에서 전시를 했다; 요즘은 침묵의 9년 끝에 특히 쁘라도(Prado) 박물관을 위해 그녀가 설계했던 문과 더불어 마드리드 여러 전시회와 함께 스페인에 다시 모습을 드러냈다. 성공은 절대적이었다. 대중매체에 그 문에 대한 프로젝트를 소개한지 몇 주 후에 그녀는 "많은 사람들이 저에게 아주 좋은 이야기를 해서 감동을 많이 받았어요."라고 말한다.

마드리드 또렐로도네스(Torrelodones)에 있는 그녀의 집 부엌에서, 끄리스띠나 이글레시아스는 조각가로 공적인 거울의 다른 측면이었다. 검정색 옷을 입고, 갈색 피부이고, 날씬하고, 검고 큰 눈을 가진 크리스티나는 차분하게 숙고하면서 자기 작품 이야기를 한다. "사람들이 생생하게, 즐겁게 저의 작품을 보는 모습을 보고 싶어요.". 어떨 때는 이해하기가 어려운 그녀의 작품들은 꿈으로 초대한다.

모두가 예술가인 다섯명의 형제 중 끄리스띠나는 세번째였다. 예술가라는 것은 가족의 특징이다. 장남인 에두아르도(Eduardo)는 작가다 (소설 여러편과 기행문 몇 편을 출판한 적이 있다); 알베르또(Alberto)는 작곡가로서 훌리오 메뎀(Julio Medem) 감독과 뻬드로 알모도바르(Pedro Almodóvar) 감독이 만든 영화에서 들을 수 있는 많은 음악들을 작곡했다; 루르데스(Lourdes)는 유일한 자매이고 영화와 텔레비전의 시나리오 작가이고 장남과 마찬가지로 작가다; 영화계에 종사하던 막내 호세루이스는 몇 년 전에 죽었다.

끄리스띠나에게는 예술계에 종사하는 것이 힘들었고, 건축학도 생각했지만 과학도 좋아해서 2년 동안 화학을 공부했다. 그럼에도 불구하고 화학자의 생활을 좋아하지 않아서 바르셀로나에서 도예와 삽화를 공부했고 다음에 예술을 공부하러 런던에 가서 결정직으로 조각을 선택했다. 나중에, 스페인 국내에서 가장 유명한 젊은 조각가인 후안 무뇨스(Juan Muñoz)를 알았고, 몇 년 후에 결혼했다. 17살인 루시아(Lucía)와 11살인 디에고(Diego)라는 그녀의 자녀가 나오는 사진들은 책들이 많은 책장들에 있다. 초록색 정원으로 개방된 작업실의 테이블은 조각으로 변하기 전에 그녀가 그린 그림들과 이미지들로 가득차 있다. 집에 있는 테이블에서 그녀는 2004년에 바르셀로나 컨벤션 센터를 위한 *"드리워진 풍경"*(*'Paisaje suspendido'*)과 같은 작품을 창작하려고 훌리안 로뻬스(Julián López)와 루벤 뽈란꼬(Rubén Polanco)인 도우미들과 창작을 하고 발명을 하면서 일을 한다.

(출처: *"엘 빠이스 세마날"*(El país semanal).
1592번. 2007년 4월. 46~ 55쪽)

⌛ 마침 시간: _____ : _____

질문

25. 이 글은 …대한다.
    A) 음악가들의 가족을
    B) 스페인 작가를
    ✓C) 예술가의 삶을

26. 이 글에 의하면…
    A) 끄리스띠나는 델 쁘라도 박물관에서 일을 한다.
    ✓B) 끄리스띠나는 중요한 상을 받았다.
    C) 끄리스띠나의 작품들은 졸리게 한다.

27. 끄리스띠나는 … 남편을 만났다.
    ✓A) 런던에서 공부한 다음에
    B) 미술관에서
    C) 바르셀로나에서 살았을 때

28. 조각에 종사하기 전에 끄리스띠나는 …
    ✓A) 다른 예술 기술들을 공부했다.
    B) 화학 회사에서 일했다.
    C) 결혼했고 첫 번째 아이를 낳았다.

29. 이 글에 의하면…
    A) 그녀의 형제들은 다 영화를 촬영했다.
    B) 그녀의 큰 오빠는 메뎀 감독이 만드는 영화들을 좋아한다.
    ✓C) 끄리스띠나와 후안은 똑같은 직업에 종사한다.

30. 오늘날 끄리스띠나 이글레시아스는 …
    A) 정원에서 일한다.
    ✓B) 팀이랑 같이 일한다.
    C) 요리에 종사한다.

유형 1   연습문제 74   트랙 26 ⊙♫

⏳ 시작시간: ____ : ____

지시사항

당신은 7개의 라디오 광고를 듣는다. 광고는 두 번씩 반복된다. 각 광고에 대한 질문에 알맞은 정답(A, B 또는 C)을 선택하시오.

선택한 보기를 답안지에 표기하시오.

이어서 한 예를 듣게 될 것이다:

0. 까사 데 라 모네다(Casa de la Moneda)는 매일 …영업한다.
    A) 오후 5:30시까지
    B) 10시부터
    C) 크리스마스날도

정답은 **B**이다.

	A	B	C
0.	☐	■	☐

1. 프루이띠스 베베(Fruitis bebé) 주스는 …
    A) 10퍼센트를 아낀다.
    B) 설탕이 없다.
    ✓C) 어린이를 위한 음료수다.

2. 띠엠뽀 리브레(Tiempo Libre) 프로그램으로 추가비 없이, … 이야기(통화)를 할 수 있다.
    ✓A) 매월 300분 동안
    B) 매일 아침에
    C) 연중 주말마다

3. 삐엘 사나(Piel Sana) 비누는 … 판매된다.
    A) 전화로
    ✓B) 약국에서
    C) 13개 국에서

4. 이 컬렉션은 …
    ✓A) 하나씩 하나씩 구매할 수 있다.
    B) 아주 비싼 그림들과 회화들이 있다.
    C) 이미 쓴 화폐와 지폐들이다.

5. 이 시절을 즐겁게 보내려면 … 한다.
    ✓A) 자동차를 운전할 때 조심해야
    B) 천천히 운전을 해야
    C) 천천히 마셔야

6. 콘서트의 입장권은 … 구입할 수 있다.
    A) 매일 아침에만
    B) 토요일까지
    ✓C) 전화로

7. 이 광고의 아파트는 …
    A) 승강기, 차고와 난방이 있다.
    ✓B) 버스 정류장에서 가깝다.
    C) 시내에 있지만 난방이 없다.

⏳ 마침 시간: ____ : ____

⏳ 시작시간: ____ : ____

지시사항

라디오의 뉴스(정보) 프로그램을 듣는다. 프로그램은 두 번씩 듣고, 각 질문에 알맞는 정답(A, B 또는 C)을 선택하고, 선택한 보기를 답안지에 표기하시오.

질문을 읽기 위해 35초가 주어진다.

질문

8. 이 정보는 … 식당 이야기를 한다.

　　A) 이제 막 개업한

　　B) 싸고 아주 유명한

　✓C) 전통 요리

9. 엘 린꼰 데 훌리오(El rincón de Julio)에서는, 메뉴가 … 바뀐다.

　　A) 매일

　✓B) 매주

　　C) 자주

10. 이 식당에서는, 특별한 메뉴들이 … 제공된다.

　　A) 매일

　✓B) 매주 토요일

　　C) 2시까지

11. 햄 계란 부침이 …

　　A) 정오에만 제공된다.

　✓B) 고객들이 가장 선호하는 음식이다.

　　C) 특별한 메뉴에서 제공된다.

12. 엘 린꼰 데 훌리오는 …

　✓A) 매주 일요일 영업하지 않는다.

　　B) 아침 식사는 제공하지 않는다.

　　C) 생일 파티를 열지 않는다.

13. 이 식당에는 …

　✓A) 거실 2개와 테라스 1개가 있다.

　　B) 테라스가 없다.

　　C) 18~20명이 먹을 수 있는 곳이다.

⏳ 마침 시간: ____ : ____

⏳ 시작시간: _____ : _____

지시사항

7개의 메시지를 듣는다. 각 메시지는 두 번씩 듣고, 각 메시지(14~19)에 알맞은 문장(A~J)을 선택하시오. 예시가 포함된 10개의 문장이 있다. 이 중 6개의 문장을 선택하시오. 선택한 보기를 답안지에 표기하시오.

이제 예를 청취하시오:

메시지 0.

정답은 **D**이다.

A   B   C   D   E   F   G   H   I   J

0. ☐ ☐ ☐ ■ ☐ ☐ ☐ ☐ ☐ ☐

이제 문장들을 읽기 위해서 25초가 주어진다.

문장들	
A.	주말마다 일을 하지 않는다.
B.	단지 자전거를 타고 갈 수 있다.
C.	무료 동물들.
D.	과거에 대한 영화.
E.	세계 각국의 편지들과 엽서들.
F.	테이블을 예약할 수 있다.
G.	인터넷으로 구입할 수 있다
H.	걸어서 가는 게 더 좋다.
I.	아주 싸게 판매한다.
J.	매일 아침에 일을 하지 않는다.

메시지들		문장들
	메시지 0	**D**
14.	메시지 1	C
15.	메시지 2	F
16.	메시지 3	A
17.	메시지 4	G
18.	메시지 5	J
19.	메시지 6	H

⏳ 마침 시간: _____ : _____

⏳ 시작시간: ____ : ____

지시사항

당신은 두 친구들 간의 대화를 듣는다. 대화는 두 번씩 듣고, 각 문제(20~25)에 알맞은 정답(A, B 또는 C)을 선택하시오. 선택한 보기를 답안지에 표기하시오.

질문

20. 낮에는, 에스뗄라(Estela)가 …

A)    ✓B)    C)

21. 에스뗄라는 … 콘서트에 갔다.

   A) 혼자서

   B) 아나(Ana)랑

✓C) 친구들이랑

22. 이번 주 토요일에, 알베르또(Alberto)는 …

   A) 에스뗄라랑 같이 저녁을 하러 나간다.

   B) 일해야 한다.

✓C) 친구들이랑 극장에 간다.

23. 에스뗄라는 … 모른다.

✓A) 어떤 연극을 볼지

   B) 연극이 어디에서 하는지

   C) 연극이 몇 시에 하는지

24. 전날 알베르또는 …

   A) 일을 안 했다.

✓B) 비행기를 타고 여행했다.

   C) 아팠다.

25. 알베르또는 … 집에 들어갔다.

   A) 18:00시에

✓B) 20:30시에

   C) 21:00시에

⏳ 마침 시간: ____ : ____

시험 3

| | 청취 | 유형 5 연습문제 78 트랙 30 ⊙♫ |

⌛ 시작시간: ____ : ____

지시사항

이번 주에 했던 것에 대해 이야기하는 두 사람 사이의 대화를 듣는다. 대화를 두 번씩 듣고, 각 문장(26~30)에 알맞은 이미지(A~H)를 선택하시오. 8개의 이미지가 있습니다. 이 중 5개를 선택하시오. 선택한 보기를 답안지에 표기하시오.

	문장들	이미지들
26.	대화의 장소.	C
27.	까르멘(Carmen)의 전날 밤.	G
28.	마떼오(Mateo)의 전날 밤.	E
29.	까르멘의 오늘 낮.	D
30.	헤수스(Jesús)에게 마떼오가 준 응답	F

A)

B)

C)

D)

E)

F)

G)

H)

⌛ 마침 시간: ____ : ____

작문

⏳ 시작시간: ____ : ____

지시사항

당신은 Parachuparselosdedos.com 웹사이트의 "내가 제일 좋아하는 음식"(Mis platos favoritos) 포럼에 참석하길 원한다. 웹사이트의 정보를 읽고 포럼에 메시지를 쓰시오. 메시지에 포함되어야 하는 것은:

– 음식에 무슨 재료가 들어있는지, 요리방법이 어떤지 묘사하기
– 전통이 어디서 유래 했는지, 보통 어떤 계절에 먹는지 말하기
– 당신은 어디에서 먹었는지, 누구와 먹었는지 설명하기

단어 수: 30~40개

Parachuparselosdedos.com

| 홈 | 광고 | 포럼 | 음식 | 요리법 | 재료 |

포럼 – 나의 가장 좋아하는 음식들

특별한 음식, 지방의 독특한 음식, 당신의 가족이 가지는 요리비밀, 당신이 먹거나 친구들을 위해 준비하는 아주 좋아하는 요리법. 당신이 가장 좋아하는 음식이 무엇인지, 어떤 재료가 들어 있는지, 누가 당신에게 가르쳐 줬는지, 어디에서 처음에 맛보았는지, 언제 음식을 준비했는지 이야기하기 위해 포럼에 가입하시오.

최근의 메시지		순서	
제목	**글쓴이**	**날짜**	**댓글**
✉ *가스빠초*	호세 루이스(José Luis)	2011년 4월 30일	6
✉ *라 리오하식 대구*	에스떼파니아(Estefanía)	2011년 06월 21일	2
✉ *빠에야*	익나시오(Ignacio)	2011년 3월 12일	5

📄➕ **새 메시지**

⏳ 마침 시간: ____ : ____

작문

⏳ 시작시간: ____ : ____

지시사항

당신은 인터넷으로 한 사람을 만났다. 지금까지 당신의 삶이 어땠는지 이야기하는 이메일을 보내시오. 이 일대기에 쓰여있는 것은:

– 당신의 삶에서 중요한 사건들을 말하기

– 당신이 어디에서 (집, 도시, 나라) 거주했었는지 설명하기

– 당신이 무슨 학업을 이수했는지 또는/그리고 무슨 일을 했는지 말하기

첫인사와 끝인사를 잊지 마시오.

단어 수: 70~80개

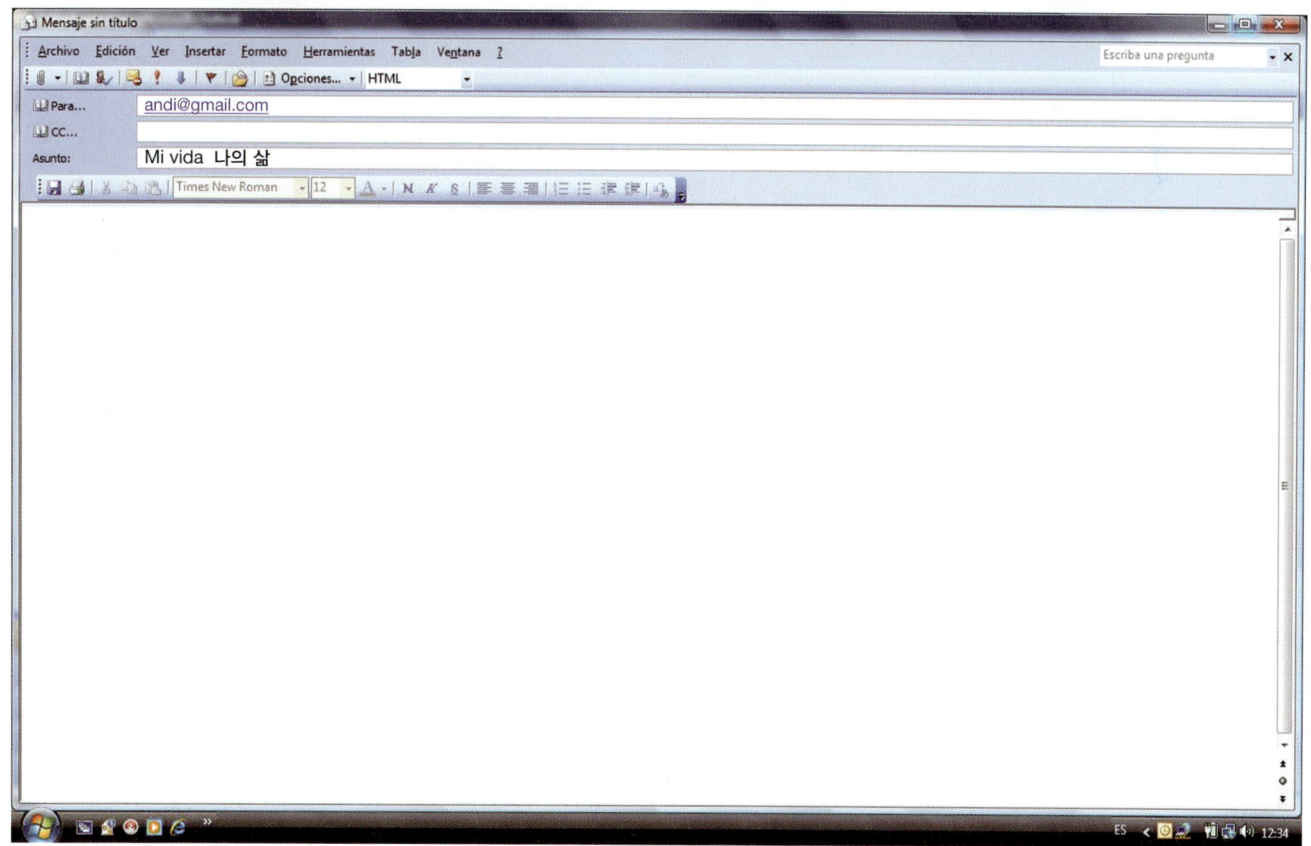

⏳ 마침 시간: ____ : ____

작문

⌛ 시작시간: ____ : ____

지시사항

여기서는 세바스띠안 페르난데스(Sebastián Fernández)의 일과에 대한 자료와 사진들이 제시된다. 그의 하루 활동을 쓰시오. 당신이 써야 하는 것은:

– 그가 무엇을 했는지

– 그가 어디에 있었는지

– 그가 누구를 봤는지

단어 수: 70~80개

자료

- 성함: 세바스띠안 페르난데스 또레스(Sebastián Fernández Torres)
- 나이: 32세
- 직업: 기자
- 호적 상태: 기혼, 자식 2명

⌛ 마침 시간: ____ : ____

회화

독백

지시사항

당신은 3~4분 동안 면접관 앞에서 대중매체에 대해서 이야기해야 한다. 제시된 것들 중에서 하나를 선택하시오.

신문

– 신문을 읽으십니까? 무슨 신문? 일반 신문을 읽습니까? 인터넷 신문을 읽습니까?
– 신문의 어떤 부분을 제일 좋아합니까? 왜요?
– 얼마나 자주 신문을 삽니까? 어디에서 삽니까?
– 몇 시에 신문을 읽습니까? 어디에서 읽습니까?
– 당신의 나라에서 신문은 얼마입니까?
– 최근 읽은 소식 중 가장 좋아하거나 관심이 있는 것은 무엇입니까?

텔레비전

– 텔레비전을 좋아합니까? 왜요?
– 어떤 텔레비전 프로그램을 좋아합니까? 싫어하는 프로그램의 종류가 무엇입니까?
– 얼마나 자주 텔레비전을 봅니까? 몇 시에 봅니까? 누구와 봅니까?
– 당신의 나라에는 텔레비전 채널이 몇 개 있습니까? 당신의 집에서 몇 개를 볼 수 있습니까?
– 정보를 얻기 위해서, 어떤 것을 선호합니까? 신문을 읽는 것? 텔레비전을 보는 것? 라디오를 듣는 것?
– 최근에 본 프로그램이나 드라마 중에서 좋아하거나 관심이 있는 것은 무엇입니까?

대중매체

라디오

– 라디오를 좋아합니까? 왜요?
– 어떤 프로그램을 듣습니까? 무슨 주제에 대한 프로그램입니까? 라디오에서 듣고싶지 않은 것은 무엇입니까?
– 얼마나 자주 라디오를 듣습니까? 몇 시에 듣습니까? 어디에서?
– 정보를 받기 위해서, 무엇을 선호합니까? 신문을 읽는 것? 텔레비전을 보는 것? 라디오를 듣는 것?
– 당신의 최초의 라디오가 어땠는지 기억합니까? 어디에서 샀습니까? 얼마였습니까?
– 최근에 들은 라디오 프로그램 중에서 좋아했거나 관심이 있었던 것은 무엇입니까?

잡지

– 잡지를 읽는 것을 좋아합니까? 왜요?
– 좋아하는 잡지의 종류는 무엇입니까?
– 얼마나 자주 잡지를 삽니까? 어디에서 삽니까? 얼마입니까?
– 집이나 직장에서는 어떤 잡지를 받습니까?
– 당신의 나라에서 잡지는 얼마입니까? 어디에서 팝니까? 몇 페이지가 있습니까?
– 최근에 읽으신 잡지가 무엇입니까? 어디에서 읽었습니까? 마음에 들었습니까?

인터넷

– 인터넷을 좋아합니까? 왜요?
– 무엇을 하려고 인터넷을 합니까? 어떤 사이트의 종류를 방문하곤 합니까? 얼마나 자주 이메일을 확인합니까? SNS를 사용합니까?
– 얼마나 자주 인터넷을 합니까? 어떤 종류의 인터넷 연결이 있습니까?
– 당신의 나라는 인터넷 연결이 얼마입니까?
– 최근에 인터넷을 언제 했습니까? 어디에서? 무엇을 했습니까?

지시사항

당신은 3~4분 동안 면접관 앞에서 주거의 종류에 대해 이야기해야 한다. 제시된 것들 중에서 하나를 선택하시오.

연립주택

- 연립주택에서 삽니까? 당신의 것입니까? 임대한겁니까?
- 당신의 연립주택은 어떻습니까? 어디입니까? 마음에 듭니까?
- 몇 층에 삽니까?
- 몇 개의 방이 있습니까? 빈 방이 있습니까? 어떻게 활용합니까?
- 당신과 몇 명이 함께 삽니까?
- 연립주택을 선호합니까? 별장을 선호합니까?

아파트

- 아파트에서 삽니까? 당신의 것입니까? 임대한 겁니까?
- 평소 거주용입니까? 휴가철 거주용 입니까?
- 당신의 아파트는 어떻습니까? 어디에 있습니까?
- 몇 개의 방이 있습니까? 어떤 방을 더 선호 합니까?
- 당신의 아파트에 몇 사람이 삽니까?
- 아파트에서 사는 것의 장점이 무엇입니까?
- 아파트에서 사는 것의 단점이 무엇입니까?

주거의 종류

연구실

- 연구실에서 삽니까? 당신의 것입니까? 임대한겁니까?
- 연구실은 어떻습니까? 어디에 있습니까? 마음에 듭니까?
- 몇 개의 방이 있습니까? 어떤 가구가 있습니까?
- 당신의 연구실에 몇 명이 삽니까?
- 어떤 타입의 사람들이 연구실에 사는 게 좋다고 생각합니까?
- 연구실에서 사는데 장점은 무엇입니까? 연구실에서 사는 데 단점은 무엇입니까?

별장

- 별장이 있습니까? 당신의 것입니까? 임대한겁니까?
- 별장은 어떻습니까? 어디에 있습니까?
- 마음에 듭니까?
- 평소 그곳에서 삽니까? 두번째 사는 곳입니까?
- 몇 개의 방이 있습니까? 어떤 유형의 가구가 있습니까?
- 언제부터 별장이 있었습니까?
- 연립주택에 비해 별장의 장점은 무엇입니까?

단독 주택

- 단독 주택에서 삽니까? 당신의 것입니까? 임대한 겁니까?
- 주택은 어떻습니까? 어디에 있습니까? 마음에 듭니까?
- 방 몇 개가 있습니까? 차고가 있습니까?
- 당신의 주택에 몇 명이 삽니까?
- 주택과 별장 중 어떤 걸 선호합니까?
- 주택에 사는 걸 선호합니까? 별장에 사는 걸 선호 합니까? 왜죠?

이미지 묘사

지시사항

이미지를 묘사하시오: 장소, 인물, 사물과 활동.

인물의 외모(신체적 특징)에 대해, 입고 있는 옷이나 지니고 있는 사물에 대해 이야기해야 한다.

당신은 2~3분 동안 이야기해야 한다.

면접관이랑 대화

지시사항

당신은 수업을 듣게될 강의실을 찾는 중이라 대학 센터에 있는 상황을 상상해야 한다. 센터의 직원이랑 이야기하고 강의실의 위치에 대한 정보를 요구해야 한다. 면접관은 센터의 직원이다.

대화의 모델

1. 시작

면접관: 인사
– 안녕하십니까?

응시자: 인사
– 안녕하십니까?

면접관: 인사 / 첫번째 질문
– 누구를 찾으십니까?

응시자:
– 저는 이 건물에서 강의를 들어야 합니다.

2. 전개 과정

면접관: 정보
– 당신은 약학과 / 언어학과 / 법학과 학생이십니까?

응시자:
– 예 / 아니요.

면접관:
– 누구와 수업이 있으십니까? 교수의 성함이 어떻게 되십니까?

응시자:
– …교수입니다.

면접관:
– 강의는 몇 시입니까?

응시자:
– …시입니다.

면접관:
– 여기 있습니다. 2학년 강의 …강의실을 아십니까?

응시자:
– 아닙니다. 알려 주시겠습니까?

면접관:
– 17번 강의실입니다. 2층, 왼쪽, 도서관 옆입니다.

응시자:
– 감사합니다.

3. 작별과 종결

면접관:
– 안녕히 가세요.

응시자:
– 안녕히 계세요.

회화

면접관이랑 이야기

지시사항

당신은 당신의 카드에 나타나는 정보에 따라 3~4분 동안 면접관과 이야기해야 한다.

A카드: 면접관
당신은 친구와 도시에서 이동할 것이다. 당신은 대중교통을 이용하자고 제안하지만, 친구(남자 또는 여자)는 자동차를 이용하자고 제안한다.

해야 하는 것:
1. 친구에게 당신은 대중교통을 타고 가고 싶다고 이야기하기.
2. 왜 대중교통을 타고 가는 것을 선호하는지 설명하기.

대중교통 – 주차장을 찾을 필요 없다. – 책도 읽을 수 있고 풍경도 볼 수 있다. – 긴장감이 없다.	자동차 – 주차하기가 어렵다. – 교통 체증 – 매연.

3. 친구랑 타협에 도달하기.

B카드: 응시자
당신은 친구와 도시에서 이동할 것이다. 당신은 자동차를 이용하자고 제안하지만, 친구(남자 또는 여자)는 대중교통을 이용하자고 제안한다.

해야 하는 것:
1. 친구에게 당신은 자동차를 타고 가고 싶다고 이야기하기.
2. 왜 자동차를 타고 가는 것을 선호하는지 설명하기.

자동차 – 목적지 직행. – 빠르다. – 편한 시간대	대중교통 – 대기 시간. – 목적지에서 멀다 – 제한적인 시간대.

3. 친구랑 타협에 도달하기.

시험 4

⏳ 시작시간: _____ : _____

지시사항

7개의 문장과 10개의 글을 읽고, 각 문장(1~7)에 알맞은 글(A~J)을 선택하시오.

예시가 포함된 11개의 글이 있다. 이 중 7개를 선택하시오.

선택한 보기를 답안지에 표기하시오.

예시:

글K

주의! 문이 닫히는 소리가 들린 다음에 기차를 타는 것은 위험합니다.

정답은 **K**이다.

A B C D E F G H I J K

0. ☐ ☐ ☐ ☐ ☐ ☐ ☐ ☐ ☐ ☐ ■

문장		글
0.	다음 것을 기다리는 것이 더 좋다.	K
1.	그는 영화를 좋아한다.	H
2.	음식을 고르면 된다.	D
3.	화재가 발생하면.	B
4.	말하면 안 된다.	G
5.	여행 복장.	A
6.	요청을 어떻게 하는지.	I
7.	글을 제출할 기간.	C

글A

엔뜨레뻬냐스(Entrepeñas) 마법의 산으로 수요일의 소풍에 장갑과 목도리를 가지고 가세요.

글B

화재시에,
소방관을 부를 비상시 전화번호는
112입니다.

⏳ 마침 시간: _____ : _____

글C

낙제된 학생들은 학기 말이 끝나기
전에 그들이 한 과제물을
제출해야한다.

글D

매주 월요일부터 금요일까지
오늘의 메뉴가 있습니다.
첫번째 3개의 음식, 두번째 3개의 음식, 후
식, 빵과 음료수: 9유로.

글E

센터의 관리부는
지난 주에 온 눈 때문에
수료식을 미루기로 했습니다.

글F

역시 당신의 편지들은 실행부에
저희 웹사이트인 www.tuyaparticipa.org 를
통해 보낼 수 있습니다.

글G

환자들을 배려하기 위해,
조용히 하세요.

글H

차분하고 친절하고 개방적인 성격의
젊은이는 비슷한 취미(음악, 영화, 연극, 스
포츠 및 문학)가 있는 또래
젊은이들과 관계를 모색합니다.

글I

발견하지 못한
도서를 찾고 싶으시면
도서관 직원의 책상에
메모를 놓아두세요.

글J

개강 전에 수업의
등록비를 내야 합니다.

마침 시간: ____ : ____

시험 4

⌛ 시작시간: ____ : ____

지시사항

막다(Magda)가 친구인 에우헤니아(Eugenia)에게 쓴 이메일을 읽고, 그 다음에 질문(8~12)에 응답하시오. 정답(A, B 또는 C)을 선택하고, 선택한 보기를 답안지에 표기하시오.

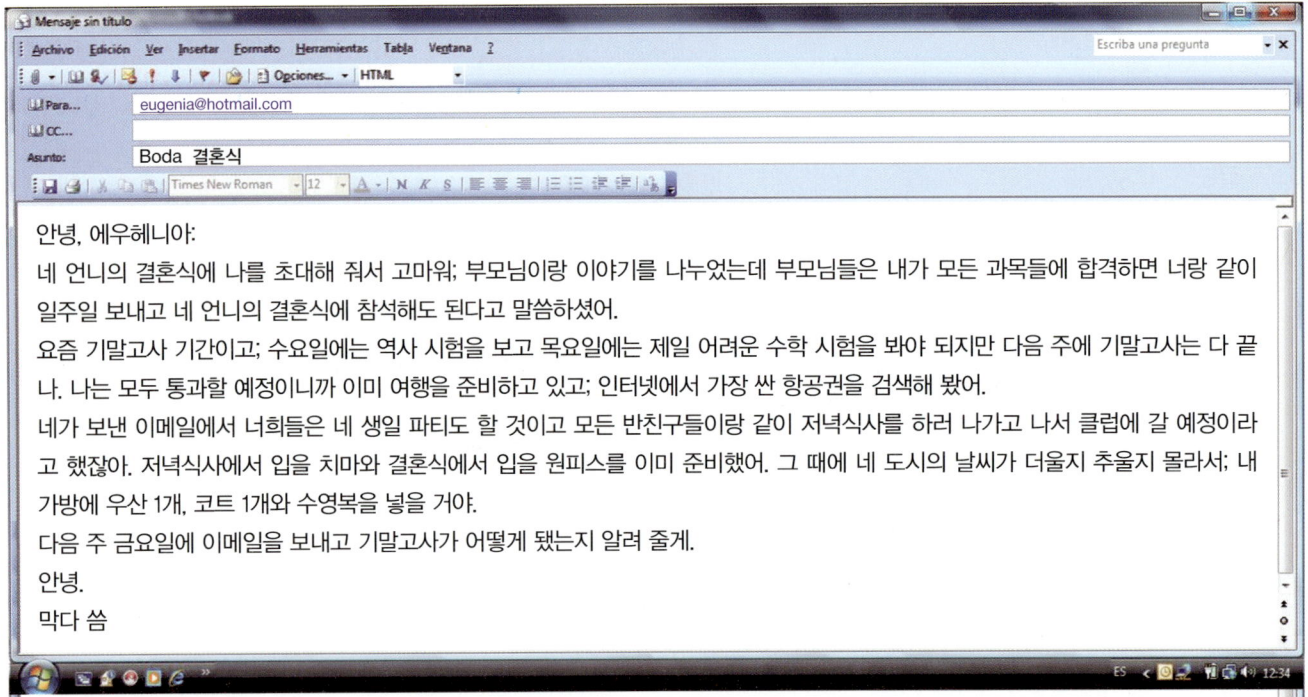

안녕, 에우헤니아:

네 언니의 결혼식에 나를 초대해 줘서 고마워; 부모님이랑 이야기를 나누었는데 부모님들은 내가 모든 과목들에 합격하면 너랑 같이 일주일 보내고 네 언니의 결혼식에 참석해도 된다고 말씀하셨어.

요즘 기말고사 기간이고; 수요일에는 역사 시험을 보고 목요일에는 제일 어려운 수학 시험을 봐야 되지만 다음 주에 기말고사는 다 끝나. 나는 모두 통과할 예정이니까 이미 여행을 준비하고 있고; 인터넷에서 가장 싼 항공권을 검색해 봤어.

네가 보낸 이메일에서 너희들은 네 생일 파티도 할 것이고 모든 반친구들이랑 같이 저녁식사를 하러 나가고 나서 클럽에 갈 예정이라고 했잖아. 저녁식사에서 입을 치마와 결혼식에서 입을 원피스를 이미 준비했어. 그 때에 네 도시의 날씨가 더울지 추울지 몰라서; 내 가방에 우산 1개, 코트 1개와 수영복을 넣을 거야.

다음 주 금요일에 이메일을 보내고 기말고사가 어떻게 됐는지 알려 줄게.

안녕.

막다 씀

질문

8. 이 이메일에 의하면, 에우헤니아는 …
   A) 수료식 후에 결혼한다.
   ✓B) 결혼식에 막다를 초대했다.
   C) 항공권을 찾고 있다.

9. 결혼식을 위해서 막다는 … 입을 것이다.
   A) 코트를
   B) 치마를
   ✓C) 원피스를

10. 막다에게는 …
    A) 시험들이 너무 늦다.
    ✓B) 수학이 어렵다.
    C) 역사가 재미있다.

11. 막다는 … 알고 싶어한다.
    A) 결혼식에 갈 수 있는지
    B) 항공비를
    ✓C) 날씨가 어떤지

12. 막다는 … 에우헤니아에게 쓸 것이다.
    ✓A) 기말고사 후에
    B) 항공권을 발견하면
    C) 모든 시험에 합격하면

⌛ 마침 시간: ____ : ____

독해

⏳ 시작시간: ____ : ____

지시사항

6개의 광고를 읽고, 질문(13~18)에 응답하시오. 정답(A, B 또는 C)을 선택하고, 선택한 보기를 답안지에 표기하시오.

예시:

글0

> 알까사르(Alcázar) 극장. "'비슷하다'는 똑같은 것이 아니다"(*Parecido no es lo mismo*). 출연진: (Faemino)와 깐사도(Cansado). 11월 15일부터 공연. 10월 15일부터 매표소에서 입장권 판매 중. 시즌의 끝: 12월 15일.

0. 이 공연은… 시작한다.

   A) 10월 15일에

   B) 11월 15일에

   C) 12월 15일에

정답은 **B**이다.

```
    A   B   C
0. [ ] [■] [ ]
```

글1

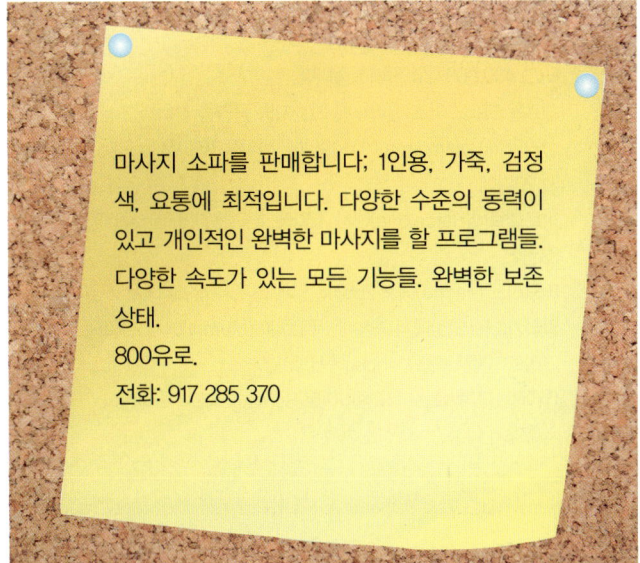

13. 이 제품은 …
   A) 아주 느리고 강하다.
   B) 요통만 위한 것이다.
   ✓C) 중고품이다.

글2

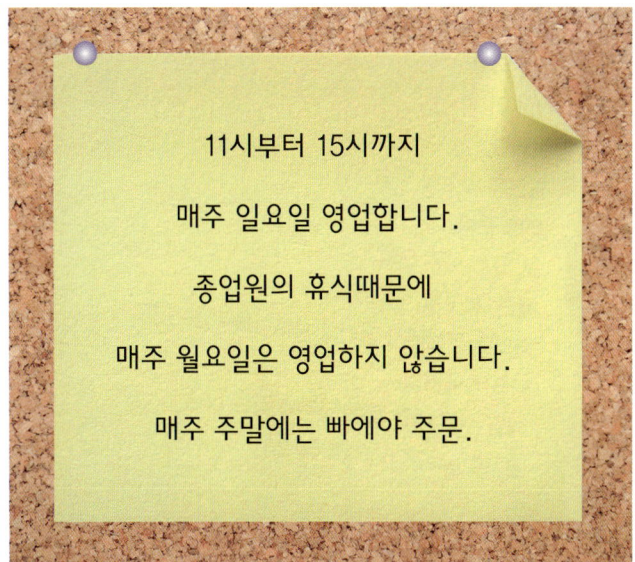

14. 매주 토요일에는 …
   A) 오후 3시에 끝난다.
   ✓B) 빠에야도 준비한다.
   C) 웨이터들이 쉰다.

글3

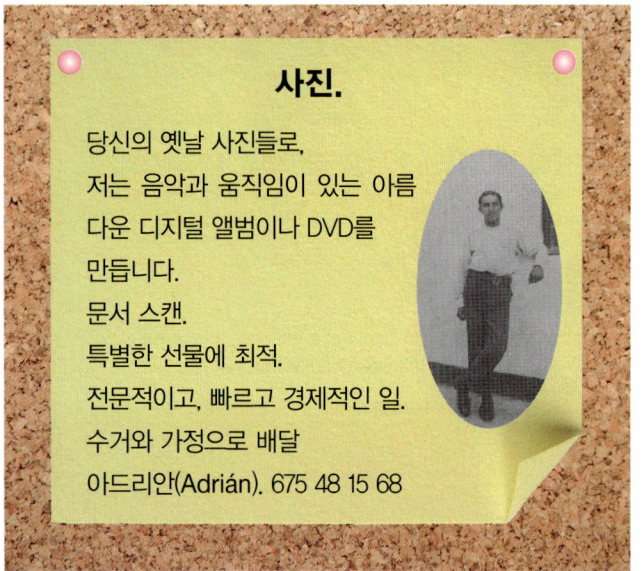

사진.

당신의 옛날 사진들로,
저는 음악과 움직임이 있는 아름
다운 디지털 앨범이나 DVD를
만듭니다.
문서 스캔.
특별한 선물에 최적.
전문적이고, 빠르고 경제적인 일.
수거와 가정으로 배달
아드리안(Adrián). 675 48 15 68

글4

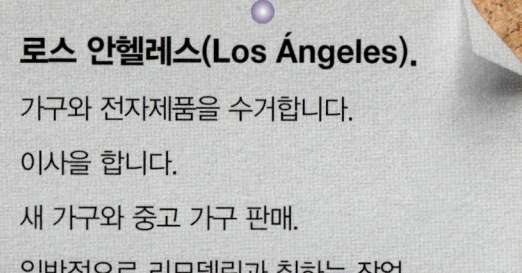

로스 안헬레스(Los Ángeles).

가구와 전자제품을 수거합니다.
이사을 합니다.
새 가구와 중고 가구 판매.
일반적으로 리모델링과 칠하는 작업.
위치: 로살리아 데 까스뜨로(Rosalía de Castro)대로

전화: 688 65 7721

15. 이 광고에서 …
✓A) 작업은 며칠내에 한다.
B) 선물할 음악을 작곡한다.
C) 옛날 사진을 선물한다.

16. 이 회사에서는 …
✓A) 중고품이 판매된다.
B) 치수에 맞춘 가구를 만든다.
C) 예술품을 구입한다.

글5

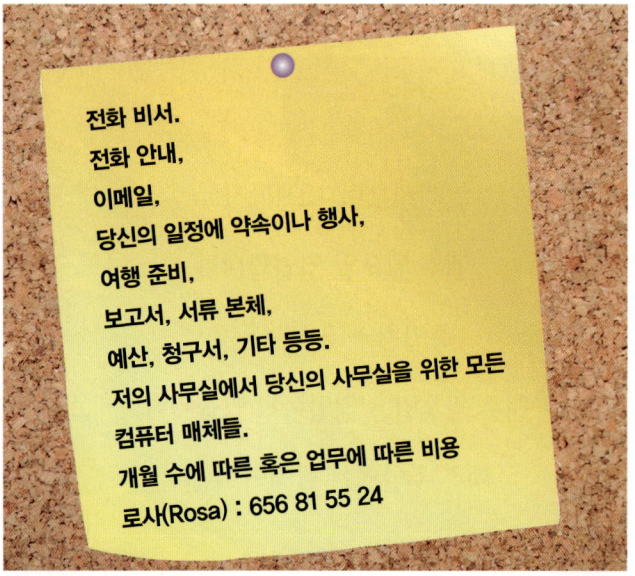

전화 비서.
전화 안내,
이메일,
당신의 일정에 약속이나 행사,
여행 준비,
보고서, 서류 본체,
예산, 청구서, 기타 등등.
저의 사무실에서 당신의 사무실을 위한 모든
컴퓨터 매체들.
개월 수에 따른 혹은 업무에 따른 비용
로사(Rosa) : 656 81 55 24

글6

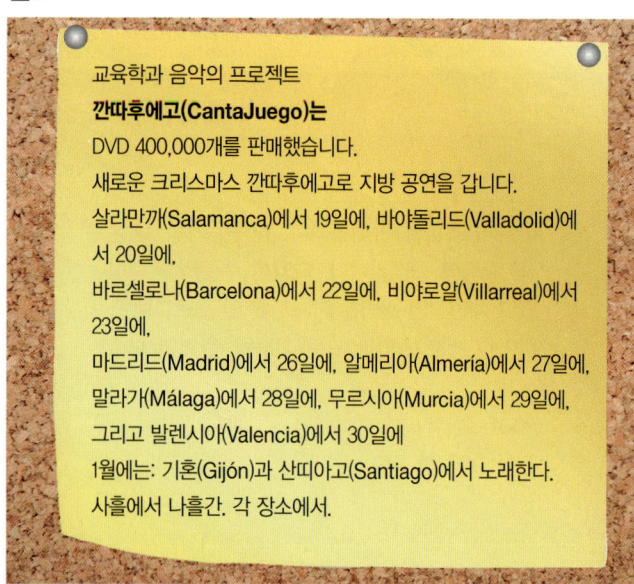

교육학과 음악의 프로젝트
깐따후에고(CantaJuego)는
DVD 400,000개를 판매했습니다.
새로운 크리스마스 깐따후에고로 지방 공연을 갑니다.
살라만까(Salamanca)에서 19일에, 바야돌리드(Valladolid)에
서 20일에,
바르셀로나(Barcelona)에서 22일에, 비야로알(Villarreal)에서
23일에,
마드리드(Madrid)에서 26일에, 알메리아(Almería)에서 27일에,
말라가(Málaga)에서 28일에, 무르시아(Murcia)에서 29일에,
그리고 발렌시아(Valencia)에서 30일에
1월에는: 기혼(Gijón)과 산띠아고(Santiago)에서 노래한다.
사흘에서 나흘간. 각 장소에서.

17. 이 서비스로 …
A) 기차표와 비행기표가 판매된다.
B) 매월 말에 수취한다.
✓C) 고객들의 호출에 답한다.

18. 이 음악 그룹은 …
A) 1월 3일에 산띠아고에서 연주한다.
B) 콘서트에서 자신의 앨범을 판매한다.
✓C) 새 앨범을 발표했다.

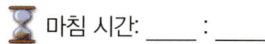 마침 시간: ____ : ____

⌛ 시작시간: _____ : _____

지시사항

시골 생활에 대한 잡지 7개의 문장과 10개의 글을 읽고, 각 문장(19~24)에 알맞은 글(A~J)을 선택하시오. 예시가 포함된 10개의 글이 있다. 이 중 6개의 글을 선택하시오. 선택한 보기를 답안지에 표기하시오.

예시:

0. 그들은 아들 1명이 있다.

정답은 **B**이다.

```
      A    B    C    D    E    F    G    H    I    J    K
0.   ☐    ■    ☐    ☐    ☐    ☐    ☐    ☐    ☐    ☐    ☐
```

	문장	글
0.	그들은 아들 1명이 있다.	B
19.	강 근처에서 산다.	J
20.	친구들이랑 채팅을 할 수 없다.	C
21.	한가한 날들이 많다.	G
22.	가장 작은 마을에서 산다.	A
23.	아내와 헤어졌다.	I
24.	시골에서 일한다.	F

전원 생활

A. 펠릭스 폰딸(Félix Fontal)

그는 알꼬벤다스(Alcobendas)를 떠났다. 지금 마드리드 주 마르다꼬스(Mardacos)에서 (인구 34명) 일하고 있다. 그의 집 앞에 직장이 있다. 2003년에 그는 39살인 꼰차(Concha)라는 아내랑 시골 집에서 살기 시작했다.

B. 마리벨 가르시아(Maribel García)

18세였을 때 사모라(Zamora) 주 비야리노 데 사나브라이(Villarino de Sanabria)(인구 40명)에서 마드리드로 이사했다. 식당을 개업하러 고향으로 돌아왔다. 그녀와 그녀의 남편은 너무 큰 도시에서 산다는 것에 지쳐있었다. 그들이 가장 좋아하는 것은 아들이 학교에 걸어서 가는 것과 오후까지 거리에서 노는 것이다.

C. 루이사 로뻬스(Luisa López)

레온(León) 주의 한 마을에 있는 삼촌의 집을 구입했다. 항상 대도시에서 살아왔지만 까리세도(Carricedo)에서는 따분할 시간이 없다는 것을 알고 있다. 그녀의 유일한 문제는 인터넷 연결이 안 되는 것이지만 때론 낮에 쇼핑하거나 영화관에 가고 싶으면 한 시간 내에 수도에 도착할 수 있다.

D. 끼까 까스뜨로(Kika Castro)

인구 300명 이하인 마을에서 작은 약국을 열기 위해 직장을 그만두었다. 그녀는 남편과 두 딸과 함께 겨울에 이 마을에 도착했고, 그녀는 추위를 매우 싫어했지만 이젠 그날씨를 좋아한다.

E. 후안 까를로스 알론소(Juan Carlos Alonso)

46살이었을 때 오전 7시에 마드리드 근처의 마을에 있는 집에서 나가고 밤 10시에 집에 들어오는 것을 좋아하지 않기로 결정했다. 이제 오전 11시에 자신의 상점에서 영업을 시작하고 오후 5시에 끝난다. 나머지 시간에는 독서, 산책과 스포츠를 하면서 보낸다.

F. 마리오 도민게스(Mario Domínguez)

아이였을 때 그의 부모님들은 그를 바야돌리드(Valladolid)로 데려갔지만, 농부로서 일하려고 산 뻬드로 데 라딸세(San Pedro de Latarce)로 돌아왔다. 그는 올가(Olga)라는 아내랑 7살인 에나르(Henar)라는 딸과 식사를 하면서 "비록 돈을 덜 벌지만 여기가 살기가 더 좋아."라고 한다.

G. 에벨린 셀마(Evelyn Celma)

환경과학 공부를 마친 다음에 뻬냐로야 데 따스따빈스(Peñarroya de Tastavins)에서 6킬로미터 떨어져 있는 집으로 갔다. 지금은 그녀에게 여가시간이 많고 일주일에 세 번 관광안내자로서 발데로블레스(Valderrobles) 성에서 일한다.

H. 모니까 뽀라스(Mónica Porras)와 오스까르 산체스(Óscar Sánchez)

그들은 살라만까(Salamanca) 주 산 에스떼반(San Esteban)에서 (인구 350명) 시골 집을 열었다. 그들의 친구들은 그들이 작은 마을에 가는 것을 좋아하지 않았지만, 그들을 방문할 때 친구들은 평화와 침묵을 즐기는 것을 아주 좋아한다.

I. 헤수스 가르손(Jesús Garzón)

몇년 전부터 한 마을에 양을 치는 목동이다. 그가 가장 좋아하는 것은 책 한 권을 들고 독서를 하러 들판으로 나가는 것이다. 이혼을 한 다음에 빌바오(Bilbao)에 있던 아파트를 팔았고 새로운 생활을 시작하러 떠났다. 마을의 축구팀에서 축구를 한다.

J. 호르게 델가도(Jorge Delgado)

그는 살라만까 주로 이사했을 때, 영어 공부도 할 수 없고, 콘서트도 참석할 수 없고, 도서관이나 수영장에서 오후를 보낼 수 없을거라고 생각했지만 지금 있지 않은 유일한 것은 가까운 병원이다. 마을의 바를 오픈했고 바의 창문에서 강물 소리를 들을 수 있다.

(출처: "마을에서 새로운 사람"("Uno nuevo en el pueblo").
엘 빠이스 세마날(*El País Semanal*).
2007년 4월 1일. 25~30쪽).

⏳ 마침 시간: ____ : ____

⏳ 시작시간: _____ : _____

지시사항

당신은 칠레 시인 바블로 네루다(Pablo Neruda)의 자서전의 일부분을 읽고, 그다음 질문(25~30)에 응답하시오. 정답(A, B 또는 C)을 선택하시오.
선택한 보기를 답안지에 표기하시오.

나는 유년 시절의 유일한 등장 인물은 하늘에서 지평선까지 전국적으로 오는 빗줄기, 비였다고 말하면서 시작하겠다. 나는 우리나라에서 인생, 땅, 시와 비를 받아 들이면서 태어났다.

내가 태어난 아라우까니아(Araucanía)에서 봤던 비가 온다는 예술을 잃어버린 것 같다. 수 개월, 여러 해 줄곧 비가 오곤 했다. 비는 실 모양으로 떨어져 지붕 위에서 깨졌고 각 집들은 겨울의 대양에서 항구에 어렵게 도착하던 선박들이었다. (폭우로 물에 잠겼다.)

우리들은 걸어서, 돌 사이로, 추위와 비에 맞서면서 학교에 걸어가곤 했다. 바람은 우산을 빼앗았다. 코트는 비쌌고 장갑을 좋아하지 않았고 구두가 물에 차곤 했었다. 나는 테이블 옆에 젖은 양말을 항상 기억한다.

떼무꼬(Temuco)는 역사가 없는 도시지만 상점, 구두 가게와 슈퍼마켓이 있다. 부모님께서 일을 하시기 위해 내가 태어난 빠랄(Parral)에서 떼무꼬로 오셨다. 거기, 칠레 중부 지방에서 내가 1904년 7월 12일에 태어났다. 중부 지방 어린 농부들에겐 살기가 힘들었다. 호세 안헬 레예스(José Ángel Reyes)란 할아버지께서는 땅이 적고 자식이 많으셨다. 호세(José)란 아버지께서는 아주 젊은 나이에 할아버지 댁에서 나가셨고; 항구에서 노동자로 일하셨고 기차 기관사이셨다.

나의 집에는 불가사의한 사물들이 있던 방 한 개가 있었다. 창문 옆, 안쪽에 유럽이나 어떤 먼 나라에서 내가 상상했던 그런 성이 나오는 사진이 있던 달력이 있었다. 그렇지만 그 방 역시 책들이 보관된 가구가 있었고 거기에는 내가 처음에 읽은 순정 소설들, 여러 권의 로맨틱 시집들, 내가 연거푸 보기를 좋아했던 그림들이 있는 백과사전 1권이 있었다.

1910년도가 다가왔고, 학교를 다니기 시작했던 해라 그 연도를 기억한다; 학교는 강 근처에 너무 어두운 큰 홀들이 있던 건물이었다. 봄에는, 흰색 돌 위에 흐르던 차가운 물에 발을 담그려고 수업에 안 갔다(결석을 하곤 했다).

나는 성장했고. 책에 관심이 가기 시작했다. 첫 사랑은 마을 의사 선생님의 딸인 블란까 윌손(Blanca Wilson)에게 쓴 연애편지에서 전개됐다. 한 친구는 그녀에게 사랑에 빠져서 내게 연애편지를 써 달라고 부탁했다. 어느 날 거리에서 블란까를 우연히 만났고 그녀는 나에게 그 친구가 보낸 편지들을 쓴 사람이냐고 물었다. 나는 거짓말을 못해서 그렇다고 대답했다. 그녀는 내가 먹고 싶지 않아서 (아까워서) 보물처럼 보관한 오렌지를 내게 선물했다. 오렌지를 계속 받으면서 그때부터, 아주 긴 연애 편지를 계속 썼다.

(출처: *"나는 살아왔음을 고백한다"*(Confieso que he vivido),
빠블로 네루다. 아르고스 베르헤라(Argos Vergera) 출판사.
바르셀로나. 1979년. 11~18쪽)

⏳ 마침 시간: _____ : _____

질문

25. 이 글은 ⋯ 대해 이야기한다.
    A) 빠블로 네루다의 집들에
    B) 이 작가의 시들에
    ✓C) 칠레 시인의 유년 시절에

26. 작가가 자기 유년에 대해서 가장 기억하는 것은 ⋯
    ✓A) 내내 오던 비였다.
    B) 코트와 장갑의 값이었다.
    C) 겨울에 집들과 선박이었다.

27. 이 글에 의하면 ⋯
    A) 오늘날 예전보다 비가 더 온다.
    ✓B) 오늘날 다른 방법으로 비가 온다.
    C) 오늘날 비가 안 온다.

28. 네루다의 집에는 ⋯ 있었다.
    A) 유럽의 성이 나오는 사진이
    ✓B) 그가 좋아하던 많은 책들이
    C) 먼 나라들의 가구들이

29. 빠블로 네루다의 아버지는 ⋯
    ✓A) 형제가 많았다.
    B) 프로 택시 기사였다.
    C) 공항에서 일했다.

30. 블란까 윌손은 ⋯
    A) 그의 친구의 여자친구였다.
    ✓B) 네루다의 첫사랑이었다.
    C) 그가 좋아하던 여자였다.

⌛ 시작시간: ____ : ____

지시사항

당신은 7개의 라디오 광고를 듣게 될 것이다. 광고들은 두 번 반복된다. 각 광고에 대한 질문에 알맞은 응답(A, B 또는 C)을 선택하시오.

선택한 보기를 답안지에 표기하시오.

이어서 한 예를 듣게 될 것이다:

0. 마드리드 교향악단은 …

    A) 탄생 70주년을 기념한다.

    B) 단장의 생일 때 연주한다.

    C) 쁠라시도 도밍고(Plácido Domingo)의 음악을 자주 연주한다.

정답은 **B**이다.

   A　B　C

0.　☐　■　☐

질문

1. 연대의 티셔츠는 …

    A) 아프리카 민족들은 8유로를 지불한다.

    B) 인떼르비다(Intervida) 그룹만 판매한다.

  ✓C) 인터넷에서 여러가지 형식을 제공한다.

2. 다음 주 월요일에 쇼핑몰은 …

  ✓A) 다시 영업을 시작한다.

    B) 문을 닫을 것이다.

    C) 개관될 것이다.

3. 이번 달에, 니뇨스 데 오이(Niños de hoy) 잡지는 …

    A) 크리스마스의 문제를 대한다.

    B) 아이를 이해하려고 돕는다.

  ✓C) 아이들에게 줄 장난감을 선물한다.

4. 이 광고는 … 대한 것이다.

    A) 예술 작품 전시회에

  ✓B) 에어컨에

    C) 자연을 보호하는 그룹에

5. 무에블레스 데 오페르따(Muebles de Oferta)에서는 …

    A) 매주 토요일 정오까지 영업한다.

  ✓B) 소파의 판매 매장을 닫을 것이다(폐쇄 할 것이다).

    C) 6월 27일에 매장을 개관한다.

6. 자전거 일주 레이스(Vuelta Ciclista) 이유로 …

  ✓A) 대중 교통 이용을 권한다.

    B) 자동차를 위한 새로운 대로와 큰길이 열린다.

    C) 도시에서 주차하기 위해 지불을 해야 한다.

7. 이 식당의 기본 메뉴 …

    A) 음식 10개가 제공된다.

    B) 매주 음식들이 바뀐다.

  ✓C) 여러가지의 음식을 고를 수 있다.

⌛ 마침 시간: ____ : ____

시험 4

⌛ 시작시간: _____ : _____

지시사항

당신은 루이스 로드리게스(Luis Rodríguez)의 라디오 인터뷰를 듣게 될 것이다. 인터뷰는 두 번 들을 것이다. 각 질문에 알맞은 응답 (A, B 또는 C)을 선택하시오.

선택한 보기를 답안지에 표기하시오.

질문을 읽기 위해 35초가 주어진다.

질문

8. 루이스 로드리게스는 …

    A) 여행자다.

    B) 가수다.

    ✓C) 음악가다.

9. 루이스가 만드는 음악의 종류는 …

    A) 플라멩코다.

    ✓B) 가요다.

    C) 클래식이다.

10. 루이스는 음악학교에서 … 배웠다.

    ✓A) 피아노를

    B) 기타를

    C) 북을

11. 루이스가 … 태어났다.

    A) 세비야(Sevilla)에서

    B) 하엔(Jaén)에서

    ✓C) 호다르(Jódar)에서

12. 루이스의 아버지는 …

    A) 기타를 쳤다.

    ✓B) 그에게 기타를 선물했다.

    C) 그에게 기타를 치는 것을 가르쳐 줬다.

13. 마을들의 축제는 …

    ✓A) 여름에 거행된다.

    B) 열정적이다.

    C) 많다.

⌛ 마침 시간: _____ : _____

청취	유형 3 연습문제 93 트랙 33 ⊙♪

⏳ 시작시간: _____ : _____

지시사항

당신은 메시지 7개를 듣게 될 것이다. 각 메시지는 두 번씩 듣고, 각 메시지(14~19)에 알맞은 문장(A~J)을 선택하시오.

예시가 포함된 문장 10개가 있다. 6개를 선택하시오.

선택한 보기를 답안지에 표기하시오.

이제 예를 들어 보시오:

메시지 0.

정답은 **A**이다.

A B C D E F G H I J

0. ■ □ □ □ □ □ □ □ □ □

이제 문장들을 읽기 위해서 25초가 주어진다.

문장들	
A.	스포츠를 하는 사람들에게 좋다.
B.	연중 바다 근처에서 살 수 있다.
C.	일주일 내내 갈 수 있다.
D.	수업은 음악으로 한다.
E.	세탁기는 가장 싸다.
F.	남자들에게만 쓸모있다.
G.	4월에 가능하다.
H.	그것을 하는 것은 비용이 안 든다.
I.	머리를 빗고 감을 수 있다.
J.	모든 연령층을 위한 것이다.

메시지들		문장들
	메시지 0	**A**
14.	메시지 1	D
15.	메시지 2	I
16.	메시지 3	B
17.	메시지 4	J
18.	메시지 5	C
19.	메시지 6	G

⏳ 마침 시간: _____ : _____

<table>
<tr><td>청취</td><td>유형 4 연습문제 94 트랙 34 ⊙♫</td></tr>
</table>

⏳ 시작시간: _____ : _____

지시사항

당신은 환자와 의사 사이의 대화를 듣게 될 것이다. 대화는 두 번씩 듣고, 각 질문(20~25)에 알맞은 응답(A, B 또는 C)을 선택하시오.

선택한 보기를 답안지에 표기하시오.

질문

20. 페르난데스(Fernández)는 … 의사에게 갔다.

   A) 머리가 아파서

✓B) 어금니가 아파서

   C) 며칠 동안 신경질적이어서

21. 아픔은 … 시작했다.

✓A) 바로 저녁 식사 후에

   B) 저녁 식사하기 몇 시간 전에

   C) 전날 밤, 식사를 한 다음에

22. 약국에서, 페르난데스는 … 구입했다.

✓A) 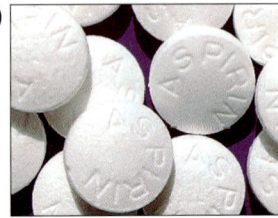 B) 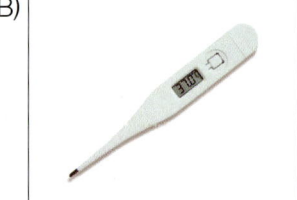 C)

23. 페르난데스는, 어금니가 … 아프다.

   A) 매년 두 번

   B) 전날부터

✓C) 며칠 전부터

24. 페르난데스는 … 없었다.

✓A) 체온을 잴 수

   B) 치과에 갈 수

   C) 약국에서 구입할 수

25. 의사는 그에게 … 권한다.

   A) 약국에 가라고

   B) 체온기를 사라고

✓C) 빨리 치과에 가라고

⏳ 마침 시간: _____ : _____

청취

⏳ 시작시간: ____ : ____

지시사항

당신은 오늘 오후 해야할 여행에 대해 말하는 두 사람의 대화를 듣게 될 것이다. 대화는 두 번 듣고, 각 문장(26~30)에 알맞은 이미지(A~H)를 선택하시오.

이미지가 8개 있다. 5개를 선택하시오.

선택한 보기를 답안지에 표기하시오.

문장들		이미지들
26.	대화의 장소.	C
27.	여자는 준비했다.	A
28.	그들은 역에 간다.	F
29.	잡지랑 선물한다.	E
30.	그들은 오늘 살 것이다.	G

A)

B)

C)

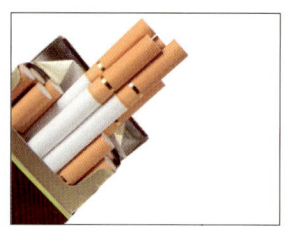

D)

E)

F)

G)

H)

⏳ 마침 시간: ____ : ____

작문

⏳ 시작시간: ____ : ____

지시사항

당신은 직장을 구하기 위해 이메일을 쓰고 싶어한다. 학력을 명시하고 직장에서 무엇을 할 수 있는지 이야기 하시오. 이메일에 포함되어 있어야 하는 것은:

- 왜 당신이 외국에서 일하고 싶은지 명시하기
- 당신이 구사하는 언어들을 말하기
- 당신의 학력과 경력을 명시하기

단어 수: 30~40개

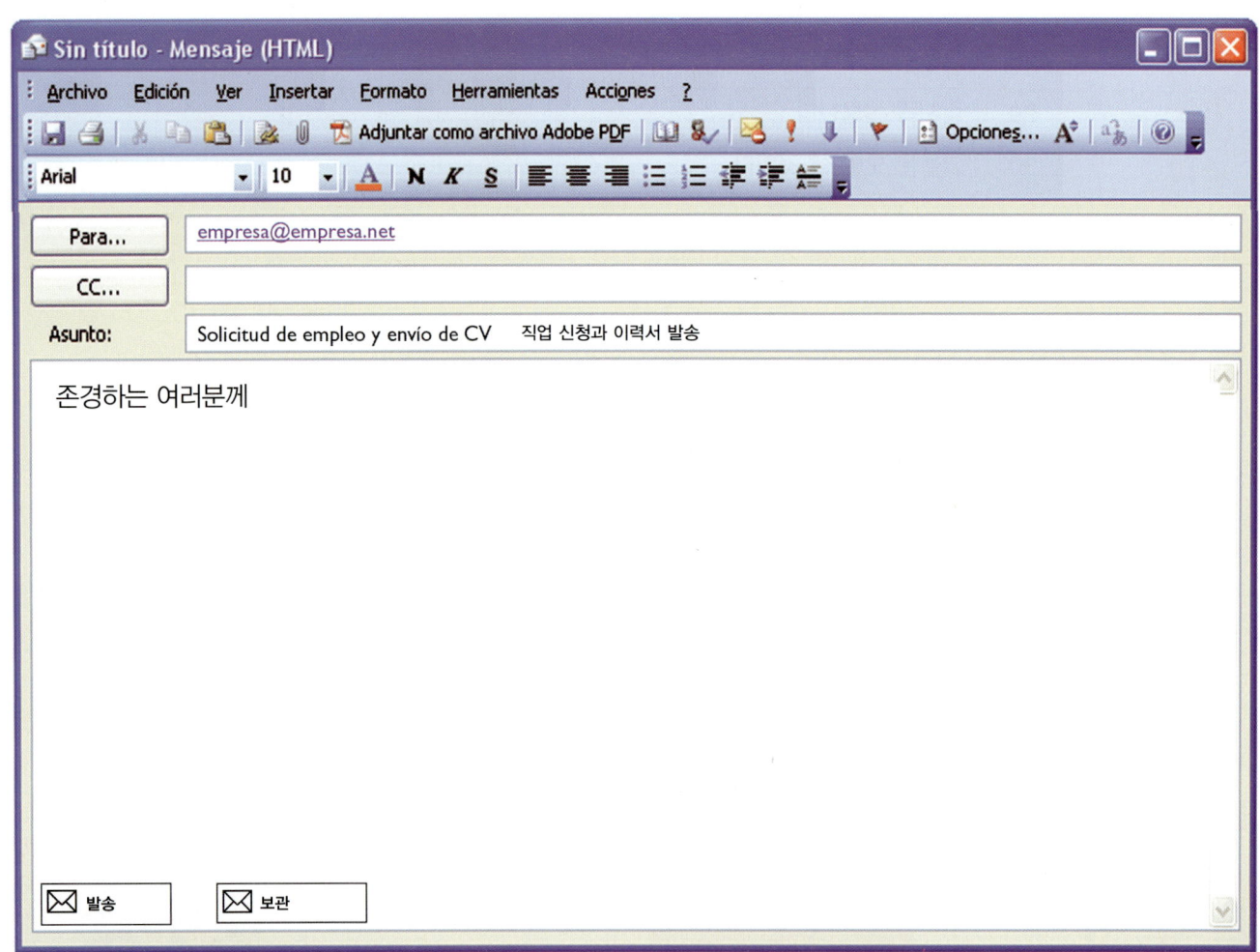

⏳ 마침 시간: ____ : ____

작문

⌛ 시작시간: _____ : _____

지시사항

당신은 퇴근하기 전에 손님으로부터 전화를 받았다. 동료에게 줄 메시지를 쓰시오. 메시지에 쓰여 있는 것은:

- 누가 전화했는지, 언제였는지 명시하기
- 손님이 당신께 이야기했던 것을 설명하기
- 문제 해결을 위해 부탁하기

첫인사와 끝인사를 잊지 마시오.

단어수: 70~80개

⌛ 마침 시간: _____ : _____

작문

⌛ 시작시간: ____ : ____

지시사항

여기는 역사학과 3학년 학생들의 수학여행 자료와 사진들을 소개한다. 여행 이야기를 쓰시오.

이야기에 들어 있어야 하는 것은:

– 어떻게 갔는지, 어디에서 숙박했는지

– 무엇을 했는지, 언제 했는지

– 무슨 장소를 구경했는지

단어 수: 70~80개

자료

• 주제: 수학여행
• 연도: 2013년
• 기간: 일주일
• 여행지: 카나리아 제도

_____

_____

_____

_____

_____

_____

⌛ 마침 시간: ____ : ____

독백

지시사항

당신은 3~4분 동안 면접관 앞에서 날씨에 대해 이야기해야 한다. 제시된 것들 중 하나를 선택하시오.

해

- 맑을 때(해가 뜰 때)를 좋아합니까? 왜죠?
- 맑을 때 무엇을 합니까? 어디에 갑니까?
- 당신 나라에선 자주 해가뜹니까? 언제?
- 맑을 때를 선호합니까? 비가 올 때를 선호합니까? 왜 죠?
- 맑을 때 하기 싫어하는 것이 무엇입니까?
- 맑을 때 어떤 옷을 입습니까?
- 최근 당신 도시는 언제 맑았습니까? 무엇을 했습니까?

비

- 비를 좋아합니까? 왜죠?
- 비가 올 때 무엇을 합니까? 어디에 갑니까?
- 비가 올 때 당신 도시는 어떻습니까? 당신 도시에 비가 많이 옵니까? 언제?
- 맑을 때를 선호합니까? 비가 올 때를 선호합니까?
- 비가 올 때 할 수 없는 일이 무엇입니까?
- 비가 올 때 어떻게 입습니까?
- 최근에 당신의 도시에 언제 비가 왔습니까? 무엇을 했습니까?

날씨

바람

- 바람을 좋아합니까? 왜죠?
- 바람이 불 때 무엇을 합니까? 어디 갑니까?
- 당신 도시에선 바람이 많이 붑니까? 무슨 계절에?
- 바람이 불 때 사람들이 무엇을 합니까? 바람이 불 때 거리에서 무슨 일이 벌어 집니까?
- 바람이 불 때 주로 어떻게 입습니까?
- 최근에 당신의 도시에 언제 바람이 불었습니까? 당신은 무엇을 했습니까? 무슨 일이 있었습니까?

눈

- 눈을 좋아합니까? 왜죠?
- 눈이 올 때 무엇을 하곤 합니까?
- 당신 도시에 자주 눈이 옵니까? 언제? 많이 옵니까? 조금 옵니까?
- 눈이 오는 날을 선호합니까? 맑은 날을 선호합니까?
- 눈이 올 때 어떻게 입습니까?
- 최근에 당신의 도시에 언제 눈이 오는 것을 봤습니까? 무엇을 했습니까?

좋은 날 또는 나쁜 날

- 당신에게 좋은 날씨는 무엇입니까? 당신에게 나쁜 날씨는 무엇입니까?
- 날씨가 좋을 때 무엇을 합니까? 날씨가 나쁠 때 무엇을 합니까? 어디에 갑니까?
- 당신 나라에서 무슨 계절에 날씨가 나쁩니까? 무슨 계절에 날씨가 좋습니까?
- 날씨가 나쁠 때 어떻게 입습니까? 날씨가 좋을 때는?
- 최근 당신 도시에서 언제 날씨가 나빴습니까? 언제 날씨가 좋았습니까? 각 경우에는 무엇을 했습니까?

지시사항

당신은 3~4분 동안 면접관 앞에서 책에 대해 이야기해야 한다. 제시된 것들 중 하나를 선택하시오.

소설

- 소설을 읽는 것을 좋아합니까? 왜요?
- 어디에서 소설을 읽곤 합니까? 언제 읽습니까? 소설 한 권을 읽는 데 얼마나 걸립니까?
- 선호하는 소설은 무엇입니까? 작가는 누구입니까? 그 소설은 무슨 이야기를 다룹니까?
- 언젠가 당신께 소설을 선물했습니까? 무슨 소설? 누가 선물 했습니까?
- 당신은 언젠가 소설을 선물했습니까? 무슨 소설? 왜 선물했습니까?
- 최근에 읽은 소설이 무엇입니까? 마음에 들었습니까? 왜요?

시

- 시를 좋아합니까? 왜죠?
- 많은 시집들을 읽었습니까? 일 년에 몇 권의 시집을 읽습니까?
- 어떤 작가들을 좋아합니까? 어느 나라 출신입니까? 시는 무슨 언어로 읽습니까?
- 가장 좋아하는 시집이 무엇입니까? 자주 읽습니까?
- 시를 지은 적이 있습니까? 언제? 왜죠?
- 당신은 언젠가 시집을 선물한 적이 있습니까? 무슨 시집? 누구에게? 왜요?
- 최근 읽은 시집이 무엇입니까? 좋았습니까? 왜요?

책

전기

- 전기를 읽는 것을 좋아합니까? 왜요?
- 어떤 사람에 대한 전기를 읽곤 합니까?
- 읽은 전기 중에서 가장 마음에 들었던 전기는 무엇입니까?
- 전기를 읽는 것을 선호합니까? 소설을 선호합니까? 왜죠?
- 무슨 전기를 읽을 생각입니까? 왜죠?
- 전기에 대해서 더 관심이 있는 것은 무엇입니까?
- 최근에 읽은 전기가 무엇입니까?

이야기

- 이야기책 읽는 것을 좋아합니까? 왜요?
- 이야기책을 읽습니까? 가장 좋아하는 이야기 작가는 누구입니까? 가장 좋아하는 이야기책의 종류가 무엇입니까?
- 어렸을 때 당신에게 이야기책을 읽어 주었습니까? 누가? 언제?
- 이야기책을 쓴 적이 있습니까? 언제? 어떤 주제였습니까?
- 가장 선호하는 이야기가 무엇입니까? 누가 썼습니까? 어떤 주제입니까?
- 최근에 읽으신 이야기가 무엇입니까? 어떤 주제입니까?

여행기

- 여행기를 좋아합니까? 왜죠?
- 얼마나 자주 여행기를 읽습니까?
- 선호하는 여행기가 무엇입니까? 왜죠?
- 읽을 예정인 여행기가 무엇입니까? 어느 나라에 대한 것? 왜죠?
- 어떤 나라에 대한 여행기를 읽은 다음에 그 나라에 여행을 합니까?
- 최근에 읽은 여행기가 무엇입니까? 어느 나라에 대한 것? 누가 썼습니까?

이미지 묘사

지시사항

이미지를 묘사하시오: 장소, 사람, 사물과 활동.

사람의 외모(신체적 특징)에 대해서, 사람이 입고 있는 옷이나 지니고 있는 사물에 대해서 이야기해야 한다.

당신은 2~3분 동안 이야기해야 한다.

회화

면접관이랑 대화

지시사항

당신은 과일 시장에 있는 상황을 상상해야 한다. 과일 장수랑 이야기하고 판매하고 있는 과일의 가격을 문의해야 한다. 면접관은 과일 장수이다.

대화의 모델

1. 시작

면접관: 인사
– 안녕하십니까?

응시자: 인사
– 안녕하십니까?

면접관: 첫 번째 질문
– 무엇을 드릴까요?

응시자:
– 저는 과일을 사고 싶어요.

2. 전개 과정

면접관: 정보
– 좋아요. 무슨 과일이요?

응시자:
– 사과가 있나요? 3킬로를 주세요.

면접관:
– 여기 있습니다. 다른 것을 드릴까요?

응시자:
– 네, 오렌지... / 아니요. 다 됐습니다.

면접관: 조건
– 여기 있습니다.

응시자:
– 감사합니다. 얼마예요?

면접관:
– 3 / 5유로입니다.

응시자:
– 카드 돼요?

면접관:
– 예, 돼요. 여기 사인 좀 해 주세요.

응시자:
– 알겠습니다.

3. 작별과 종결

면접관:
– 감사합니다. 또 오세요. 안녕히 가세요.

응시자:
– 안녕히 계세요.

회화

면접관이랑 이야기

지시사항

당신은 당신의 카드에 나타난 정보에 따라서 3~4분 동안 면접관이랑 이야기해야 한다.

A카드: 면접관

당신은 친구랑 같이 회화 전시회를 방문하기로 하였다. 당신의 친구는 고전 회화전에 가자고 제안하지만, 당신은 현대 회화전을 선호한다.

해야 하는 것:

1. 친구에게 당신이 현대 회화전을 방문하고 싶다고 이야기하기.

2. 왜 현대회화를 선호 하는지 설명하기.

현대회화 – 활동적이다. – 기쁘고 진한 색깔이 있다. – 흥미롭다. 이해할 줄 알아야 한다.	고전회화 – 재미없다. – 색깔이 어둡다. – 성인들만 좋아한다.

3. 친구랑 타협에 도달하기.

B카드: 응시자

당신은 친구랑 같이 회화 전시회를 방문하기로 하였다. 당신의 친구는 현대 회화전을 선호하지만, 당신은 고전 회화전을 선호한다.

해야 하는 것:

1. 친구에게 당신이 고전 회화전을 방문하고 싶다고 이야기하기.

2. 왜 고전 회화전을 선호하는지 설명하기.

고전회화 – 모든 시대의 주제들. – 보는 것은 이해된다. – 완벽한 작품이 있다.	현대회화 – 쉽게 이해되지 않는다. – 누구라도 만들 수 있다. – 주제가 없다.

3. 친구랑 타협에 도달하기.

독해

⏳ 시작시간: _____ : _____

지시사항

7개의 문장과 글 10개를 읽고, 각 문장(1~7)에 알맞은 글(A~J)을 선택하시오.

예시가 포함된 글 11개가 있다. 7개를 선택하시오.

선택한 보기를 답안지에 표기하시오.

예시:

글K

콘서트가 시작했으면 홀에 출입 금지

정답은 **K**이다.

A B C D E F G H I J K

0. ☐ ☐ ☐ ☐ ☐ ☐ ☐ ☐ ☐ ☐ ■

	문장	글
0.	시간을 엄수해야 된다.	K
1.	아이들에게 위험하다.	E
2.	어떤 장소에서는 하면 안 된다.	J
3.	주말에 시간표가 다르다.	G
4.	구직을 하고 있다면.	B
5.	어떤 사물 반입 금지.	A
6.	현금으로 지불해야 된다.	D
7.	거기서 거주할 수 있다.	C

글A

입구의 가구옆에
우산을 놓으세요.

글B

행정 보조직을 위해
이력서를 우편으로
보내세요.

글C

상태가 좋은
가구가 비치된
아파트 임대 중

글D

신용카드나 수표가
안 됩니다.
죄송합니다.

글E

이 상품은 의약품 입니다.
아이들의 손이
닿지 않는 곳에 놓으세요.

글F

메르까보나(Mercabona) 카드,
완전 신용 카드.
매일 쇼핑비를 지불하기 위해
가장 쉽고 편리하고 안전한 방법.

글G

저희들은 매주 월요일부터 금요일까지,
8시부터 23시까지 영업합니다.
매주 토요일은 10시부터 20시까지.
매주 일요일은 10시부터 15시까지.

글H

노트북을 찾으세요?
저희들은 당신이 찾는 것이 있습니다:
18개월 동안 지불할 수 있고, 이자없이
저렴한 값으로
매월: 16,61유로

글I

매주 저희 잡지를 받으시려면
여기에 이메일 주소를 입력하세요.

글J

고야(Goya)의 그림들이 전시되는
홀에서는
사진 촬영 금지

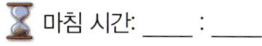

독해

⏳ 시작시간: _____ : _____

지시사항

메르체(Merche)가 교육 센터에 쓴 이메일을 읽고, 그다음 질문(8~12)에 응답하시오. 정답(A, B 또는 C)을 선택하고, 선택한 보기를 답안지에 표기하시오.

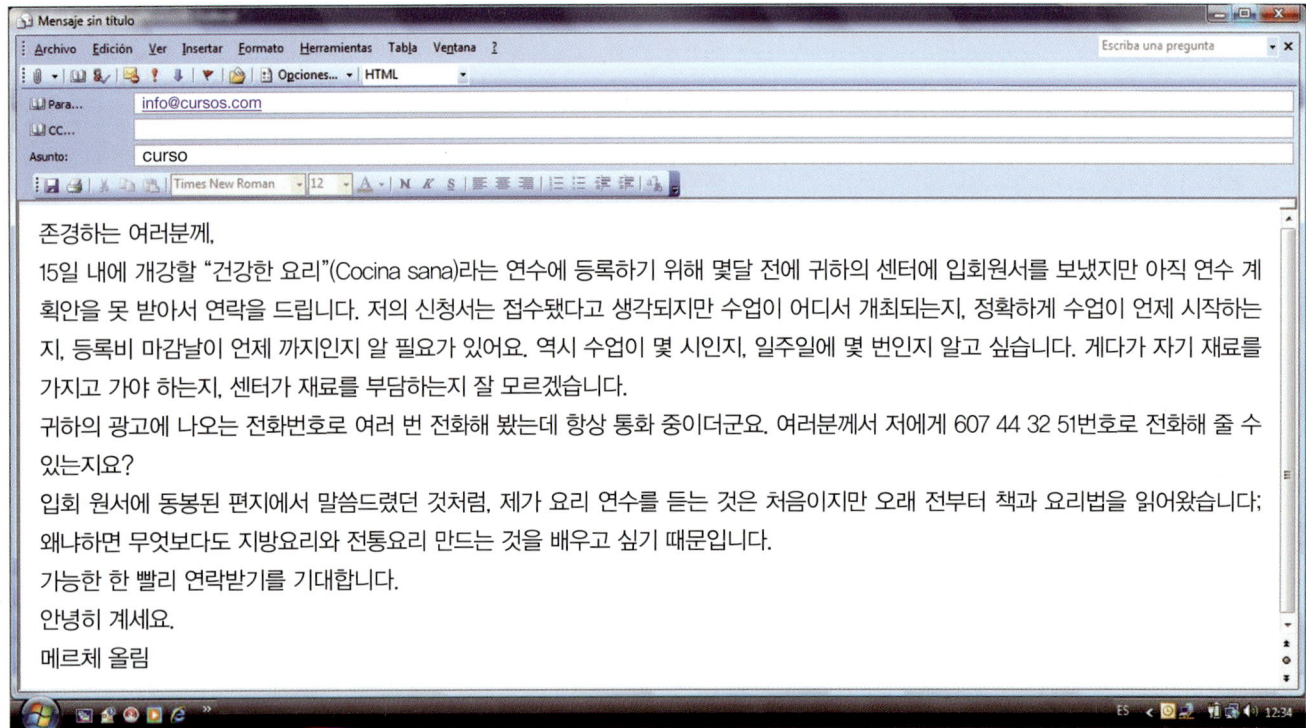

질문

8. 메르체는 … 위해 이 이메일을 쓴다.
   - A) 요리법을 부탁하기
   - B) 연수에 등록하기
   - ✓C) 연수의 날짜들을 알기

9. 이 이메일에 의하면, 메르체는 …
   - ✓A) 등록비를 아직 내지 않았다.
   - B) 센터의 주소를 모른다.
   - C) 요리에 대해서 전혀 모른다.

10. 정보를 받기 위해서 메르체는 … 제안한다.
    - A) 이 이메일의 답장을 보내라고
    - ✓B) 전화하라고
    - C) 편지를 보내라고

11. 연수를 듣기 전에, 메르체는 …
    - A) 다른 연수를 들어 본 적이 있다.
    - B) 요리법을 수집해 본 적이 있다.
    - ✓C) 요리책을 읽어 본 적이 있다.

12. 이 글에 의하면, …
    - A) 메르체가 보낸 신청서가 접수됐다.
    - ✓B) 이 연수가 2주 내에 시작할 거다.
    - C) 연수생이 재료를 가지고 가야 한다.

⏳ 마침 시간: _____ : _____

독해

⏳ 시작시간: _____ : _____

지시사항

6개의 광고를 읽고, 그다음 질문(13~18)에 응답하시오. 정답(A, B 또는 C)을 선택하고, 선택한 보기를 답안지에 표기하시오.

예시:

글0

> 집에서 나갈 필요 없이, 고급 전문 교육 에페에페에페(FFF)로 공부하시고 고급 비서 전문가 학위를 받으세요;

0. 이 광고에서는 …

    A) 한 회사를 위해 비서를 구하고 있다.

    B) 여러 도시에서 직장을 제공한다.

    C) 집에서 공부를 제안한다.

정답은 **C**이다.

    A   B   C

0. ☐ ☐ ■

글1

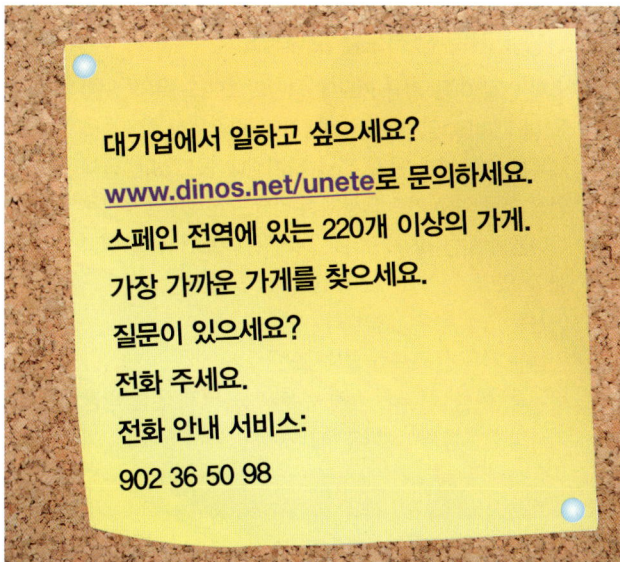

글2

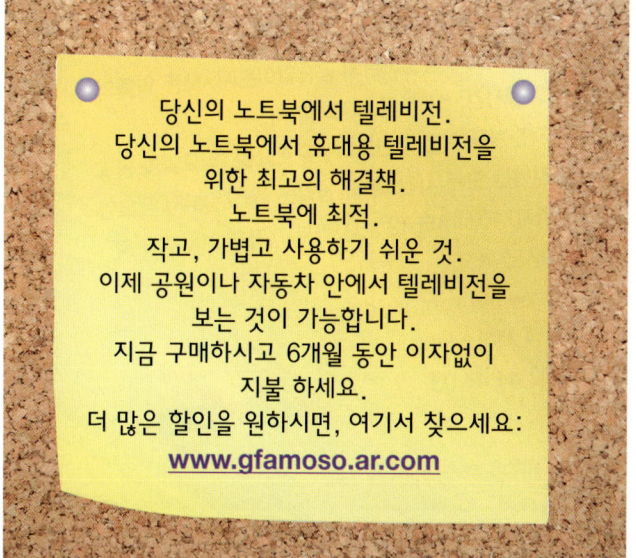

13. 디노스(Dinos) 체인은 …

   ✓A) 직원들을 더 채용하고 싶어한다.

   B) 여러 국가에 가게가 있다.

   C) 전화로 자기 상품에 대해서 안내한다.

14. 이 광고로는 …

   A) 구매한 일 년 반 후에 지불을 한다.

   B) 텔레비전을 보기 위해 인터넷에 연결해야 한다.

   ✓C) 여러 곳에서 텔레비전을 볼 수 있다.

글3

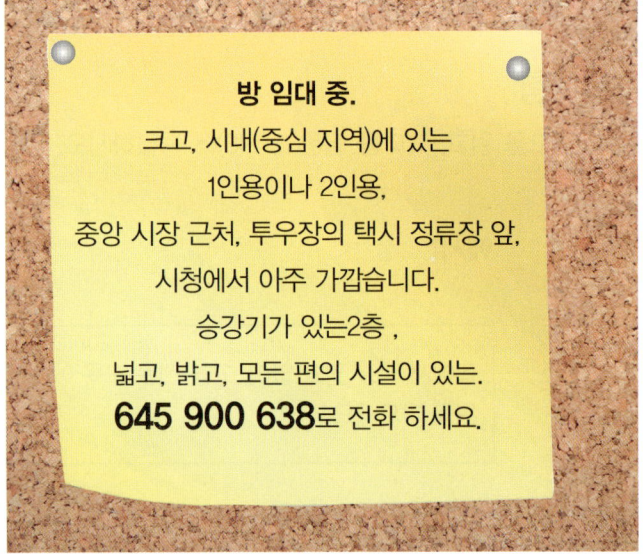

기타.

전자 기타나 음향 기타나 클래식 기타 수업.
재미있고, 빠르고, 간단한 방법으로
기타를 배우세요.
온갖 스타일.
음악 가르치는 것에 3년의 경력이 있습니다.
수업당 10유로.
699 85 20 74. 후안마(Juanma)

15. 이 광고에 의하면 …
    A) 수업이 수년 걸린다.
    ✓B) 한 악기 연주 하는것을 배운다.
    C) 강사가 대학교에서 공부했다.

글4

방 임대 중.

크고, 시내(중심 지역)에 있는
1인용이나 2인용,
중앙 시장 근처, 투우장의 택시 정류장 앞,
시청에서 아주 가깝습니다.
승강기가 있는2층 ,
넓고, 밝고, 모든 편의 시설이 있는.
645 900 638로 전화 하세요.

16. 이 광고의 방은 …
    ✓A) 한 사람이나 두 사람에게 임대한다.
    B) 제일 높은 층에 있다.
    C) 시장에 면한다.

글5

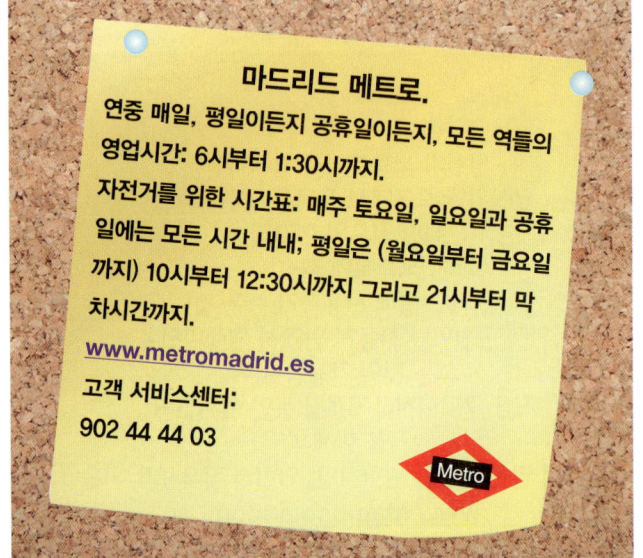

마드리드 메트로.
연중 매일, 평일이든지 공휴일이든지, 모든 역들의
영업시간: 6시부터 1:30시까지.
자전거를 위한 시간표: 매주 토요일, 일요일과 공휴
일에는 모든 시간 내내; 평일은 (월요일부터 금요일
까지) 10시부터 12:30시까지 그리고 21시부터 막
차시간까지.
www.metromadrid.es
고객 서비스센터:
902 44 44 03

17. 마드리드 메트로는 …
    A) 어떤 역은 오전 10시에 영업시간이 시작한다.
    ✓B) 매일 자전거를 탈 수 있다.
    C) 공휴일 오후 9시에 끝난다.

글6

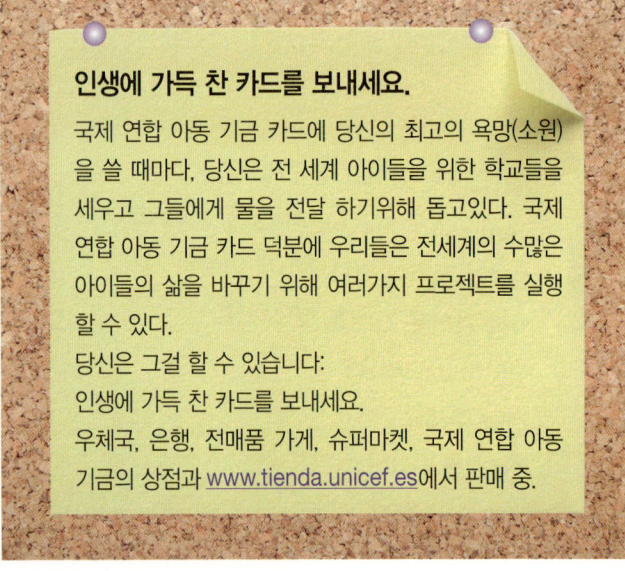

인생에 가득 찬 카드를 보내세요.
국제 연합 아동 기금 카드에 당신의 최고의 욕망(소원)
을 쓸 때마다, 당신은 전 세계 아이들을 위한 학교들을
세우고 그들에게 물을 전달 하기위해 돕고있다. 국제
연합 아동 기금 카드 덕분에 우리들은 전세계의 수많은
아이들의 삶을 바꾸기 위해 여러가지 프로젝트를 실행
할 수 있다.
당신은 그걸 할 수 있습니다:
인생에 가득 찬 카드를 보내세요.
우체국, 은행, 전매품 가게, 슈퍼마켓, 국제 연합 아동
기금의 상점과 www.tienda.unicef.es에서 판매 중.

18. 국제 연합 아동 기금 카드는 …
    A) 문화원에서 구매할 수 있다.
    ✓B) 타국 아이들이 공부를 할 수 있게 돕는다.
    C) 여러가지 언어로 쓰여 있다.

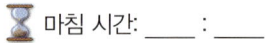 마침 시간: ____ : ____

⏳ 시작시간: ____ : ____

지시사항

스페인 축제에 대한 문장 7개와 글 10개를 읽고, 각 문장(19~24)에 알맞은 글(A~J)을 선택하시오.

예문이 포함된 글 10개가 있습니다. 6개를 선택하시오.

선택한 보기를 답안지에 표기하시오.

예시:

0. 유명한 작가는 그것들을 좋아했다.

정답은 **A**이다.

	A	B	C	D	E	F	G	H	I	J
0.	■	☐	☐	☐	☐	☐	☐	☐	☐	☐

	문장	글
0.	유명한 작가는 그것들을 좋아했다.	A
19.	시골의 생산물이 필요하다.	C
20.	바다 근처에 어떤 동물이 뛰어간다.	E
21.	여러 지역에서 실시한다.	H
22.	그들은 전통 옷을 입는다.	G
23.	물 안에서 거행한다.	B
24.	다른 시기의 상품을 구입하면 된다.	D

스페인 축제

A. 로스 산페르미네스(Los Sanfermines)
7월 7일에 빰쁠로나(Pamplona)는 그 도시의 유명한 산페르미네스 개최와 더불어 국제적인 축제의 도시로 변한다. 황소 가두는 일은 에니스트 헤밍웨이 미국작가가 좋아했다.

B. 데스센소 델 세야(Descenso del Sella)
세야 강에서 거행되는 카누 경기는 스페인에서 가장 재미있는 축제 중 하나를 즐기길 원하는 수많은 사람들을 위한 최적의 이유이다.

C. 라 또마띠나(La Tomatina)
수많은 사람들이 토마토 수천 개를 서로 던지는 큰 전투. 1945년부터 이 축제는 8월 29일 발렌시아(Valencia) 주 부뇰(Buñol)이란 마을에서 거행된다.

D. 페이라 프란까(Feira Franca)
매년 9월 첫번째 주말은 뽄떼베드라(Pontevedra)라는 중세시대에 방문객을 데려 갈 수 있는 타임머신으로 변환된다. 시장, 게임과 전시회는 갈리시아(Galicia) 도시를 가득 채운다.

E. 산루까르(Sanlúcar) 말 달리기
이곳의 해변들의 멋진 장면과 더불어, 산루까르 데 바라메다 에서 스페인의 가장 오래된 말 달리기가 거행된다.

F. 라 메르세(La Mercè)
9월 24일 경에, 라 메르세는 매년 에스뜨레야 담(Estrella Damm)이란 옛날 맥주 공장에서 매년 거행되는 중요한 음악 축제로서, 유쾌한 놀람으로 가득찬 문화 공연이다.

G. 라 베르베나 데 라 빨로마(La Verbena de la Paloma)
매년 8월 15일에 거행된다. 마드리드 사람들은 주로 전통 옷을 입는다. 이 때는 이 축제의 전통 음악으로 춤을 추고 많은 곳에서 마드리드의 가장 전통적인 사탕인 츄로가 판매된다.

H. 모로(Moro)와 기독교인 축제
여러 도시와 마을에서 거행되고, 이 축제는 스페인 전역에서 가장 전통적인 축제 중 하나이고, 음악은 항상 이 축제와 함께해 왔다.

I. 성 주간
거리에 나가는 행렬로 거행됩니다. 행렬마다 사람들은 종교적 형상을 들고 거리로 나가곤 한다. 이것은 봄이 시작하는 특별한 때입니다.

J. 까디스(Cádiz) 사순절
이 사순절 축제는 까디스 사람들이 가장 기다리는 축제라 수개월 동안 준비해 왔던 민속 의상으로 위장(가장)하는 년중 기다리는 축제. 10일 동안 모든 도시는 축제장이지만, 특히, 역사적 주택가가 있는 곳들은 더욱 그렇다.

(출처: "파티 하자!"("Let's fiesta!").
바빌론 잡지(Babylon Magazine). 9번.
2009년 7월~8월. 30쪽).

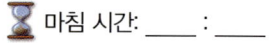 마침 시간: ____ : ____

⏳ 시작시간: ____ : ____

지시사항

니에베스 페르난데스(Nieves Fernández) 예술 사학가의 전기를 읽고, 그다음 질문(25~30)에 응답하시오. 정답(A, B 또는 C)을 선택하고, 선택한 보기를 답안지에 표기하시오.

안또니오 따삐에스(Antonio Tàpies) 까딸루냐 화가는 자기 생애의 가장 좋은 조언을 그녀에게 해 줬다. 니에베스 페르난데스가 자기 예술관을 개관하고 싶어했을 때 그는 그녀에게 따라야 할 길을 가르쳐 줬다. 니에베스 페르난데스(산 세바스띠안(San Sebastián) 출신, 1946년 출생)는 그녀가 가장 좋아 하는 것(예술품을 수집하는 것과 그것들을 보여주는 것) 을 하면서 막 30주년 된 것을 기억한다. 경영학을 공부했고, 초봉을 안또니오 따삐에스 화가의 그림을 (사려고) 다 썼던 예쁘고 소심한 바스크 아가씨는 지금 예술계에 자기의 입지와 이름이 알려진 여자다.

사반세기 동안 조각가 에두아르도 치이다(Eduardo Chillida), 화가 빨란수엘로(Palanzuelo), 에끼뽀 끄로니까(Equipo Crónica)처럼 위대한 현대 예술가들은 그녀의 마드리드 예술관을 들렀고, 유난히 키가 크고 날씬하고 갈색 피부인 이 여성은 가우디(Gaudí), 몬드리안(Mondrian)과 레 꼬부시에(Le Corbusier)가 묘사한 것들 중에 나오던 카탈로그로 예술과 건축학에 대한 *아르낄렉뚜라(Arquilectura)*란 책 한 벌로 예르바 데 무르시아(Yerba de Murcia) 예술관/책가게에서 시작했을 때와 똑같은 희망을 가지고 있었다.

요즘 기념기간 이라서 그녀가 가장 선호했던 주제를 보여준 타이틀을 가진 전시회를 주최했던 시절들을 기억한다: "저항 박물관"(Museo de la Resistencia), "살바도르 아옌데"(Salvador Allende) 또는 "쿠바, 그 나라의 영화, 책, 간판"(Cuba, su cine, libros y carteles).

80년대 초에, 루시오 무뇨스(Lucio Muñoz) 화가는 그녀에게 재무부 장관인 프란시스꼬 페르난데스 오르도녜스(Francisco Fernández Ordóñez)를 소개했고 장관이 그녀에게 반꼬 엑스떼리오르(Banco Exterior)에서 전시회를 주최하라고 요구했다. 그때 그녀는, 피카소의 친구이자, 프랑스에서 추방되고, 작품 양이 적어서, 스페인에서 거의 무명이던 예술가, 루이스 페르난데스(Luis Fernández) (오비에도 (Oviedo) 1900 – 파리 1973)를 처음 만났다. 니에베스는 그 예술가의 예술품을 찾았고 다양한 그림을 스페인으로 가지고 왔다. 전시회는 성공이었다. 그녀는 그때 콜롬비아 회화에 대한 전시회 목록을 위해 글을 썼던 가브리엘 가르시아 마르케스 작가의 부탁을 기억한다. 노벨상 작가는 노란색을 매우 좋아해서 그녀에게 곳곳에 노란색 장미를 놓으라고 부탁했다.

그녀는 뗄레포니까(Telefónica)의 예술 컬렉션을 위해서 일을 했고 외국 예술관에 있던 후안 그리스(Juan Gris)와 다른 스페인 연예인들의 예술품들을 샀다. 전세계에 있던 가장 좋은 스페인 예술품을 찾기 위해 자주 마드리드에서 파리로 여행을 했다.

그녀는 평생 에두아르도 치이다 조각가와 아주 친한 관계를 유지했고, 온갖 이야기와 일화로 유명하다. 그녀는 이제 미래의 그녀의 예술관을 지도할 사람들을 교육하고 있다. "예술 시장에 종사하려고 공부한 딸 3명이 있어요. 예술가들은 그녀들이 성장하는 것을 봤기 때문에 그녀들(딸들)의 일을 믿어요. 고객들에게 젊은 예술가들의 예술품을 선물하는 것을 좋아하는 수집가들이 많아서 스페인 예술이 전 세계에서 잘 알려져 있어요."라고 한다.

(출처: "니에베스의 해"("Año de Nieves").
엘 빠이스 세마날(*El País Semanal*). 1601번.
2007년 6월 3일. 27~30쪽)

⏳ 마침 시간: ____ : ____

질문

25. 이 글은 … 대한다.
    A) 한 예술가의 전 세계 여행들을
    B) 유명한 바스크 화가의 예술품을
    ✓C) 예술품 판매상의 직업적 삶을

26. 니에베스는 … 태어났다.
    A) 무르시아 주에서
    ✓B) 바스크 주에서
    C) 마드리드 주에서

27. 이 글에 의하면, …
    A) 수집가들이 젊은이들을 잘 모른다.
    B) 니에베스는 막 30살이다.
    ✓C) 가르시아 마르케스 작가가 노란색을 아주 좋아한다.

28. 니에베스는 … 친구였다.
    A) 한 작가의
    ✓B) 한 조각가의
    C) 한 건축가의

29. 니에베스는 … 전부터 예술계에 종사해 왔다.
    A) 반세기
    ✓B) 30년
    C) 20년

30. 니에베스는 … 프란시스꼬 페르난데스를 만났다.
    ✓A) 루시오 무뇨스 화가 덕분에
    B) 장관이 소개해 줘서
    C) 전시회를 주최하다가

⏳ 시작시간: _____ : _____

지시사항

당신은 7개의 라디오 광고를 듣게 될 것이다. 광고들은 두 번 반복된다. 각 광고에 대한 질문에 알맞은 응답(A, B 또는 C)을 선택하시오.

선택한 보기를 답안지에 표기하시오.

이어서 한 예를 듣게 될 것이다:

0. 이 광고는 … 젊은 자식들을 위한 것이다.

   A) 자기 부모님의 집에서 쫓겨난

   B) 계속 거주하려고 부모님의 집에서 머물고 싶어하는

   C) 저녁식사를 하러 부모님의 집에 자주 가는

정답은 **C**이다.

A B C
0. ☐ ☐ ■

1. "인생의 이유"(Las razones de la vida)에서는 … 이야기를 한다.

   A) 어떤 질병의 원인

   B) 병에 걸린 여자를 치료하는 사랑

   ✓C) 병에 걸린 의사의 인생

2. 기차는 … 위한 가장 좋은 교통 수단이다.

   A) 카페테리아를 즐기기

   ✓B) 아이들이랑 같이 여행하기

   C) 정보를 얻기

3. 이 광고에서는 … 판매된다.

   A) 까까벨로스(Cacabelos) 종합운동장에 있을 콘서트의 입장권이

   B) 아우구스또 에르미따스(Augusto Ermitas)의 인생에 대한 동영상이

   ✓C) 아우구스또 에르미따스의 금년 마지막 콘서트의 녹음이

4. 비다 사나(Vida Sana)는 …

   A) 동물성 지방이 포함되어 있다.

   B) 젊은이들을 위한 상품이다.

   ✓C) 약국에서 판매된다.

5. 일기예보에 따르면, 카나리아 제도에서 …

   ✓A) 밤에 비가 올 거다.

   B) 바람이 강할 거다.

   C) 폭풍우가 발생할 거다.

6. 이뻬르쁘레시오(Hiperprecio) 상점에서는 … 제공된다.

   A) 약 350개 상품들의 가장 낮은 가격이

   B) 1,000개 이상의 항목에 대한 할인이

   ✓C) 어떤 식품은 25% 할인이

7. 세르히오 에스까롤라(Sergio Escarola)의 식당에서는 … 특징이다.

   A) 요리의 다양성이

   ✓B) 좋은 와인 선택이

   C) 풍치있게 꾸며져 있는 공간이

⏳ 마침 시간: _____ : _____

⏳ 시작시간: _____ : _____

지시사항

당신은 라디오의 뉴스 프로그램을 들을 것이다. 프로그램을 두 번 듣고, 각 질문에 알맞은 응답(A, B 또는 C)을 선택하시오. 선택한 보기를 답안지에 표기하시오.

질문을 읽기 위해 35초가 주어진다.

질문

8. 들은 뉴스 프로그램이 … 성격을 띠고있다.

     A) 국제적

     B) 국내적

  ✓C) 지역적

9. 건강센터는 …

     A) 오늘 아침에 개관됐다.

  ✓B) 곧 건축될 것이다.

     C) 아동 학교에 있다.

10. 여름 학교(Escuela de Verano) 아이들은 …

     A) 박물관을 방문했다.

     B) 그들의 그림을 거리에서 그렸다.

  ✓C) 예술품으로 놀았다.

11. 정보와 소통 센터에서는 …

     A) 구직을 할 수 있다.

  ✓B) 인터넷을 하는 것이 무료다.

     C) 연수를 했다.

12. 미니 축구 대회의 결선에는 …

  ✓A) 우베다의 오락센터(Recreativo de Úbeda)에 참가했다.

     B) 2,000명 이상의 관객이 있었다.

     C) 팀은 득점을 하지 못했다.

13. 기상 통보는 … 방송된다.

     A) 광고 전에

  ✓B) 광고 후에

     C) 뉴스 프로그램 후에

⏳ 마침 시간: _____ : _____

⧗ 시작시간: _____ : _____

지시사항

당신은 7개의 메시지를 듣게 될 것이다. 각 메시지는 두 번 반복된다. 각 메시지(14~19)에 알맞은 문장(A~J)을 선택하시오. 예시가 포함된 문장 10개가 있다. 6개를 선택하시오.

선택한 보기를 답안지에 표기하시오.

이제 예를 들어 보시오:

메시지 0.

정답은 **D**이다.

```
       A    B    C    D    E    F    G    H    I    J
  0.   □    □    □    ■    □    □    □    □    □    □
```

이제 문장들을 읽기 위해서 25초가 주어진다.

문장들	
A.	자동차를 주차하기 위해서.
B.	집을 꾸미는 것을 가르친다.
C.	신입생들이 절반을 지불한다.
D.	일자리를 제공한다.
E.	일 년 내내 독서.
F.	금년 크리스마스 때에 선물을 하기 위해서.
G.	살사와 탱고를 배우기 위해서.
H.	친구들이랑 같이 저녁식사를 하러 나가기 위해서.
I.	연수는 공짜다.
J.	아무것도 구매할 필요 없다.

메시지들		문장들
	메시지 0	**D**
14.	메시지 1	F
15.	메시지 2	J
16.	메시지 3	A
17.	메시지 4	E
18.	메시지 5	G
19.	메시지 6	C

⧗ 마침 시간: _____ : _____

시험 5

⏳ 시작시간: ____ : ____

지시사항

당신은 경찰과 도둑 맞은 사람 간의 전화통화를 들을 것이다. 대화를 두 번 듣고, 각 질문(20~25)에 알맞은 응답(A, B 또는 C)을 선택하시오.

선택한 보기를 답안지에 표기하시오.

질문

20. 살바도르 리나레스(Salvador Linares)는 … 도둑맞았다.

A)    ✔B)    C)

21. 도둑은 …

   A) 키가 크고 피부가 갈색이다.

   B) 긴 머리이다.

   ✔C) 수염이 있다.

22. 도둑을 맞았을 때, 살바도르 라니레스는 …

   A) 담배를 피우고 있었다.

   B) 전화를 하고 있었다.

   ✔C) 혼자 있었다.

23. 경찰서는 … 있다.

   A) 데 라 꼰스띠뚜시온(de la Constitución) 광장에

   ✔B) 박물관 근처에

   C) 미겔 안헬(Miguel Ángel) 거리 뒤에

24. 전화를 한 다음에, 살바도르 리나레스는 … 간다.

   ✔A) 직장에

   B) 경찰서에

   C) 그의 친구들을 만나러

25. 경찰서는…

   A) 델 따바꼬(del Tabaco) 거리에 있다.

   ✔B) 정오에 열려있다.

   C) 도둑질의 사진들이 있다.

⏳ 마침 시간: ____ : ____

⏳ 시작시간: ____ : ____

지시사항

당신은 쇼핑 이야기를 하는 마누엘(Manuel)과 엘비라(Elvira)라는 두 사람 간의 대화를 들을 것이다. 대화를 두 번씩 듣고, 각 문장(26~30)에 알맞은 이미지(A~H)를 선택하시오.

이미지가 8개 있다. 5개를 선택하시오.

선택한 보기를 답안지에 표기하시오.

문장들		이미지들
26.	대화의 장소.	G
27.	내일 마누엘은 ~가 있다.	C
28.	엘비라는 사고 싶어한다.	A
29.	마누엘과 그의 아내는 샀다.	D
30.	이번 주 주말에 엘비라.	E

A)

B)

C)

D)

E)

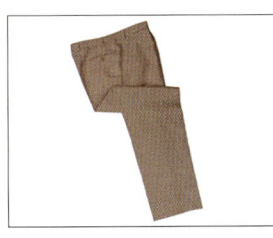

F)

G)

H)

⏳ 마침 시간: ____ : ____

작문

⏳ 시작시간: ____ : ____

지시사항

당신은 최근 본 영화에 대해 블로그에 글을 쓰길 원한다. 누구랑 같이 보았는지, 언제 보았는지, 어디에서 보았는지 이야기를 하시오. 메시지에 포함되어 있어야 하는 것은:

– 영화의 줄거리를 명시하기;

– 인물들이 어떤지 그리고 그들에게 무슨일이 벌어 졌는지 묘사하기

– 당신이 왜 영화를 좋아했는지 설명하기

단어 수: 30~40개

나의 인생

2013년 4월 12일, 화요일

멋진 영화

나의 페이스북 프로필

방문계

방문객 수

8 3 7 2

블록 파일들

● 2012 (318)
  마지막 소설
  생일
  믿을 수 없는 이야기
  취업 면접
  소풍 날
  마케팅
  아픈 사람, 집에서
  기념비
  비와 바람

Publicado por enClave-ELE en 01:33

⏳ 마침 시간: ____ : ____

작문

⏳ 시작시간: ＿＿＿ : ＿＿＿

지시사항

당신은 학업에 대한 정보를 요청한다. 대학교나 교육센터에 편지를 써 보시오.

편지에 쓰여 있어야 하는 것은:

– 무슨 공부를 했는지 설명하기

– 어떤 공부를 계속하고 싶은지 명시하기

– 숙박의 옵션(가능성)을 물어보기

첫인사와 끝인사를 잊지 마시오.

단어 수: 70~80개

신청서

존경하는 여러분께:

⏳ 마침 시간: ＿＿＿ : ＿＿＿

⌛ 시작시간: _____ : _____

지시사항

여기서는 페르난도(Fernando)가 준비한 파티의 자료와 사진들을 소개한다. 파티 이야기를 써 보시오. 당신이 써야하는 것은:

– 어디서 파티를 열었는지

– 누구랑 같이 했는지

– 무엇을 했는지, 어떻게 파티를 했는지

단어 수: 70~80개

자료

- 행사: 페르난도의 생일
- 날짜: 2013년 8월 30일
- 나이: 18세
- 장소: 엘 라톤(El Ratón) 카페

⌛ 마침 시간: _____ : _____

회화

독백

지시사항

당신은 3~4분 동안 면접관 앞에서 통신 매체에 대해 이야기해야 한다. 제시된 것들 중에서 하나를 선택하시오.

유선 전화

- 전화하기를 좋아합니까? 왜죠?
- 집에 유선 전화기가 있습니까? 어떤 방에 있습니까?
- 얼마나 자주 전화합니까? 몇 시에? 누구랑?
- 얼마나 통화 합니까? 무엇에 대해서 이야기합니까?
- 한 달에 전화비가 얼마입니까?
- 최근에 유선 전화기를 언제 사용했습니까? 누구랑 통화했습니까? 얼마 동안?

휴대전화기

- 휴대전화기가 있습니까? 필요하다고 생각합니까?
- 얼마나 자주 휴대전화를 씁니까? 누구랑 이야기합니까? 몇 시에?
- 문자메시지를 보내십니까? 휴대전화로 이메일을 읽습니까? 휴대전화로 인터넷을 합니까?
- 한 달에 휴대전화비가 얼마입니까? 특별 요금이 있습니까?
- 최근에 휴대전화를 언제 사용했습니까? 누구랑 이야기 했습니까? 무슨 이유로?
- 최근에 문자메시지를 언제 보냈습니까? 누구에게 보냈습니까? 무슨 이유로?

통신 매체

편지

- 편지를 쓰거나 받는 것을 좋아합니까? 왜요?
- 얼마나 자주 편지를 씁니까?
- 손으로 씁니까? 컴퓨터로 합니까?
- 당신 나라에서 편지를 보내는 데 얼마입니까? 도착할 때까지 얼마나 걸립니까?
- 편지 보내는 것을 선호합니까? 이메일을 쓰는 것을 선호합니까? 왜죠?
- 최근에 언제 편지를 썼습니까? 누구에게 보냈습니까? 최근에 편지를 언제 받았습니까? 누가 보냈습니까?

이메일

- 이메일을 쓰는 것을 좋아합니까? 왜죠?
- 이메일 주소가 있습니까? 언제부터 있습니까?
- 얼마나 자주 이메일을 씁니까? 어디에서 씁니까? 누구에게 메시지를 보냅니까?
- 편지를 보내는 것을 선호합니까? 이메일을 쓰는 것을 선호합니까?
- 최근 썼던 이메일 메세지는 어떤 것 입니까? 누구에게 보냈습니까? 어디에서?

채팅과 SNS

- 채팅하기를 좋아합니까? 왜요?
- SNS를 사용합니까? 왜요? 친구 몇 명이 있습니까?
- 얼마나 자주 채팅을 합니까? 누구랑 같이? 몇 시에?
- 얼마나 자주 SNS에 들어갑니까? 얼마나 자주 업데이트합니까?
- 채팅을 하실 때 특별한 이름이 있습니까? 왜 선택했습니까?
- 최근에 채팅을 언제 했습니까? 누구랑?

지시사항

당신은 3~4분 동안 면접관 앞에서 사회적 관계에 대해 이야기해야 한다. 제시된 것들 중 하나를 선택하시오.

가족
– 당신의 가족은 어떻습니까? 형제가 있습니까? 그들은 무엇을 합니까?
– 당신의 가족은 어디에 삽니까? 당신은? 가족 근처에서 삽니까?
– 자주 가족을 방문합니까? 언제? 그들이랑 같이 무엇을 하곤 합니까?
– 가족의 어떤 사람이랑 특별한 관계가 있습니까?
– 가족과 관련된 모임이나 행사가 있습니까? 무엇을 거행합니까? 언제?
– 최근에 언제 가족이랑 있었습니까? 왜요?

친구
– 친구가 많습니까?
– 자주 만납니까? 그들이랑 같이 있을 때 무엇을 합니까?
– 당신의 친구를 어떻게 처음 만났습니까? 언제? 어디에서?
– 인터넷으로 어떤 친구를 처음 만났습니까? 그룹이나 SNS에 참가합니까?
– 친구랑 어떻게 연락합니까(전화, 편지, 인터넷)? 얼마나 자주?
– 외국에 사는 친구가 있습니까? 어디에? 그 사람이 거기서 무엇을 합니까?

사회적 관계

이웃
– 이웃이 있습니까? 그들이랑 관계가 있습니까? 어떤 종류?
– 이웃의 집에 가곤 합니까? 언제? 왜요?
– 이웃을 언제 만납니까? 어디에서?
– 이웃이랑 이야기합니까? 무엇에 대해서 이야기합니까?
– 이웃이 있어서 좋은 점은 무엇입니까? 그리고 덜 좋은 것은?
– 당신과 특별한 관계가 있는 이웃이 있습니까? 왜요? 언제 처음 만났습니까?

직장 동료
– 직장동료가 있습니까? 그들이랑 관계가 있습니까? 어떤 종류?
– 직장 동료랑 하루에 몇 시간을 보냅니까? 같이 식사를 합니까?
– 그들과 직장 밖에서 만납니까? 얼마나 자주? 같이 무엇을 합니까?
– 직장 동료를 언제부터 알고 있습니까?
– 당신과 특별한 관계가 있는 직장 동료가 있습니까? 왜죠?
– 최근에 직장 밖에서 직장 동료를 언제 만났습니까?

애인
– 애인이 있습니까? 언제부터?
– 당신의 애인을 어떻게 만났습니까? 어디서? 언제?
– 애인이 어떻습니까? 어디 출신 입니까? 이 사람은 무엇을 합니까?
– 애인에 대해서 가장 좋은 점이 무엇입니까? 싫은 점은 무엇입니까?
– 애인을 언제 만납니까? 어디에서? 둘이 같이 무엇을 합니까?
– 애인의 가족은 어떻습니까? 얼마나 자주 애인의 가족을 만납니까?

이미지 묘사

지시사항

이미지를 묘사하시오: 장소, 사람, 사물과 활동.

사람의 외모(신체적 특징)에 대해서, 사람이 입고 있는 옷이나 갖고 있는 사물들에 대해 이야기해야 한다.

당신은 2~3분 동안 이야기해야 한다.

면접관이랑 대화

지시사항

당신은 어떤 질병으로(통증을 해소하기 위해) 약을 찾으려고 약국에 있다고 상상해야 한다. 직원이랑 이야기하고 필요한 약을 얻도록 도움을 부탁해야 한다. 면접관은 직원이다.

대화의 모델

1. 시작

면접관: 인사
– 안녕하십니까?

응시자: 인사
– 안녕하십니까?

면접관: 첫 번째 질문
– 무엇을 도와 드릴까요?

응시자:
– 약을 찾고 있어요.

2. 전개 과정

면접관: 정보, 증상
– 어디 아프세요?

응시자:
– 머리가 아파요. 배도 아파요.

면접관:
– 왜 아프다고 생각 하세요?

응시자:
– 잘못 자요 / 너무 추워요 / 너무 많이 먹었어요 / 감기에 걸렸어요.

면접관:
– 이 알약을 드시고 좀 더 주무시도록 노력하세요. 계속 아프면 의사에게 진찰을 받아야 해요.

응시자:
– 하루에 몇 알을 먹어야 해요?

면접관:
– 3알씩. 8시간 마다.

응시자:
– 얼마 동안?

면접관:
– 일주일 동안.

응시자:
– 알겠습니다.

3. 작별과 종결

면접관:
– 빨리 나으시길 바랍니다. 안녕히 가세요.

응시자:
– 감사합니다. 안녕히 계세요.

회화

면접관이랑 이야기

지시사항

당신은 당신의 카드에 있는 정보에 따라 3~4분 동안 면접관이랑 같이 이야기해야 한다.

A카드: 면접관

당신은 친구랑 같이 오후를 보낼 것이다. 당신의 친구는 라디오를 듣자고 제안하지만 당신은 텔레비전을 보는 것을 선호한다.

해야 하는 것:

1. 친구에게 당신이 텔레비전을 보고 싶다고 이야기하기.

2. 왜 텔레비전을 보는 것을 선호하는지 설명하기.

텔레비전 보기	**라디오 듣기**
– 화면이 보인다. – 테마별 방송이 있다. – 활동과 색깔이 있고 사람들에게 얼굴을 보여준다.	– 목소리만 들린다. – 영화가 없다. – 어떤 곳에서 잘 안 들린다.

3. 친구랑 타협에 도달하기.

B카드: 응시자

당신은 친구랑 같이 오후를 보낼 것이다. 당신의 친구는 텔레비전을 보자고 제안하지만 당신은 라디오를 듣는 것을 선호한다.

해야 하는 것:

1. 친구에게 당신이 라디오를 듣고 싶다고 이야기하기.

2. 왜 라디오를 듣는 것을 선호는지 설명하기.

라디오 듣기	**텔레비전 보기**
– 들으면서 다른 것을 할 수 있다. – 매시간 소식도 있고 주제의 다양함이 있다. – 청취자의 참가를 허용한다.	– 봐야 한다. – 광고가 많다. – 프로그램의 질이 부족하다.

3. 친구랑 타협에 도달하기.

유형 1   연습문제 120

⌛ 시작시간: _____ : _____

지시사항

7개의 문장과 10개의 글을 읽고, 각 문장(1~7)에 알맞은 글(A~J)을 선택하시오.

예시가 포함된 글 11개가 있다. 7개를 선택하시오.

선택한 보기를 답안지에 표기하시오.

예시:

글K

우선적으로 3월 3일 전까지 드시오.

정답은 **K**이다.

	A	B	C	D	E	F	G	H	I	J	K
0.	☐	☐	☐	☐	☐	☐	☐	☐	☐	☐	■

	문장	글
0.	그 날짜 전까지 마셔야 된다.	K
1.	어떤 가격부터 (지불 방법을) 선택할 수 있다.	C
2.	가장 낮은 지붕이 있다.	B
3.	다양한 일을 할 줄 안다.	J
4.	도시에 공시들이 있다.	D
5.	더 천천히 가야한다.	A
6.	더 많은 정보를 부탁하기 위해서.	F
7.	그들은 노동자 한 명이 필요하다.	G

글A

안개가 끼면
조심히 가세요.

글B

머리 조심.
최고 높이: 1.85미터.

⌛ 마침 시간: _____ : _____

글C

현금이나 카드로
지불 할 수 있다.
(8유로이상 구매시)

글D

메나초(Menacho) 거리는
교량 공사 때문에 통행 불가입니다.
에우로빠(de Europa)
큰길로 돌아 가시오.

글E

이것이 눈에 떨어지는 경우에는,
눈을 많은 물로 씻으세요.
이 상품은 먹으면 안 됩니다.
아이들의 손이 닿지 않는 곳에 보관하세요.

글F

당신이 스페인에서 개최되는 문화 교류 행사
를 알고 싶은 경우, 유럽 국가의 문화 대화의
해 담당자에게 편지를 쓰거나 공식 웹사이트
를 방문하세요.
www.dialogue2009.eu

글G

노인을 간호할
책임자 구함

글H

외부 음식 반입 금지.
이 바의 음료수만 마시면 됩니다.

글I

48시간 전에
의사의 처방없이
이 제품을 사용하지
마십시오.

글J

전지제품에 대한
온갖 지식이 있는
전기 기사 제공.

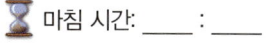

독해

⏳ 시작시간: ____ : ____

지시사항

라울(Raúl)이 뻬랄(Peral)에게 쓴 이메일을 읽고, 그다음 질문(8~12)에 응답하시오. 정답(A, B 또는 C)을 선택하시오. 선택한 보기를 답안지에 표기하시오.

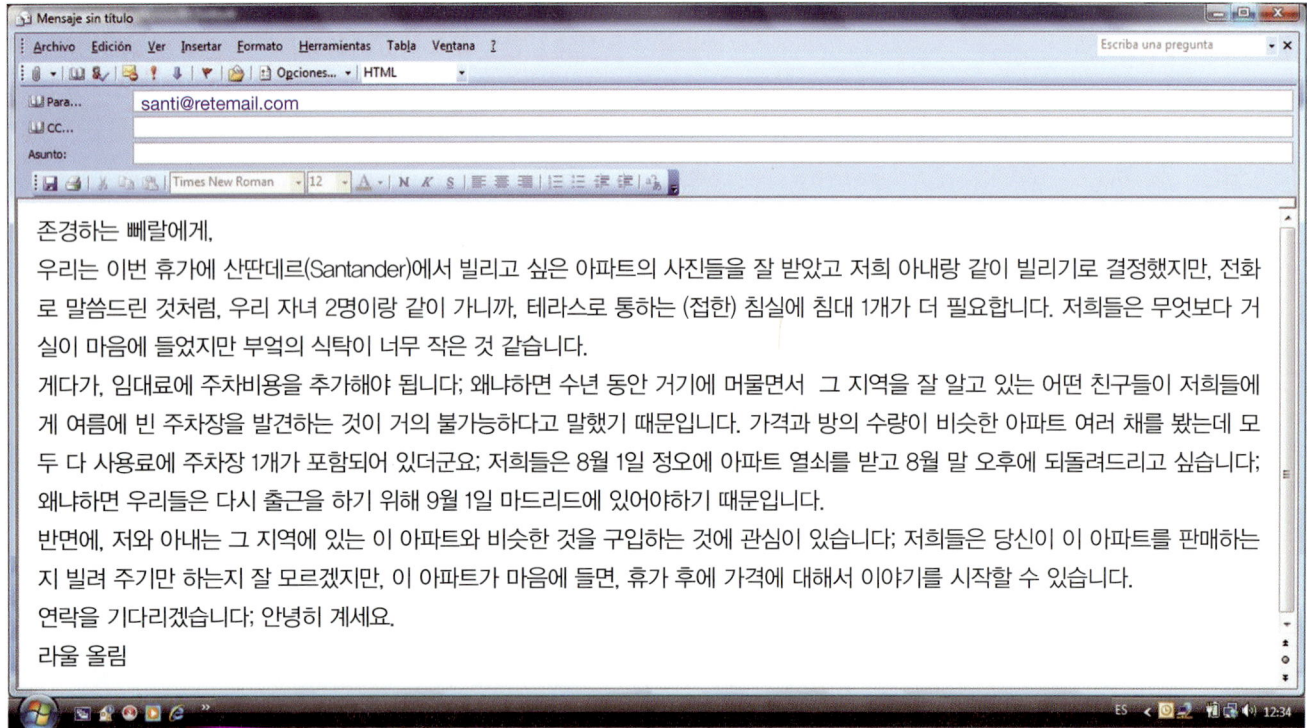

질문

8. 라울은 … 이 이메일을 쓴다.
   A) 주차장 1개를 구하기 위해서
   B) 사진을 받아서 감사하기 위해서
   ✓C) 여름에 아파트를 빌리기 위해서

9. 여름에는 산딴데르에서는 …
   ✓A) 주차하기가 매우 힘들다.
   B) 테라스에서 뭔가를 마시기가 쉽다.
   C) 교통이 많이 막힌다.

10. 라울은 …
   A) 자동차를 구입하고 싶어한다.
   ✓B) 9월에 일한다.
   C) 1일에 마드리드로 돌아간다.

11. 아파트의 방 하나는 … 필요하다.
   A) 열쇠가
   ✓B) 침대 1개가
   C) 식탁 1개가

12. 이 이메일에 의하면, 라울과 아내는 …
   A) 뻬랄에게 전화할 거다.
   B) 부엌이 너무 작다고 생각한다.
   ✓C) 산딴데르에서 아파트를 구입하고 싶어한다.

⏳ 마침 시간: ____ : ____

⏳ 시작시간: ____ : ____

지시사항

6개의 광고를 읽고, 그다음 질문(13~18)에 응답하시오. 정답(A, B 또는 C)을 선택하시오.
선택한 보기를 답안지에 표기하시오.

예시:

글0

> 여기에 다 있습니다. 모다 까스떼야나(Moda Castellana) 쇼핑몰. 패션 상품, 액세서리, 리모
> 델링, 데코레이션, 선물, 아동용 옷, 보석 및 전시회. 직접 보러 오세요: 헤네랄 뻬론(General
> Perón) 거리, 120. 지하철: 산띠아고 루시뇰(Santiago Rusiñol)역.

0. 이 쇼핑몰에는 …

   A) 목걸이와 팔찌를 구입할 수 있다.

   B) 아주 아름다운 장식이 있다.

   C) 교통 수단으로 전철을 이용할 수 있다.

정답은 **C**이다.

```
    A   B   C
0.  □   □   ■
```

글1

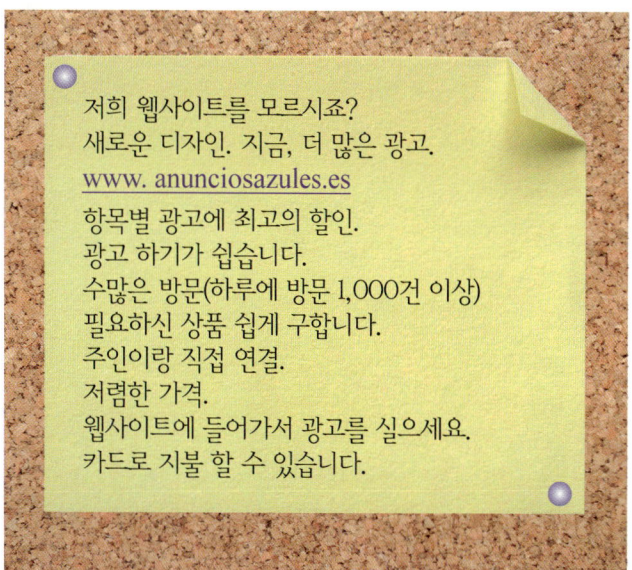

알리깐떼(Alicante)시에서는 우수한 옥상 주택이 판매됩니다; 옷장이 있는 침실 3개, 화장실 2개, 하나는 메인 침실에 있고, 가구가 비치된 부엌, 넓은 거실, 30제곱미터인 테라스, 차고와 다락방. 90제곱미터입니다. 승강기와 비디오 도어벨. 6년 전에 건설되었고 전자제품이 포함되어 있습니다. 당장 거주하러 들어가기 위해서. 260,000유로. 676 33 75 01

글2

저희 웹사이트를 모르시죠?
새로운 디자인. 지금, 더 많은 광고.
www. anunciosazules.es
항목별 광고에 최고의 할인.
광고 하기가 쉽습니다.
수많은 방문(하루에 방문 1,000건 이상)
필요하신 상품 쉽게 구합니다.
주인이랑 직접 연결.
저렴한 가격.
웹사이트에 들어가서 광고를 실으세요.
카드로 지불 할 수 있습니다.

13. 이 아파트는 … 있다.

   A) 2층에

   ✓B) 제일 높은 층에

   C) 1층에

14. 이 웹사이트에서는 …

   ✓A) 사물을 구할 수 있다.

   B) 사람을 구할 수 있다.

   C) 친구가 있을 수 있다.

글3

웍 에페이에페(Wok F&F) 레스토랑
우리들은 중국에서 만든 것처럼 음식을 만듭니다.
연중 영업합니다. 시간표: 매주 월요일부터 일요일까지
(12:30시부터 16:30시까지 그리고 20시부터 23시까지).
매주 월요일부터 금요일까지는 8유로로 점심식사.
매주 월요일부터 목요일까지는 10유로로 저녁식사.
매주 금요일 저녁부터 일요일까지와 공휴일은 12유로로.
최저 10유로 주문.
배달 가능.
데 마드리다(de Madrid) 큰길, 18.
알간다 델 레이(Arganda del Rey)

15. 택배를 할 때 음식 최저의 가격은 …
A) 점심에 8유로다.
B) 매주 토요일에 10유로다.
✓C) 10유로 이상이다.

글4

뽀꼬모꼬(Pocomoco)와 그의 친구들이랑 같
이 여러시간 동안 재미있게 놀기 위한
장소를 발견하시오.
가족과 함께 배우기 위한 웹사이트.
www.mundopocomoco.net에 들어가서.
친구들이랑 같이 배우고, 그림 그리기와 숫자
세기와 독서를 배우고, 재미있는 이야기를 배
우고, 많은 노래로 즐겁게 시간을 보내시오.
뽀꼬모꼬 세계에 오신 것을 환영합니다!
영화관, 공원, 동물원, 중앙광장과 학교가 있는
도시, 거기에서 당신의 자녀들이 재미있게 놀
면서 배울 겁니다.

16. 이 웹사이트에서는 …
A) 아이들이 학교에 간다.
✓B) 전가족이 즐길 수 있다.
C) 영화관 입장권을 선물한다.

글5

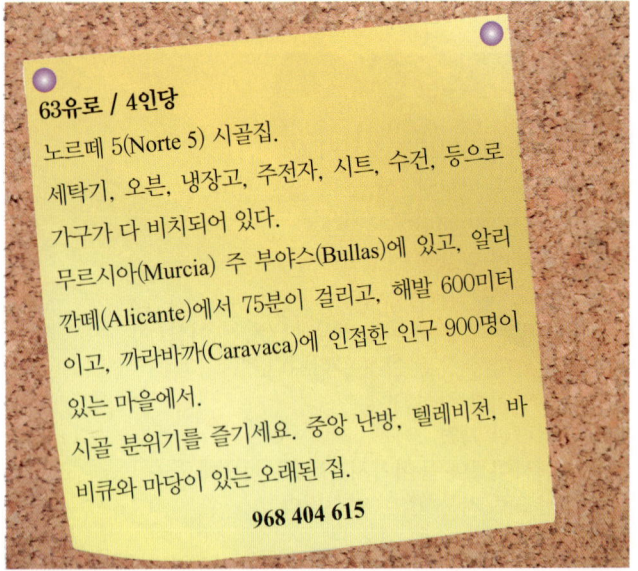

63유로 / 4인당
노르떼 5(Norte 5) 시골집.
세탁기, 오븐, 냉장고, 주전자, 시트, 수건, 등으로
가구가 다 비치되어 있다.
무르시아(Murcia) 주 부야스(Bullas)에 있고, 알리
깐떼(Alicante)에서 75분이 걸리고, 해발 600미터
이고, 까라바까(Caravaca)에 인접한 인구 900명이
있는 마을에서.
시골 분위기를 즐기세요. 중앙 난방, 텔레비전, 바
비큐와 마당이 있는 오래된 집.
968 404 615

17. 이 광고의 집은 …
A) 방 4개가 있다.
B) 가까운 마을들이 없다.
✓C) 산속에 있다.

글6

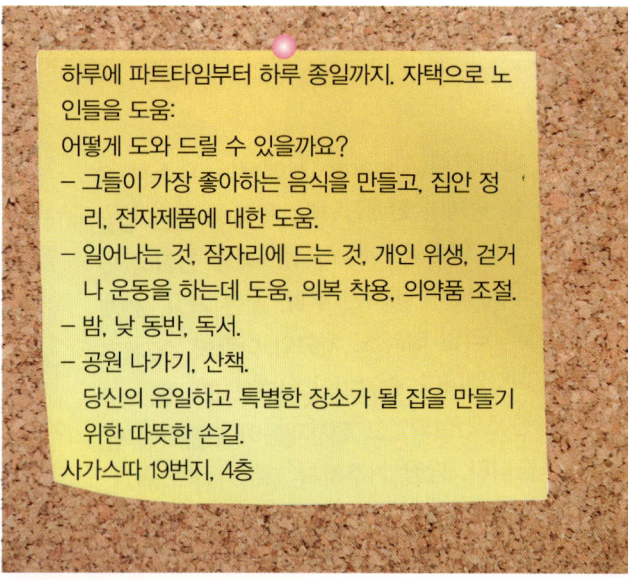

하루에 파트타임부터 하루 종일까지. 자택으로 노
인들을 도움:
어떻게 도와 드릴 수 있을까요?
- 그들이 가장 좋아하는 음식을 만들고, 집안 정
리, 전자제품에 대한 도움.
- 일어나는 것, 잠자리에 드는 것, 개인 위생, 걷거
나 운동을 하는데 도움, 의복 착용, 의약품 조절.
- 밤, 낮 동반, 독서.
- 공원 나가기, 산책.
당신의 유일하고 특별한 장소가 될 집을 만들기
위한 따뜻한 손길.
사가스따 19번지, 4층

18. 이 광고의 회사에서는 …
A) 모든 일은 집에서 한다.
✓B) 세탁기와 식기세척기를 작동한다.
C) 아무 음식을 만들지 않는다.

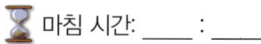 마침 시간: _____ : _____

⏳ 시작시간: _____ : _____

지시사항

7개의 문장과 신문에 게재된 10개의 별자리 운세를 읽고, 각 문장(19~24)에 알맞은 글(A~J)을 선택하시오.

예시가 포함된 글 10개가 있다. 6개를 선택하시오.

선택한 보기를 답안지에 표기하시오.

예시:

0. 이제 애인이랑 더 멀리 가야한다. (가까워져야 한다.)

정답은 **A**이다.

A	B	C	D	E	F	G	H	I	J	K
0. ■	☐	☐	☐	☐	☐	☐	☐	☐	☐	☐

	문장	글
0.	이제 애인이랑 더 멀리 가야한다. (가까워져야 한다.)	A
19.	서둘러야 한다.	E
20.	직장에서 더 잘할 것이다.	G
21.	당신의 몸 일부가 아프다.	H
22.	당신의 친구들은 당신이 필요하다.	F
23.	모든 것이 잘못 나갈 수 있다.	C
24.	긴장을 하면 안 된다.	B

별점

 A. 목양자리(3월 21일~4월 20일))
오늘 약점들이 될 거니까 당신의 기분과 활력을 유지해야 한다. 당신의 가족에 의지하시오. 애인이 있다면, 관계에서 앞으로 한 걸음을 내딛을 시간이다.

 황소자리(4월 21일~5월 21일)
예상치 못한 상황 앞에서 그리고 그 상황이 당신의 직업적인 관심사에 반대하니까 차분해야 한다.

 C. 쌍둥이자리(5월 22일~6월 21일)
당신의 당장의 프로젝트들이 연거푸 실패할 것이므로, 행복하기 위해 가장 최소의 기회를 활용 하시오.

 D. 게자리(6월 22일~7월 22일)
사랑에 깊게 빠질 것이다. 당신의 애인을 조절할 많은 노력을 해야 한다. 당신이 사랑하는 사람에게 충실해서 오늘 누군가가 당신께 공적으로 사의를 표할 것이다. 이것은 당신께 화목하게 느끼게 할 수 있다.

 E. 사자자리(7월 23일~8월 23일)
처음부터 정리를 하지 않으면 가족과 집은 지옥이 될 수 있고, 정오(에 정리하는 것)보다 아침 일찍 하는게 더 좋다.

 F. 처녀자리(8월 24일~9월 23일)
오늘 당신께 도움을 부탁할 많은 친구들을 만날 거니까 그들에게 가능한 물질적 정신적인 모든 방법들을 주어야 한다.

 G. 천칭자리(9월 24일~10월 23일)
운명은 당신께 직업의 지위를 더욱 좋게 할 수 있는 매우 중요한 사회적인 연결(접촉)을 허락한다.

 H. 전갈자리(10월 24일~11월 22일)
건강을 조금 더 돌보고, 특히 등, 왜냐하면 긴장 축적의 고통을 받을 수 있기 때문이다. 가끔 수락할 수 없는 책임을 수락해서 당신의 모든 목적을 이룰 수 없다. 돕는 것을 그만두어야 한다.

 I. 사수자리(11월 23일~12월 21일)
미소는 한 친구나 친척이랑 말다툼을 끝내기 위해 가장 좋은 방법이다. 이렇게 해서 현명한 방법으로 평화로울 수 있다.

 J. 염소자리(12월 22일~1월 20일)
가정의 일들, 구체적으로 건강관련(그러한 것들은), 당신을 바쁘게 할 수 있다. 그것들을 주의하시오; 하지만 쉴 시간을 내려고 노력하시오.

마침 시간: ____ : ____

⏳ 시작시간: ____ : ____

지시사항

당신은 다니엘 산체스 아레발로(Daniel Sánchez Arévalo)의 전기를 읽고, 그 다음에 질문(25~30)에 응답하시오. 정답(A, B 또는 C)을 선택하시오.
선택한 보기를 답안지에 표기하시오.

다니엘 산체스 아레발로는 (마드리드 출신, 1970년 출생), 루이스 부뉴엘(Luis Buñuel) 처럼, 감독이 되고 싶은 것을 아주 늦게 깨달았다. 아이들에게 그들의 아버지가 비디오 카메라를 선물해 주고 어렸을 때부터 영화계에 종사하고 싶은 것을 이미 알고 있던 그러한 아이들이 아니었다. 다니엘은 또래 많은 아이들처럼 문제가 있어서, 무엇을 하고 싶은지 잘 몰랐고; 어머니, 이모와 친구들과 가까이 평생 살아온 거리에서 만났던 소년들처럼; "다크블루"(Azuloscurocasinegro)란 그의 첫번째 영화를 촬영한 곳도 거리였다.

다니엘은 비록 좋아하지 않았지만 일 할 수 있다는 것을 알았기 때문에 경영학을 공부했다. 그는 항상 많은 책임감을 가졌기 때문에 그에게 심리학자는 화가 났다; 왜냐하면 그는 "다크블루"의 주인공과 마찬가지로; 이유를 묻지도 않고 남의 문제를 부담(책임지곤)하곤 했다. 그 영화가 지난 말라가(Málaga) 스페인 영화제를 아주 놀라게 했고 장래에 성공의 가능성이 가장 많은 젊은 감독 중에 하나로 그를 소개했다.

다니엘은 예술가 가문에서 태어났고, 호세 라몬 산체스(José Ramón Sánchez)라는 아버지는 화가이고, 까르멘 아레발로(Carmen Arévalo)라는 어머니는 배우이고, 빠울라(Paula)라는 여동생은 떼아뜨로 데 라 단사 데 올란다(Teatro de la Danza de Holanda)에서 댄서이고, 익나시오(Ignacio)라는 남동생은 텔레비전 프로듀서이지만 그는 예술계에 종사하고 싶지 않았다. 그럼에도 불구하고 그는 낮에, 마드리드에서 가장 유명한 공립 학교 중의 하나인 몬세랏(Montserrat) 학교에서 나갈때, 샌드위치를 먹으면서 묵묵히 아버지가 작업실에서 그림을 그리는 모습을 보는 것을 아주 좋아했다. 오늘날 그는 자기 아버지의 그림 속에서 살고 있고, 공원들로 가득찬 도시들과 거리를 뛰어다니는 아이들이 나오는 아버지가 1979년에 그린 포스터들을 보관한다. 아버지는 스페인 민주주의가 시작했을 때 이상적인 행복한 세계를 믿었다.

다니엘을 웃게 하는 사소한 것들 중에는 청소년 때에 봤던 텔레비전이 있었고, 드라마 몇 편이 있었다. 이 텔레비전에 대한 취미는 "밤에도 영업하는 약국(비상약국)"(Farmacia de guardia) 이란 스페인 드라마 시나리오를 비밀리에 쓰도록 그를 이끌었고; 그는 남동생에게 이 시나리오를 줬다. 익나시오는 마음에 들어서 안또니오 메르세도(Antonio Mercedo)란 이 드라마의 감독에게 줘서 감독은 다니엘 을 시나리오 작가로 고용했다. 이렇게 산체스 아레발로 는 일을 배웠다. 그는 적은 돈으로 그의 첫 번째 영화를 촬영할 수 있을 때까지 단편영화 몇 편을 촬영했다. "경영학 공부는 저에게 돈을 아끼는 데 매우 중요하다는 것을 가르쳐 줬다."라고 한다.

여기까지 있기위해 그는 각 작업(분야)에서 (일을)배워와야 했다. 초기의 단편영화 ("골"(Gol), "까레푸링"(Carrefouring)과 "예방"(Profilaxis)) 들은 많은 유머 감각으로 만들어졌고, "급행"(Express) 이란 단편영화는 훌리오 메뎀(Julio Medem)이 마음에 들어서 그는 다니엘에게 다음 프로젝트를 위한 돈을 줬다. 지금 다니엘(감독)은 빌딩의 관리인과 그의 아버지와 같은 집(가게, 직장)에서 일하고 싶지 않다는 그의 아들 이야기를 (다니엘이 감독하는 영화에서) 하고 있다.

(출처: 엘 빠이스 세마날(El País Semanal). 1559번. 2006년 8월 13일. 8~13쪽)

질문

25. 이 글은 … 다룬다.
    A) 공부하고 싶지 않은 아이를
    ✔ B) 다니엘이 어떻게 영화를 만들었는가를
    C) 경제학자의 가족을

26. 영화 감독 이외에, 다니엘은 … 일했다.
    A) 빌딩 관리자로서
    B) 경제학자로서
    ✔ C) 시나리오 작가로서

27. 오늘날, 다니엘은 …
    ✔ A) 새 영화를 만들고 있다.
    B) 다음 영화를 위해서 돈을 아끼고 있다.
    C) 아버지와 같이 일하고 싶어하지 않는다.

28. 어렸을 때 그는 …
    A) 집에서 가까운 학교를 다녔다.
    B) 영화 감독이 되고 싶어하기만 했다.
    ✔ C) 동네를 떠나지 않았다.

29. 이 글에 의하면, 다니엘의 아버지는 …
    A) 그림들이 많던 작업실에서 살았다.
    B) 그에게 비디오카메라를 선물해 줬다.
    ✔ C) 스페인 민주주의를 믿었다.

30. 이 글에 의하면 …
    A) 다니엘은 아버지와 똑같은 일자리에서 일하고 싶어하지 않는다.
    ✔ B) 대중들은 "다크블루"라는 그의 영화를 좋아했다.
    C) 그는 어떤 TV 드라마에서 배우로서 일하고 있었다.

마침 시간: _____ : _____

청취

⏳ 시작시간: ____ : ____

지시사항

당신은 7개의 라디오 광고를 듣게 될 것이다. 광고들은 두 번 반복된다. 각 광고에 대한 질문에 알맞은 응답(A, B 또는 C)을 선택하시오.

선택한 보기를 답안지에 표기하시오.

이어서 한 예를 듣게 될 것이다:

0. 이 광고에 따르면, 이시아르 보야인(Icíar Bollaín)은 …

    A) 스페인 영화로 오스카상을 받은 최초의 스페인 여자 감독이었다.

    B) 오스카상 대회에 참석한 최초의 스페인 여자 감독이었다.

    C) 오스카상 대회에 참석한 최초의 스페인어권 여자 감독이었다.

정답은 **B**이다.

    A   B   C

0. ☐ ■ ☐

질문

1. 이 회사는 …

  ✓A) 온갖 자동차를 사고 판다.

  B) 중고 자동차만 판다.

  C) 싼 가격으로 자동차 100대를 팔기를 기대한다.

2. "건강한 음식과 기분 상태"(La comida sana y los estados de ánimo) 강연회는 … 열린다.

  A) 아침에

  ✓B) 리마의 비즈니스 센터(Centro de Negocios)에서

  C) 호르나다 데 뿌에르따스 아비에르따스(Jornada de Puertas Abiertas) 후에

3. 꼴로리네스(Colorines) 신문은 …

  ✓A) 다양한 상품들에 대한 광고를 싣는다.

  B) 주의 첫 번째 날에 시판한다.

  C) 개인들에게는 싼 가격이 있다.

4. 끌룹(Club) 카드가 있는 고객들은 …

  A) 우편으로 카탈로그를 받는다.

  B) 기념 파티를 거행한다.

  ✓C) 상점에서 무료로 식사를 먹을 수 있다.

5. 이 광고의 아주머니는 … 일한다.

  ✓A) 매일 아침에만

  B) 살고 있는 지역에서만

  C) 매주 주말에만

6. 이 광고에서는 …

  A) 아주 오래된 사물이 판매된다.

  B) 인터넷으로 사물이 구매된다.

  ✓C) 구매할 사물을 찾는다.

7. 산 블라스(San Blas) 강당에서는 … 들릴 것이다.

  A) 마드리드 주 음악가들(연주가)

  ✓B) 여러 아동 음악 그룹들(연주가)

  C) 아동 음악 콘서트가

⏳ 마침 시간: ____ : ____

시험 6

⏳ 시작시간: ____ : ____

지시사항

당신은 문화에 대한 소식을 듣게 될 것이다. 소식을 두 번 듣고, 각 질문에 알맞은 응답(A, B 또는 C)을 선택하시오.

선택한 보기를 답안지에 표기하시오.

질문을 읽기 위해 35초가 주어진다.

질문

8. 상을 받은 소설가는 … 결혼했다.

　　A) 감독이랑

　　B) 편집자랑

　✓C) 시인이랑

9. 하비에르 깔보(Javier Calvo)는 …

　　A) 알무데나(Almudena)의 남편이다.

　✓B) 소설가다.

　　C) 심사위원이다.

10. 푼다시온 호세 마누엘 라라(Fundación José Manuel Lara)상은 … 수여됐다.

　✓A) 7년 전부터

　　B) 10년 전부터

　　C) 9년 전부터

11. 이 소식에 따르면, 알무데나 그란데스(Almudena Grandes)는 …

　✓A) 48살이다.

　　B) 백과 사전으로 공부했다.

　　C) 역사 연수실에서 일했다.

12. 이 소설가에게는 …

　　A) 심사위원이 되는 게 매우 즐겁다.

　✓B) 최고의 상은 독자들이다.

　　C) 이 소설은 10년 됐다.

13. 이 소식에 따르면 …

　　A) 이 소설은 백만 권이 판매됐다.

　✓B) 첫 번째 소설을 바탕으로 영화로 만들어졌다.

　　C) 이 책은 20개 이상의 언어로 번역됐다.

⏳ 마침 시간: ____ : ____

⏳ 시작시간: _____ : _____

지시사항

당신은 7개의 메세지를 듣게 될 것이다. 각 메시지를 두 번 듣고, 각 메시지(14~19)에 알맞은 문장(A~J)을 선택하시오.
본보기가 포함된 문장 10개가 있습니다. 6개를 선택하시오.
선택한 보기를 답안지에 표기하시오.

이제 예를 들어 보시오:

메시지 0.
정답은 **H**이다.

	A	B	C	D	E	F	G	H	I	J
0.	☐	☐	☐	☐	☐	☐	☐	■	☐	☐

이제 문장들을 읽기 위해서 25초가 주어진다.

문장들	
A.	아주 싸다.
B.	이번달 내로 그것을 보내면 된다.
C.	걸어서 올라가야 한다.
D.	머리카락을 감고 잘라야 한다.
E.	아동의 음악.
F.	잘못 만들어졌으면 다시 반복해야 한다.
G.	다른 전화로 걸기 위해서.
H.	선물을 부탁한다.
I.	교통편이 아주 좋다.
J.	외국어를 배우기 위해서.

	메시지들	문장들
	메시지 0	**H**
14.	메시지 1	D
15.	메시지 2	A
16.	메시지 3	F
17.	메시지 4	C
18.	메시지 5	J
19.	메시지 6	E

⏳ 마침 시간: _____ : _____

청취

⏳ 시작시간: ____ : ____

지시사항

당신은 친구인 실비아(Silvia)와 알베르또(Alberto) 간의 대화를 듣게 될 것이다. 대화를 두 번 듣고, 각 질문(20∼25)에 알맞은 응답(A, B 또는 C)을 선택하시오.

선택한 보기를 답안지에 표기하시오.

질문

20. 전날 밤, 실비아(Silvia)는 …

　A) 집에 머물렀다.

✓B) 집에 늦게 들어왔다.

　C) (여자)친구랑 같이 저녁식사를 먹었다.

21. 이번 주 토요일, 실비아는 … 약속을 잡았다.

✓A) 음악을 들으려고

　B) 마리아(María)랑 같이 저녁식사를 먹으려고

　C) 알베르또(Alberto)랑 같이 산책을 하려고

22. 실비아는 … 기억하지 못한다.

　A) 콘서트가 몇 시에 시작하는지를

✓B) 누가 연주 하는지를

　C) 어떤 홀에서 만나기로 한지를

23. 전날 밤에, 알베르또는 … 실비아에게 전화하지 못했다.

　A) 회의에 있어서

　B) 세비야(Sevilla)에 있어서

✓C) 피곤해서

24. 알베르또는, 전날 …

✓A) 쉬지 못했다.

　B) 모이지 않았다.

　C) 일하지 않았다.

25. 알베르또는 … 타고 세비야에 갔다.

A)

✓B)

C)

⏳ 마침 시간: ____ : ____

유형 5 연습문제 129 트랙 45 ⊙♪

⧖ 시작시간: ____ : ____

지시사항

당신은 여행 이야기를 하는 뻬레스(Pérez)라는 아저씨와 가메스(Gámez)라는 부인인 두 사람간의 대화를 듣게 될 것이다. 대화를 두 번 듣고, 각 문장(26~30)에 알맞은 이미지(A~H)를 선택하시오.

이미지가 8개 있다. 5개를 선택하시오.

선택한 보기를 답안지에 표기하시오.

문장들		이미지들
26.	대화의 장소.	G
27.	뻬레스는 필요하다.	F
28.	뻬레스가 사용하는 지불 방법.	C
29.	뻬레스의 휴가 동안.	A
30.	뻬레스는 최근.	E

A)

B)

C)

D)

E)

F)

G)

H)

⧖ 마침 시간: ____ : ____

작문

⌛ 시작시간: _____ : _____

지시사항

당신은 문제가 있고 도움이 필요한 사람들을 돕는 인도주의적 성격을 띤 협회의 회원이 되고 싶어한다. 그 협회에 가입하고 싶은 이유를 설명하는 편지를 쓰시오. 메시지에 포함되어 있어야 하는 것은:

– 당신의 기호와 취미를 이야기하기

– 당신이 현재 하는 일을 묘사하기

– 그 협회의 회원이 되고 싶은 이유를 설명하기

단어 수: 30~40개

존경하는 여러분들께:

⌛ 마침 시간: _____ : _____

⌛ 시작시간: _____ : _____

지시사항

당신은 신문에서 채용 공모를 읽었다. 그 회사에 이메일을 쓰시오. 이메일에 쓰여 있어야 하는 것은:

– 당신이 무슨 공부를 하였는지 명시하기

– 당신이 어떤 직장에서 일하였는지 말하기

– 일자리를 위해 당신의 장점이 어떤 것들인지 설명하기

첫인사와 끝인사를 잊지 마시오.

단어 수: 70~80개

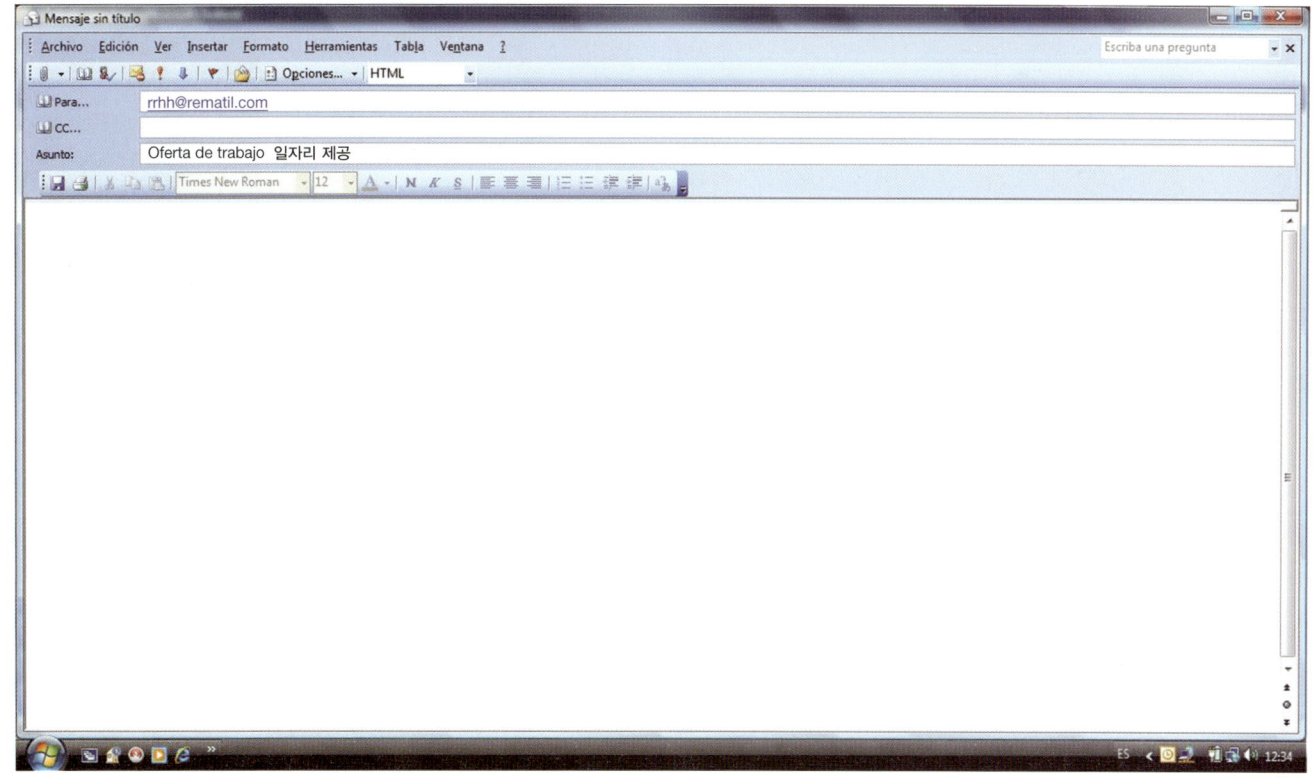

⌛ 마침 시간: _____ : _____

작문

⏳ 시작시간: ＿＿＿ : ＿＿＿

지시사항

여기는 끄리스띠나 마르띠네스(Cristina Martínez)의 삶에 대한 자료와 사진들이 소개됩니다. 그녀의 일대기를 써 보시오. 당신이 써야 하는 것은:

– 그녀의 외모(신체적 특징)와 성격;

– 그녀의 기호와 취미;

– 그녀의 삶의 가장 중요한 사건들.

단어 수: 70~80개

전기의 자료

- 성함: 끄리스띠나 마르띠네스 히메노(Cristina Martínez Gimeno)
- 출생지: 키토(에콰도르)
- 생년월일: 1983년 4월 21일
- 호적 상태: 미혼

⏳ 마침 시간: ＿＿＿ : ＿＿＿

회화

독백

지시사항

당신은 3~4분 동안 면접관 앞에서 공연물에 대해 이야기해야 한다. 제시된 것들 중 하나를 선택하시오.

영화

– 영화를 좋아합니까? 왜죠?
– 얼마나 자주 영화관에 갑니까? 누구랑? 몇 시에?
– 무슨유형의 영화를 좋아합니까? 어떤 나라의 영화를 좋아 합니까? 원어로 영화를 봅니까?
– 영화를 선호합니까? 연극을 선호합니까?
– 당신 도시에 영화관이 많습니까? 어디에 있습니까? 당신 도시에서 영화관에 가는 데 얼마입니까?
– 최근에 언제 영화관에 갔습니까? 무슨 영화를 봤습니까? 마음에 들었습니까?

연극

– 연극을 좋아합니까? 왜죠?
– 얼마나 자주 연극에 갑니까? 누구랑?
– 연극을 연기해 본 적이 있습니까? 무슨 역할을 했습니까? 어디에서 연기했습니까?
– 영화를 선호합니까? 연극을 선호합니까?
– 당신 도시에 연극장이 많습니까? 어디에 있습니까? 당신 도시에서 연극장에 가는 것이 얼마입니까?
– 최근에 연극장에 언제 가셨습니까? 무슨 극작품을 봤습니까? 마음에 들었습니까?

공연물

전시회

– 예술을 좋아합니까? 회화를 선호합니까? 조각을 선호합니까? 왜죠?
– 전시회에 가는 것을 좋아합니까? 왜죠?
– 가장 좋았던 전시회가 무엇이었습니까? 왜죠?
– 무슨 전시회를 보고 싶습니까?
– 전시회는 당신의 도시 어디에서 열립니까? 많습니까? 전시회 입장료는 얼마입니까?
– 최근에 전시회에 언제 갔습니까? 누구랑? 전시회의 주제가 무엇이었습니까?

콘서트

– 콘서트 관람하는 것을 좋아합니까? 왜죠?
– 얼마나 자주 콘서트에 갑니까? 당신 나라에서 콘서트의 입장료는 얼마입니까?
– 어떤 유형의 음악을 좋아합니까?
– 가장 마음에 들었던 콘서트가 무엇입니까? 어디였습니까? 무슨 그룹이나 가수가 출연했습니까?
– 콘서트에 가시면 무슨 그룹이나 가수 음악을 듣는 것을 좋아합니까? 왜죠?
– 최근에 콘서트에 언제 갔습니까? 어디였습니까? 무슨 그룹이나 가수를 보러 갔습니까?

강연회

– 강연회에 가는 것을 좋아합니까? 왜죠?
– 무슨 주제에 관심이 있습니까?
– 강연회에서 메모를 합니까? 질문을 하곤 합니까?
– 강연회는 당신의 도시 어디에서 열립니까? 몇 시에?
– 최근에 강연회에 언제 갔습니까? 주제가 무엇이었습니까? 누가 강연을 했습니까?

지시사항

당신은 3~4분 동안 면접관 앞에서 게임에 대해 이야기해야 한다. 제시된 것들 중 하나를 선택하시오.

비디오 게임

- 비디오 게임을 좋아합니까? 왜죠?
- 얼마나 자주 비디오 게임을 합니까? 누구랑 같이 하곤 합니까?
- 게임을 하실 때 무엇을 이용합니까(텔레비전, 컴퓨터...)? 어떤 장소에서 합니까? 몇 시에?
- 비디오 게임 몇 개가 있습니까? 무슨 유형의 비디오 게임을 좋아합니까? 가장 좋아하는 비디오 게임이 무엇입니까?
- 비디오 게임을 선물한 적이 있습니까? 누구에게? 왜죠?
- 최근에 산 비디오 게임이 무엇입니까? 언제 샀습니까? 얼마였습니까?

복권

- 복권을 사는 것을 좋아합니까? 왜죠?
- 복권을 삽니까? 얼마나 자주?
- 복권을 사는 데 얼마를 지불합니까?
- 당첨된 적이 있습니까? 얼마나?
- 항상 똑같은 숫자의 복권을 삽니까?
- 당신 나라에선 어디서 복권을 팝니까?
- 최근에 복권을 언제 샀습니까? 얼마나 샀습니까? 당첨 됐습니까?

게임

카드

- 카드 놀이 하는 것을 좋아합니까? 왜죠?
- 누가 당신께 카드 놀이하는 것을 가르쳐 주었습니까?
- 카드 놀이를 언제 합니까? 누구랑? 어디에서?
- 카드 놀이 몇 개를 할 줄 아십니까? 무슨 카드 놀이를 선호합니까? 왜죠?
- 당신 나라에는 어떤 전통적인 카드 놀이가 있습니까?
- 최근에 카드 놀이를 언제 했습니까? 무슨 놀이를 했습니까? 누구랑?

체스

- 체스를 할 줄 압니까? 좋아합니까? 왜죠?
- 누가 당신께 체스를 하는 것을 가르쳐 줬습니까? 언제?
- 체스를 언제 합니까? 누구랑? 어디에서?
- 체스를 잘하는 분입니까?
- 체스에 대한 책을 읽습니까? 신문 체스 난을 읽습니까?
- 최근에 체스를 언제 했습니까? 누구랑? 누가 이겼습니까?

다른 보드 게임

- 보드 게임을 좋아합니까? 왜죠? 특별한 것을 좋아합니까? 어떤 것?
- 누가 당신에게 보드 게임을 하는 것을 가르쳐 주었습니까? 언제?
- 보드 게임을 언제 합니까? 어디에서? 누구랑?
- 보드 게임을 잘하는 분입니까? 이기곤 합니까?
- 당신 나라에서 보드 게임을 하는데 얼마의 비용이 듭니까? 당신 나라에 보드 게임을 할 장소가 있습니까?
- 최근에 보드 게임을 언제 했습니까? 누구랑? 누가 이겼습니까?

회화

이미지 묘사

지시사항

이미지를 묘사하시오: 장소, 사람, 사물과 활동.

사람의 외모(신체적 특징)에 대해서, 사람이 입고 있는 옷이나 지니고 있는 사물에 대해서 이야기해야 한다.

당신은 2~3분 동안 이야기해야 한다.

회화

면접관이랑 대화

지시사항

당신은 영화관 매표소에 있다고 상상해야 한다. 매표소 직원이랑 이야기하고 다음 영화를 위한 표를 구매해야 한다. 면접관은 매표소의 직원이다.

대화의 모델

1. 시작

면접관: 인사
– 안녕하십니까?

응시자: 인사
– 안녕하십니까?

면접관: 첫 번째 질문
– 무엇을 도와 드릴까요? (뭘 원하세요?)

응시자:
– 영화의 시간대를 알고 싶어요.

2. 전개 과정

면접관: 시간대와 가격
– 영화는 6시에 상영하고, 또 하나는 8시예요.

응시자:
– 입장료가 얼마예요?

면접관:
– 입장료는 7유로예요.

응시자:
– 2장을 주세요.

면접관:
– 무슨 열에 자리를 원하시죠?

응시자:
– 5번 열이요.

면접관:
– 가운데? 왼쪽? 오른쪽?

응시자:
– 가운데 주세요.

면접관:
– 좋습니다. 여기 2장의 입장권이 있습니다.

응시자:
– 얼마예요?

면접관:
– 14유로예요.

3. 작별과 종결

면접관:
– 감사합니다. 영화를 즐기시길 바랍니다.

응시자:
– 감사합니다. 안녕히 계세요.

회화

면접관이랑 이야기

지시사항

당신은 당신의 카드에 있는 정보에 따라 3~4분 동안 면접관이랑 이야기해야 한다.

A카드: 면접관

당신은 친구랑 다음 주에 만나기 위해 연락을 하고 싶어한다. 당신은 친구에게 이메일을 보내자고 제안하지만 친구는 전화하는 것을 선호한다.

해야 하는 것:

1. 친구에게 당신은 이메일을 보내고 싶다고 이야기하기.
2. 왜 이메일을 선호하는지 설명하기.

	이메일 – 무료다. – 언제든지 답장을 할 수 있다. – 정확한 정보가 있다(다시 읽기 가능).		전화 – 돈이 든다. – 어떤 활동 중 불편해 한다. – 실수의 가능성.

3. 친구랑 타협에 도달하기.

B카드: 응시자

당신은 친구랑 다음 주에 만나기 위해 연락을 하고 싶어한다. 당신은 친구에게 전화하자고 제안하지만 친구는 이메일을 보내는 것을 선호한다.

해야 하는 것:

1. 친구에게 당신이 전화하고 싶다고 이야기하기.
2. 왜 전화하는 것을 선호하는지 설명하기.

	전화 – 타협에 도달하기가 쉽다. – 빠르고 안전하다. – 편하고, 쓸 필요가 없다.		이메일 – 답장의 대기시간. – 쓸 시간이 더 필요함. – 어려움(인터넷 연결, 다른 이메일, 시간 부족).

3. 친구랑 타협에 도달하기.

듣기 대본

Instrucciones

Usted va a escuchar un anuncio de radio. El anuncio se repite dos veces. Seleccione la opción correcta (A, B o C) para la pregunta sobre el anuncio.

Marque la opción seleccionada en la **Hoja de respuestas:**

A continuación, va a oír un ejemplo:

> Del lunes al domingo, en el centro comercial Las Palomas, vas a encontrar una lavadora Masai por un precio excepcional. Si quieres, puedes pagarla en doce meses, a treinta y tres euros al mes, sin gastos ni intereses de financiación. La lavadora Masai consume el 20% menos de energía que las demás lavadoras.

5 segundos

> Del lunes al domingo, en el centro comercial Las Palomas, vas a encontrar una lavadora Masai por un precio excepcional. Si quieres, puedes pagarla en doce meses, a treinta y tres euros al mes, sin gastos ni intereses de financiación. La lavadora Masai consume el 20% menos de energía que las demás lavadoras.

Conteste a la pregunta número 1: La lavadora Masai se vende…

> **TAREA 1** Ejercicio 11 - Pista 2 ⊙♫

Instrucciones

Usted va a escuchar siete anuncios de radio. Los anuncios se repiten dos veces. Seleccione la opción correcta (A, B o C) para cada pregunta sobre los anuncios.

Marque las opciones seleccionadas en la **Hoja de respuestas.**

A continuación, va a oír un ejemplo:

> Estimados clientes: En el salón de actos de nuestra librería, situado en la tercera planta, pueden conseguir la firma del escritor Zacarías Gomina, que, a las seis de la tarde, presentará su nueva novela, *Como los chorros del oro,* con la que ha ganado el último Premio Chuleta.

5 segundos

> Estimados clientes: En el salón de actos de nuestra librería, situado en la tercera planta, pueden conseguir la firma del escritor Zacarías Gomina, que, a las seis de la tarde, presentará su nueva novela, *Como los chorros del oro,* con la que ha ganado el último Premio Chuleta.

La opción correcta es la C.

10 segundos

Anuncio 1

> Con más de doscientas tiendas, veinticinco restaurantes, catorce salas de cine y siete mil plazas de aparcamiento, Plaza Norte es un regalo para los amantes del ocio, de la moda, del diseño y para quienes valoran las cosas bien hechas. Ven a visitarnos en la Carretera de Burgos, salidas 17 y 19. Salida de autobuses desde Plaza de Castilla.

5 segundos

Anuncio 1

> Con más de doscientas tiendas, veinticinco restaurantes, catorce salas de cine y siete mil plazas de aparcamiento, Plaza Norte es un regalo para los amantes del ocio, de la moda, del diseño y para quienes valoran las cosas bien hechas. Ven a visitarnos en la Carretera de Burgos, salidas 17 y 19. Salida de autobuses desde Plaza de Castilla.

Conteste a la pregunta número 1: Este anuncio trata de…

10 segundos

Anuncio 2

Dieciséis espacios en Madrid ciudad y otros diez en pueblos y ciudades de la provincia acogen, entre octubre y noviembre, el Festival de Otoño. Se trata de uno de los mayores acontecimientos de las artes teatrales que tienen lugar en España. En esta temporada habrá espectáculos de teatro, danza y música en lugares como el Teatro Albéniz o el Círculo de Bellas Artes.

5 segundos

Anuncio 2

Dieciséis espacios en Madrid ciudad y otros diez en pueblos y ciudades de la provincia acogen, entre octubre y noviembre, el Festival de Otoño. Se trata de uno de los mayores acontecimientos de las artes teatrales que tienen lugar en España. En esta temporada habrá espectáculos de teatro, danza y música en lugares como el Teatro Albéniz o el Círculo de Bellas Artes.

Conteste a la pregunta número 2: Entre las actividades programadas hay…

10 segundos

Anuncio 3

Líderes en el mercado del gas en España y en Latinoamérica, segunda empresa de electricidad en México y tercera compañía del mundo por cantidad de gas transportada. Después de 175 años cumpliendo los objetivos que hemos deseado, podemos decir que nos gusta el futuro que vemos. Un futuro con millones de clientes en todo el mundo a los que queremos ofrecer comodidad con el mayor respeto al medioambiente.

5 segundos

Anuncio 3

Líderes en el mercado del gas en España y en Latinoamérica, segunda empresa de electricidad en México y tercera compañía del mundo por cantidad de gas transportada. Después de 175 años cumpliendo los objetivos que hemos deseado, podemos decir que nos gusta el futuro que vemos. Un futuro con millones de clientes en todo el mundo a los que queremos ofrecer comodidad con el mayor respeto al medioambiente.

Conteste a la pregunta número 3: Esta empresa se dedica…

10 segundos

Anuncio 4

Aguas transparentes, ochenta kilómetros de costa, treinta y seis playas bellísimas y un paisaje espectacular son algunas características del pueblo de San José de Talaia. También cuenta con el único parque natural de la isla de Ibiza y el pueblo fenicio de Sa Caleta. La naturaleza, el ocio nocturno y la actividad comercial son algunos de los atractivos que te ofrece San José.

5 segundos

Anuncio 4

Aguas transparentes, ochenta kilómetros de costa, treinta y seis playas bellísimas y un paisaje espectacular son algunas características del pueblo de San José de Talaia. También cuenta con el único parque natural de la isla de Ibiza y el pueblo fenicio de Sa Caleta. La naturaleza, el ocio nocturno y la actividad comercial son algunos de los atractivos que te ofrece San José.

Conteste a la pregunta número 4: En Ibiza hay un solo…

10 segundos

Anuncio 5

En el centro de Barcelona, con todos los detalles que necesita para hacer más cómodo su viaje. Un cinco estrellas de lujo que dispone de habitaciones totalmente renovadas con baño completo, ducha-hidromasaje, minibar, televisión con satélite, conexión a Internet, aire acondicionado, teléfono y servicio de habitaciones. Disfrute sus vacaciones con nosotros.

5 segundos

Anuncio 5

En el centro de Barcelona, con todos los detalles que necesita para hacer más cómodo su viaje. Un cinco estrellas de lujo que dispone de habitaciones totalmente renovadas con baño completo, ducha-hidromasaje, minibar, televisión con satélite, conexión a Internet, aire acondicionado, teléfono y servicio de habitaciones. Disfrute sus vacaciones con nosotros.

Conteste a la pregunta número 5: Este es el anuncio de un hotel…

10 segundos

Anuncio 6

El lugar de encuentro del público más divertido de la ciudad. Al mediodía, de lunes a viernes, ofrecemos un menú excelente por catorce euros, donde encontrará siempre una opción vegetariana. En la planta baja, la noche de los viernes y los sábados, ofrecemos conciertos en directo. La planta superior ofrece un lugar donde desayunar, comer y cenar.

5 segundos

Anuncio 6

El lugar de encuentro del público más divertido de la ciudad. Al mediodía, de lunes a viernes, ofrecemos un menú excelente por catorce euros, donde encontrará siempre una opción vegetariana. En la planta baja, la noche de los viernes y los sábados, ofrecemos conciertos en directo. La planta superior ofrece un lugar donde desayunar, comer y cenar.

Conteste a la pregunta número 6: Este anuncio trata de...

10 segundos

Anuncio 7

Descubre el impresionante paisaje de Menorca cabalgando a caballo. Tenemos excursiones para todos los niveles, desde tranquilos paseos para principiantes hasta expertos jinetes. Estamos abiertos todo el año. Para más información, visite nuestra página en Internet o llámenos. Familias o grupos, todos son bienvenidos.

5 segundos

Anuncio 7

Descubre el impresionante paisaje de Menorca cabalgando a caballo. Tenemos excursiones para todos los niveles, desde tranquilos paseos para principiantes hasta expertos jinetes. Estamos abiertos todo el año. Para más información, visite nuestra página en Internet o llámenos. Familias o grupos, todos son bienvenidos.

Conteste a la pregunta número 7: Las excursiones se realizan...

30 segundos

TAREA 1 Ejercicio 12 - Pista 3 ⦿♫

Instrucciones

Usted va a escuchar siete anuncios de radio. Los anuncios se repiten dos veces. Seleccione la opción correcta (A, B o C) para cada pregunta sobre los anuncios.

Marque las opciones seleccionadas en la **Hoja de respuestas.**

A continuación, va a oír un ejemplo:

> Tren Talgo procedente de Valladolid, con destino a Palencia, con entrada prevista a las 6:30 de la tarde, por el andén 16, llegará con media hora de retraso por el andén 17. Disculpen las molestias.

5 segundos

> Tren Talgo procedente de Valladolid, con destino a Palencia, con entrada prevista a las 6:30 de la tarde, por el andén 16, llegará con media hora de retraso por el andén 17. Disculpen las molestias.

La opción correcta es la C.

10 segundos

Anuncio 1

> El Festival Internacional de Música Avanzada y Arte Multimedia, más conocido como Sónar, tendrá lugar en Barcelona los días 18, 19 y 20 de junio. Entre las actuaciones que se llevarán a cabo este año destacan la de la cantante jamaicana Grace Jones con el mítico grupo de música electrónica Órbital. ¡Compra ya tu entrada!

5 segundos

Anuncio 1

> El Festival Internacional de Música Avanzada y Arte Multimedia, más conocido como Sónar, tendrá lugar en Barcelona los días 18, 19 y 20 de junio. Entre las actuaciones que se llevarán a cabo este año destacan la de la cantante jamaicana Grace Jones con el mítico grupo de música electrónica Órbital. ¡Compra ya tu entrada!

Conteste a la pregunta número 1: Este anuncio habla de un festival de...

10 segundos

Anuncio 2

El mercado de la salud (www.hidelasa.com) ofrece productos naturales, biológicos y ecológicos, que te ayudan a cuidar tus pies cansados con masajes de aceites extraídos de frutas y hierbas del bosque. Durante este mes, puedes disfrutar de las ofertas en todas tus compras, con un descuento del 20 %. Y si tu compra supera los cuarenta euros, vas a recibir un regalo muy especial.

5 segundos

Anuncio 2

El mercado de la salud (www.hidelasa.com) ofrece productos naturales, biológicos y ecológicos, que te ayudan a cuidar tus pies cansados con masajes de aceites extraídos de frutas y hierbas del bosque. Durante este mes, puedes disfrutar de las ofertas en todas tus compras, con un descuento del 20 %. Y si tu compra supera los cuarenta euros, vas a recibir un regalo muy especial.

Conteste a la pregunta número 2: En el mercado de la salud hay...

10 segundos

Anuncio 3

El Ayuntamiento de Valencia acaba de convocar el Premio de Novela Corta Gabriel Sijé. El objetivo de este concurso literario es animar a las escritoras jóvenes y dar a conocer su obra. La ganadora conseguirá cinco mil euros. Los textos, que tendrán más de cien folios y menos de ciento cincuenta, se pueden enviar por correo al Área de Cultura del Ayuntamiento antes del 5 de julio.

5 segundos

Anuncio 3

El Ayuntamiento de Valencia acaba de convocar el Premio de Novela Corta Gabriel Sijé. El objetivo de este concurso literario es animar a las escritoras jóvenes y dar a conocer su obra. La ganadora conseguirá cinco mil euros. Los textos, que tendrán más de cien folios y menos de ciento cincuenta, se pueden enviar por correo al Área de Cultura del Ayuntamiento antes del 5 de julio.

Conteste a la pregunta número 3: Este anuncio es de...

10 segundos

Anuncio 4

El Instituto Segoviano de la Juventud ofrece cursos de idiomas, generales y especiales, en más de cincuenta escuelas de diversos países de Europa y Norteamérica. Se pueden consultar todos los cursos en la página web www.isej.es. Los cursos tienen una duración de quince a treinta días, y el plazo de matrícula termina el 30 de mayo.

5 segundos

Anuncio 4

El Instituto Segoviano de la Juventud ofrece cursos de idiomas, generales y especiales, en más de cincuenta escuelas de diversos países de Europa y Norteamérica. Se pueden consultar todos los cursos en la página web www.isej.es. Los cursos tienen una duración de quince a treinta días, y el plazo de matrícula termina el 30 de mayo.

Conteste a la pregunta número 4: En esta página de Internet se puede…

10 segundos

Anuncio 5

La asociación cultural Taller de arte y la revista *Ágora* convocan el tercer premio de poesía Andrés Salón con el objetivo de publicar obras que, por su calidad, muestran las nuevas voces de la poesía en español. Las obras se presentarán por correo, enviando tres copias del poemario, a la revista *Ágora,* calle Santiago n.º 1, 29042 de Alcantarilla (Murcia).

5 segundos

Anuncio 5

La asociación cultural Taller de arte y la revista *Ágora* convocan el tercer premio de poesía Andrés Salón con el objetivo de publicar obras que, por su calidad, muestran las nuevas voces de la poesía en español. Las obras se presentarán por correo, enviando tres copias del poemario, a la revista *Ágora,* calle Santiago n.º 1, 29042 de Alcantarilla (Murcia).

Conteste a la pregunta número 5: Esta noticia habla de un concurso de…

10 segundos

Anuncio 6

Si estás pensando pasar Nochevieja en una estación de montaña para practicar esquí, entre la nieve, reserva ya en el hotel Eira, un cuatro estrellas cómodo y exclusivo, con solo ocho habitaciones, en el Valle de Arán. Con un precio del 50 %: ciento treinta euros por persona en habitación doble; incluye el desayuno.

5 segundos

Anuncio 6

Si estás pensando pasar Nochevieja en una estación de montaña para practicar esquí, entre la nieve, reserva ya en el hotel Eira, un cuatro estrellas cómodo y exclusivo, con solo ocho habitaciones, en el Valle de Arán. Con un precio del 50 %: ciento treinta euros por persona en habitación doble; incluye el desayuno.

Conteste a la pregunta número 6: El hotel Eira…

10 segundos

Anuncio 7

Si tienes familia trabajando en el extranjero, puedes hablar gratis con ellos del 10 de diciembre al 8 de enero. Llama al 901 123 500, de 9:00 de la mañana a 7:00 de la tarde y, al día siguiente, vas a poder hablar con ellos a la hora que decidas. Estas fiestas vas a estar más cerca de tu familia.

5 segundos

Anuncio 7

Si tienes familia trabajando en el extranjero, puedes hablar gratis con ellos del 10 de diciembre al 8 de enero. Llama al 901 123 500, de 9:00 de la mañana a 7:00 de la tarde y, al día siguiente, vas a poder hablar con ellos a la hora que decidas. Estas fiestas vas a estar más cerca de tu familia.

Conteste a la pregunta número 7: Con esta oferta se puede llamar gratis…

30 segundos

ESTRATEGIAS PARA LA TAREA 2 - Pista 4 ⊙♫

Instrucciones
Va a escuchar un programa de radio. Escuchará el programa dos veces. Seleccione la opción correcta (A, B o C) para cada pregunta.
Marque las opciones elegidas en la **Hoja de respuestas.**
Ahora tiene 35 segundos para leer las preguntas.

Para completar su visita a Oviedo, el Ayuntamiento de la capital asturiana le regala la tarjeta turística Asturcard. Una tarjeta con la que puede conseguir precios especiales y disfrutar aún más de su viaje en los siguientes establecimientos.

En una selección de restaurantes de la ciudad, puede probar tres aperitivos y un postre, además del menú elegido, todos ellos hechos con productos naturales típicos de la región.

En el Palacio de los niños, situado en el parque de invierno, con la tarjeta Asturcard tiene precio especial para las actividades de tiempo libre de sus hijos, de dos a catorce años, que pueden jugar y divertirse desde las 10:00 de la mañana.

En el Museo de Bellas Artes de Asturias, va a poder ver cuadros de los grandes maestros de la pintura universal, como El Greco, Sorolla, Dalí, Goya, Picasso… y puede hacer una visita guiada con un guía turístico para grupos de diez personas.

En el campo de deportes de Las Caldas, puede practicar sus deportes favoritos (tenis, fútbol, natación, baloncesto…) en las instalaciones más grandes de toda la región, con un horario continuo desde las 6:00 de la mañana hasta las 10:00 de la noche y tener un 10 % de descuento con su tarjeta Asturcard.

Y, por último, en los hoteles de la cadena Milenio, va a tener gratis la conexión a Internet y una bebida del minibar, además del 15 % de descuento en sus comidas, en sus cafeterías y restaurantes.

No lo dude. Busque su tarjeta turística en el Ayuntamiento de Oviedo y conozca lo que nunca ha visto por los mejores precios.

10 segundos

Para completar su visita a Oviedo, el Ayuntamiento de la capital asturiana le regala la tarjeta turística Asturcard. Una tarjeta con la que puede conseguir precios especiales y disfrutar aún más de su viaje en los siguientes establecimientos.

En una selección de restaurantes de la ciudad, puede probar tres aperitivos y un postre, además del menú elegido, todos ellos hechos con productos naturales típicos de la región.

En el Palacio de los niños, situado en el parque de invierno, con la tarjeta Asturcard tiene precio especial para las actividades de tiempo libre de sus hijos, de dos a catorce años, que pueden jugar y divertirse desde las 10:00 de la mañana.

En el Museo de Bellas Artes de Asturias, va a poder ver cuadros de los grandes maestros de la pintura universal, como El Greco, Sorolla, Dalí, Goya, Picasso… y puede hacer una visita guiada con un guía turístico para grupos de diez personas.

En el campo de deportes de Las Caldas, puede practicar sus deportes favoritos (tenis, fútbol, natación, baloncesto…) en las instalaciones más grandes de toda la región, con un horario continuo desde las 6:00 de la mañana hasta las 10:00 de la noche y tener un 10 % de descuento con su tarjeta Asturcard.

Y, por último, en los hoteles de la cadena Milenio, va a tener gratis la conexión a Internet y una bebida del minibar, además del 15 % de descuento en sus comidas, en sus cafeterías y restaurantes.

No lo dude. Busque su tarjeta turística en el Ayuntamiento de Oviedo y conozca lo que nunca ha visto por los mejores precios.

10 segundos

TAREA 2 Ejercicio 13 - Pista 5 ⊙♪

Instrucciones

Va a escuchar un programa musical de radio. Escuchará el programa dos veces. Seleccione la opción correcta (A, B o C) para cada pregunta.

Marque las opciones elegidas en la **Hoja de respuestas**.

Ahora tiene 35 segundos para leer las preguntas.

En nuestro programa de esta semana, que dedicamos a la música flamenca, vamos a continuar con la historia y el presente de estas canciones populares a las que hemos dedicado todos los programas de este mes.

Con el programa de hoy, terminamos con el flamenco; a partir de la semana próxima, viajamos a Argentina para descubrir el tango, su pasado, sus momentos más importantes, sus canciones más conocidas y sus cantantes más famosos.

Pero eso va a ser la próxima semana; hoy vamos a escuchar, en primer lugar, una grabación de Paco de Lucía, el guitarrista que introdujo el flamenco en la música moderna, con una mezcla de *jazz*, de músicas africanas y de ritmos caribeños.

A continuación, escucharemos a la cantante Estrella Morente, la figura más joven del nuevo flamenco, que trata los viejos temas del amor y la vida con las nuevas realidades de nuestro tiempo.

Ustedes no la pueden ver, porque la radio necesita la imaginación de los oyentes, pero van a oír el sonido de sus zapatos y les va a encantar el baile de Cristina Hoyos, sus danzas y coreografías llenas de sentimiento y elegancia, con una energía que nace de dentro, que viene de sus abuelos y que todavía hoy nos emociona.

Y, para terminar el programa de hoy, la canción que más se ha escuchado este verano: Diego el Cigala ha triunfado en todo el mundo en compañía del pianista Bebo Valdés tocando esta inolvidable *Lágrimas negras*, la música cubana pasada por el arte gitano.

10 segundos

En nuestro programa de esta semana, que dedicamos a la música flamenca, vamos a continuar con la historia y el presente de estas canciones populares a las que hemos dedicado todos los programas de este mes.

Con el programa de hoy, terminamos con el flamenco; a partir de la semana próxima, viajamos a Argentina para descubrir el tango, su pasado, sus momentos más importantes, sus canciones más conocidas y sus cantantes más famosos.

Pero eso va a ser la próxima semana; hoy vamos a escuchar, en primer lugar, una grabación de Paco de Lucía, el guitarrista que introdujo el flamenco en la música moderna, con una mezcla de *jazz*, de músicas africanas y de ritmos caribeños.

A continuación, escucharemos a la cantante Estrella Morente, la figura más joven del nuevo flamenco, que trata los viejos temas del amor y la vida con las nuevas realidades de nuestro tiempo.

Ustedes no la pueden ver, porque la radio necesita la imaginación de los oyentes, pero van a oír el sonido de sus zapatos y les va a encantar el baile de Cristina Hoyos, sus danzas y coreografías llenas de sentimiento y elegancia, con una energía que nace de dentro, que viene de sus abuelos y que todavía hoy nos emociona.

Y, para terminar el programa de hoy, la canción que más se ha escuchado este verano: Diego el Cigala ha triunfado en todo el mundo en compañía del pianista Bebo Valdés tocando esta inolvidable *Lágrimas negras*, la música cubana pasada por el arte gitano.

30 segundos

TAREA 2 Ejercicio 14 - Pista 6 ⊙♫

Instrucciones

Va a a escuchar los anuncios e informaciones que se realizan a través de la megafonía de un aeropuerto. Escuchará los anuncios dos veces. Seleccione la opción correcta (A, B o C) para cada pregunta. Marque las opciones elegidas en la **Hoja de respuestas**.

Ahora tiene 35 segundos para leer las preguntas.

Señores viajeros: Les informamos que el vuelo con destino a Londres, de la compañía Argentina de Aviación, tiene prevista su salida desde la puerta C5 a las 10:45; les rogamos puntualidad.

Aviso a los familiares y amigos de los viajeros procedentes de Atenas. El avión ha aterrizado a las 9:10; pueden esperarlos en la sala de llegadas G9, junto a la cafetería de la planta baja.

En la puerta 6 de salida, pueden encontrar la parada de autobuses que llegan hasta la ciudad. El precio del billete es de tres euros y la salida es cada cuarto de hora. La parada de taxis se encuentra en la puerta 8 de la zona de llegadas.

Los pasajeros con destino Berlín que no han podido viajar esta mañana diríjanse a las oficinas de la compañía Aire Azul para recibir el importe de su billete.

Les recordamos que deben tener cuidado con todos sus objetos y no olvidar sus maletas. Las ventanillas de información y reclamaciones se encuentran en la segunda planta, frente a la comisaría del aeropuerto.

Les recordamos que tienen que llevar consigo la documentación necesaria para el vuelo: el pasaporte o el documento de identidad. Por favor, sigan las instrucciones y consejos del personal de seguridad. Por favor, preséntense en la sala de embarque veinte minutos antes de la salida del vuelo.

10 segundos

Señores viajeros: Les informamos que el vuelo con destino a Londres, de la compañía Argentina de Aviación, tiene prevista su salida desde la puerta C5 a las 10:45; les rogamos puntualidad.

Aviso a los familiares y amigos de los viajeros procedentes de Atenas. El avión ha aterrizado a las 9:10; pueden esperarlos en la sala de llegadas G9, junto a la cafetería de la planta baja.

En la puerta 6 de salida, pueden encontrar la parada de autobuses que llegan hasta la ciudad. El precio del billete es de tres euros y la salida es cada cuarto de hora. La parada de taxis se encuentra en la puerta 8 de la zona de llegadas.

Los pasajeros con destino Berlín que no han podido viajar esta mañana diríjanse a las oficinas de la compañía Aire Azul para recibir el importe de su billete.

Les recordamos que deben tener cuidado con todos sus objetos y no olvidar sus maletas. Las ventanillas de información y reclamaciones se encuentran en la segunda planta, frente a la comisaría del aeropuerto.

Les recordamos que tienen que llevar consigo la documentación necesaria para el vuelo: el pasaporte o el documento de identidad. Por favor, sigan las instrucciones y consejos del personal de seguridad. Por favor, preséntense en la sala de embarque veinte minutos antes de la salida del vuelo.

30 segundos

ESTRATEGIAS PARA LA TAREA 3 - Pista 7 ⊙♫

Instrucciones

Usted va a escuchar siete mensajes. Escuchará cada mensaje dos veces. Seleccione el enunciado (A-J) que corresponde a cada mensaje (14-19).

Hay diez enunciados, incluido el ejemplo. Seleccione seis.

Marque las opciones elegidas en la **Hoja de respuestas.**

Escuche ahora el ejemplo:

Mensaje 0

> Los ganadores del sorteo *El viaje de tu vida* pueden pasarse a recoger el regalo en nuestras oficinas a partir del próximo lunes, de 10:00 a 12:00 y de 4:00 a 6:00. Enhorabuena a los ganadores y gracias a todos ustedes por participar.

5 segundos

Mensaje 0

> Los ganadores del sorteo *El viaje de tu vida* pueden pasarse a recoger el regalo en nuestras oficinas a partir del próximo lunes, de 10:00 a 12:00 y de 4:00 a 6:00. Enhorabuena a los ganadores y gracias a todos ustedes por participar.

La opción correcta es la F.

Ahora tiene 25 segundos para leer los enunciados.

Mensaje 1

> Buenas tardes: Los llamo porque el sábado próximo queremos ir a cenar a su restaurante con un grupo de amigos. Mi nombre es Ismael Fernández; vamos a ser cinco personas y tenemos previsto llegar a las 8:00 de la noche. Si no hay sitio, pueden llamarme al 643 24 35 76.

5 segundos

Mensaje 1

> Buenas tardes: Los llamo porque el sábado próximo queremos ir a cenar a su restaurante con un grupo de amigos. Mi nombre es Ismael Fernández; vamos a ser cinco personas y tenemos previsto llegar a las 8:00 de la noche. Si no hay sitio, pueden llamarme al 643 24 35 76.

Elija la opción correcta.

10 segundos

Mensaje 2

> Si necesitas euros o dólares, si, después de un viaje, tienes unas monedas que no vas a utilizar, si vas a viajar y necesitas monedas de países lejanos, te las encontramos en veinticuatro horas. Puedes venir a La hucha de oro, sin comisiones. Tu dinero tiene más valor en nuestras oficinas.

5 segundos

Mensaje 2

> Si necesitas euros o dólares, si, después de un viaje, tienes unas monedas que no vas a utilizar, si vas a viajar y necesitas monedas de países lejanos, te las encontramos en veinticuatro horas. Puedes venir a La hucha de oro, sin comisiones. Tu dinero tiene más valor en nuestras oficinas.

Elija la opción correcta.

10 segundos

Mensaje 3

> En primer lugar, se fríen las patatas y se baten los huevos. Hay que añadir sal y mezclarlo todo para servirlo en un plato grande. También se le puede añadir cebolla. Es muy importante utilizar el aceite muy caliente y freír bien las patatas para conseguir una tortilla perfecta.

5 segundos

Mensaje 3

> En primer lugar, se fríen las patatas y se baten los huevos. Hay que añadir sal y mezclarlo todo para servirlo en un plato grande. También se le puede añadir cebolla. Es muy importante utilizar el aceite muy caliente y freír bien las patatas para conseguir una tortilla perfecta.

Elija la opción correcta.

10 segundos

Mensaje 4

> Eduardo, he quedado esta noche para ver la última película de Federico Luppi. ¿Qué te parece si nos vemos a las 7:00 en la cafetería Marfil y compramos las entradas? Llámame, porque tengo las fotos de la boda de Carmen y he hecho una copia para ti. Hasta luego, un beso.

5 segundos

Mensaje 4

> Eduardo, he quedado esta noche para ver la última película de Federico Luppi. ¿Qué te parece si nos vemos a las 7:00 en la cafetería Marfil y compramos las entradas? Llámame, porque tengo las fotos de la boda de Carmen y he hecho una copia para ti. Hasta luego, un beso.

Elija la opción correcta.

10 segundos

Mensaje 5

El domingo se celebra el matrimonio entre los jóvenes actores Domingo Martínez y Rosario García. La ceremonia va a tener lugar en la iglesia de Los Milagros y después van a celebrar una fiesta a la que han invitado a más de un centenar de amigos y familiares.

5 segundos

Mensaje 5

El domingo se celebra el matrimonio entre los jóvenes actores Domingo Martínez y Rosario García. La ceremonia va a tener lugar en la iglesia de Los Milagros y después van a celebrar una fiesta a la que han invitado a más de un centenar de amigos y familiares.

Elija la opción correcta.

10 segundos

Mensaje 6

Isabel, te llamo porque el miércoles que viene es el cumpleaños de mi marido y vamos a salir a celebrarlo en el restaurante que hay frente al mercado. ¿Por qué no te animas y vienes? Te esperamos a partir de las 6:00, hace mucho tiempo que no nos vemos y tienes que contarnos qué tal te va en tu nuevo trabajo.

5 segundos

Mensaje 6

Isabel, te llamo porque el miércoles que viene es el cumpleaños de mi marido y vamos a salir a celebrarlo en el restaurante que hay frente al mercado. ¿Por qué no te animas y vienes? Te esperamos a partir de las 6:00, hace mucho tiempo que no nos vemos y tienes que contarnos qué tal te va en tu nuevo trabajo.

Elija la opción correcta.

30 segundos

TAREA 3 Ejercicio 15 - Pista 8 ⊙♫

Instrucciones

Usted va a escuchar siete mensajes. Escuchará cada mensaje dos veces. Seleccione el enunciado (A-J) que corresponde a cada mensaje (14-19).

Hay diez enunciados, incluido el ejemplo. Seleccione seis.

Marque las opciones elegidas en la **Hoja de respuestas.**

Escuche ahora el ejemplo:

Mensaje 0

> Desde el 21 de abril, se pueden pagar las multas a través de la web de la Dirección General de Tráfico mediante tarjeta de crédito. Si paga antes de treinta días, el descuento es del 30 % por pago rápido y se tiene, además, una factura.

5 segundos

Mensaje 0

> Desde el 21 de abril, se pueden pagar las multas a través de la web de la Dirección General de Tráfico mediante tarjeta de crédito. Si paga antes de treinta días, el descuento es del 30 % por pago rápido y se tiene, además, una factura.

La opción correcta es la F.

Ahora tiene 25 segundos para leer los enunciados.

Mensaje 1

> Hola, Antonio, te llamo porque están poniendo una película muy buena y podíamos ir a verla esta tarde. Te espero a las 7:00 en la cafetería Capital y, si quieres, vamos a la sesión de las 8:00. Hasta esta tarde.

5 segundos

Mensaje 1

> Hola, Antonio, te llamo porque están poniendo una película muy buena y podíamos ir a verla esta tarde. Te espero a las 7:00 en la cafetería Capital y, si quieres, vamos a la sesión de las 8:00. Hasta esta tarde.

Elija la opción correcta.

10 segundos

Mensaje 2

Diego, se ha roto la televisión esta mañana. Tenemos que comprar una nueva. Si puedes, ve a la tienda para ver cuánto cuestan y si la pueden llevar a casa esta tarde.

5 segundos

Mensaje 2

Diego, se ha roto la televisión esta mañana. Tenemos que comprar una nueva. Si puedes, ve a la tienda para ver cuánto cuestan y si la pueden llevar a casa esta tarde.

Elija la opción correcta.

10 segundos

Mensaje 3

Alberto, anoche estuvimos en el cumpleaños de Luisa y lo pasamos muy bien. ¿Dónde estuviste? Te estuvimos llamando toda la tarde y no contestaste. ¿Te pasa algo? Llámame cuando puedas.

5 segundos

Mensaje 3

Alberto, anoche estuvimos en el cumpleaños de Luisa y lo pasamos muy bien. ¿Dónde estuviste? Te estuvimos llamando toda la tarde y no contestaste. ¿Te pasa algo? Llámame cuando puedas.

Elija la opción correcta.

10 segundos

Mensaje 4

En nuestra sección de alimentación, puede encontrar el paquete de arroz Hacendona de un kilo, a la mitad de precio. Y si compra cinco paquetes, le regalamos una docena de huevos.

5 segundos

Mensaje 4

En nuestra sección de alimentación, puede encontrar el paquete de arroz Hacendona de un kilo, a la mitad de precio. Y si compra cinco paquetes, le regalamos una docena de huevos.

Elija la opción correcta.

10 segundos

Mensaje 5

Un joven alto, de diecinueve años, delgado, rubio, de pelo largo, con los ojos marrones, que viste un jersey azul y pantalones vaqueros, desapareció de su casa el pasado jueves. Su familia no sabe nada de él desde ese día. Si tiene alguna noticia de él, llame al teléfono 117.

5 segundos

Mensaje 5

Un joven alto, de diecinueve años, delgado, rubio, de pelo largo, con los ojos marrones, que viste un jersey azul y pantalones vaqueros, desapareció de su casa el pasado jueves. Su familia no sabe nada de él desde ese día. Si tiene alguna noticia de él, llame al teléfono 117.

Elija la opción correcta.

10 segundos

Mensaje 6

Antonio Muñoz Molina ya ha publicado su última novela. Puede comprarla en nuestra librería, situada en la sexta planta, donde, esta tarde, desde las 6:00, va a firmar ejemplares a sus lectores antes de dar la conferencia titulada *El arte de dibujar con palabras*.

5 segundos

Mensaje 6

Antonio Muñoz Molina ya ha publicado su última novela. Puede comprarla en nuestra librería, situada en la sexta planta, donde, esta tarde, desde las 6:00, va a firmar ejemplares a sus lectores antes de dar la conferencia titulada *El arte de dibujar con palabras*.

Elija la opción correcta.

30 segundos

TAREA 3 Ejercicio 16 - Pista 9 ⊙♫

Instrucciones

Usted va a escuchar siete mensajes. Escuchará cada mensaje dos veces. Seleccione el enunciado (A-J) que corresponde a cada mensaje (14-19).

Hay diez enunciados, incluido el ejemplo. Seleccione seis.

Marque las opciones elegidas en la **Hoja de respuestas.**

Escuche ahora el ejemplo:

Mensaje 0

El próximo domingo, 24 de abril, comienza el ciclo de cine dedicado al director español Luis Buñuel, con la proyección de *Viridiana,* que ganó un Óscar en 1965.

5 segundos

Mensaje 0

El próximo domingo, 24 de abril, comienza el ciclo de cine dedicado al director español Luis Buñuel, con la proyección de *Viridiana,* que ganó un Óscar en 1965.

La opción correcta es la E.

Ahora tiene 25 segundos para leer los enunciados.

Mensaje 1

Hola, Elena. Esta tarde, a las 7:00, hay una exposición de fotografías en el Museo de Arte Moderno; ¿por qué no vienes y nos vemos? Si quieres, luego podemos ir a cenar a ese restaurante japonés que nos gusta. Llámame.

5 segundos

Mensaje 1

Hola, Elena. Esta tarde, a las 7:00, hay una exposición de fotografías en el Museo de Arte Moderno; ¿por qué no vienes y nos vemos? Si quieres, luego podemos ir a cenar a ese restaurante japonés que nos gusta. Llámame.

Elija la opción correcta.

10 segundos

Mensaje 2

A continuación, la guitarrista Alejandra Fernández, acompañada al piano por Julián Ortiz, va a ofrecer una selección de canciones tradicionales del folclore mexicano y, para terminar, va a tocar para todos ustedes un tango que escribió cuando nació su segundo hijo.

5 segundos

Mensaje 2

A continuación, la guitarrista Alejandra Fernández, acompañada al piano por Julián Ortiz, va a ofrecer una selección de canciones tradicionales del folclore mexicano y, para terminar, va a tocar para todos ustedes un tango que escribió cuando nació su segundo hijo.

Elija la opción correcta.

10 segundos

Mensaje 3

El Ayuntamiento de Soria les informa de que, a causa de las obras de la iglesia en la plaza Mayor, esta Navidad va a cerrarse el tráfico en las calles que dan al Ayuntamiento, es decir, la calle Norte y la avenida Nueva.

5 segundos

Mensaje 3

El Ayuntamiento de Soria les informa de que, a causa de las obras de la iglesia en la plaza Mayor, esta Navidad va a cerrarse el tráfico en las calles que dan al Ayuntamiento, es decir, la calle Norte y la avenida Nueva.

Elija la opción correcta.

10 segundos

Mensaje 4

El frío que esta noche hemos tenido en la ciudad se va a volver, durante todo el día de hoy, lluvia, a primera hora de la mañana, nieve, a partir del mediodía y vamos a tener niebla, a primera hora de la tarde. No olviden sus paraguas, si tienen que salir.

5 segundos

Mensaje 4

El frío que esta noche hemos tenido en la ciudad se va a volver, durante todo el día de hoy, lluvia, a primera hora de la mañana, nieve, a partir del mediodía y vamos a tener niebla, a primera hora de la tarde. No olviden sus paraguas, si tienen que salir.

Elija la opción correcta.

10 segundos

Mensaje 5

María, buenas tardes, te llamo porque esta tarde llega a la estación mi primo Alfonso, que viene de Valencia, a estar unos días con nosotros. El tren llega a las 6:30.

5 segundos

Mensaje 5

María, buenas tardes, te llamo porque esta tarde llega a la estación mi primo Alfonso, que viene de Valencia, a estar unos días con nosotros. El tren llega a las 6:30.

Elija la opción correcta.

10 segundos

Mensaje 6

Si le gusta la comida sana y el ambiente familiar, venga al restaurante Costa del Sol; usted y toda su familia van a estar como en casa. Nuestra especialidad es la comida italiana, con menús especiales para niños.

5 segundos

Mensaje 6

Si le gusta la comida sana y el ambiente familiar, venga al restaurante Costa del Sol; usted y toda su familia van a estar como en casa. Nuestra especialidad es la comida italiana, con menús especiales para niños.

Elija la opción correcta.

30 segundos

ESTRATEGIAS PARA LA TAREA 4 - Pista 10 ⊙♫

Instrucciones

Usted va a escuchar una entrevista de trabajo entre un candidato y la responsable de selección de trabajadores. Escuchará la conversación dos veces. Lea las preguntas (20-25) y seleccione la opción correcta (A, B o C) para cada pregunta.

Marque las opciones elegidas en la **Hoja de respuestas.**

Ahora tiene 35 segundos para leer las preguntas.

Hombre: Hola, buenos días.

Mujer: Buenos días, siéntese. ¿Cómo se llama?

Hombre: Mi nombre es Antonio-Luis Valdivia.

Mujer: Aquí tengo su currículum. Veo que usted tiene una buena formación académica. ¿Qué cursos ha realizado después de terminar la licenciatura?

Hombre: He asistido a varios cursos de formación sobre economía y he comenzado a estudiar un máster.

Mujer: ¿Por qué habla usted alemán?

Hombre: Estuve dos años viviendo en Berlín, como estudiante, y mi novia es de allí; viajo a Alemania tres veces al año.

Mujer: No tiene usted mucha experiencia laboral.

Hombre: En efecto, no he tenido mucho tiempo para trabajar, pero he realizado prácticas de formación en una gran empresa y la experiencia fue muy positiva.

Mujer: ¿Qué aprendió usted en esas prácticas de formación?

Hombre: Tuve un primer contacto con el mundo de la empresa y traté con varios clientes en la firma de acuerdos importantes.

Mujer: ¿Por qué no lo contrataron para trabajar en esa compañía?

Hombre: Porque, en ese momento, estaba estudiando todavía y preferí continuar mis estudios y terminar mi proceso de formación.

Mujer: Hablemos ahora de su trabajo. ¿Qué le gusta más de su profesión?

Hombre: Me encanta el contacto con los clientes, mostrarles los servicios de la empresa y buscar nuevos productos.

Mujer: ¿Usted prefiere trabajar a tiempo completo o a tiempo parcial?

Hombre: Me gustaría trabajar toda la jornada, continua o partida, pero si tengo que empezar con media jornada, no me importa.

Mujer: ¿Utiliza usted programas informáticos?

Hombre: Sí, claro, trabajo con diferentes programas aplicados a la economía.

Mujer: Bueno, muchas gracias y, en los próximos días, lo llamará mi secretaria.

10 segundos

Hombre: Hola, buenos días.

Mujer: Buenos días, siéntese. ¿Cómo se llama?

Hombre: Mi nombre es Antonio-Luis Valdivia.

Mujer: Aquí tengo su currículum. Veo que usted tiene una buena formación académica. ¿Qué cursos ha realizado después de terminar la licenciatura?

Hombre: He asistido a varios cursos de formación sobre economía y he comenzado a estudiar un máster.

Mujer: ¿Por qué habla usted alemán?

Hombre: Estuve dos años viviendo en Berlín, como estudiante, y mi novia es de allí; viajo a Alemania tres veces al año.

Mujer: No tiene usted mucha experiencia laboral.

Hombre: En efecto, no he tenido mucho tiempo para trabajar, pero he realizado prácticas de formación en una gran empresa y la experiencia fue muy positiva.

Mujer: ¿Qué aprendió usted en esas prácticas de formación?

Hombre: Tuve un primer contacto con el mundo de la empresa y traté con varios clientes en la firma de acuerdos importantes.

Mujer: ¿Por qué no lo contrataron para trabajar en esa compañía?

Hombre: Porque, en ese momento, estaba estudiando todavía y preferí continuar mis estudios y terminar mi proceso de formación.

Mujer: Hablemos ahora de su trabajo. ¿Qué le gusta más de su profesión?

Hombre: Me encanta el contacto con los clientes, mostrarles los servicios de la empresa y buscar nuevos productos.

Mujer: ¿Usted prefiere trabajar a tiempo completo o a tiempo parcial?

Hombre: Me gustaría trabajar toda la jornada, continua o partida, pero si tengo que empezar con media jornada, no me importa.

Mujer: ¿Utiliza usted programas informáticos?

Hombre: Sí, claro, trabajo con diferentes programas aplicados a la economía.

Mujer: Bueno, muchas gracias y, en los próximos días, lo llamará mi secretaria.

30 segundos

TAREA 4 Ejercicio 17 - Pista 11 ⊙♫

Instrucciones

Usted va a escuchar una conversación telefónica entre una empleada de Canal Norte y una persona que busca trabajo. Escuchará la conversación dos veces. Lea las preguntas (20-25) y seleccione la opción correcta (A, B o C) para cada pregunta.

Marque las opciones elegidas en la **Hoja de respuestas.**

Ahora tiene 35 segundos para leer las preguntas.

Mujer: Canal Norte Televisión, buenos días.

Hombre: Buenos días, llamo por el anuncio que he visto en el periódico para un puesto de presentador.

Mujer: ¿Puede darme su nombre?

Hombre: Me llamo Álvaro Pérez.

Mujer: Señor Pérez, ¿nos ha enviado ya su currículum?

Hombre: Sí, lo envié el viernes pasado, pero todavía no me han contestado.

Mujer: Es que se han presentado muchas personas, así que voy a buscar su carta.

Hombre: Quería saber cuándo es la entrevista de trabajo, porque mi mujer y yo vivimos en el extranjero y estoy aquí hasta el viernes.

Mujer: Tengo delante de mí su currículum y pensábamos llamarlo para hacer la entrevista el martes de la próxima semana.

Hombre: ¿No puede ser esta semana?

Mujer: En principio, podemos hacerlo este jueves a las 6:00 de la tarde.

Hombre: Para mí, ese día está muy bien.

Mujer: Por cierto, en su currículum dice que ha trabajado ya para otras empresas; ¿puede decirme a qué se ha dedicado?

Hombre: Estudié Ciencias de la Información en la universidad y, hasta hace dos meses, trabajé como vendedor en una empresa de informática.

Mujer: Entonces, ¿puede estar en nuestras oficinas el jueves a las 6:00 de la tarde?

Hombre: Claro, se lo agradezco. Un saludo y hasta el jueves.

Mujer: Hasta el jueves, buenos días.

10 segundos

Mujer: Canal Norte Televisión, buenos días.

Hombre: Buenos días, llamo por el anuncio que he visto en el periódico para un puesto de presentador.

Mujer: ¿Puede darme su nombre?

Hombre: Me llamo Álvaro Pérez.

Mujer: Señor Pérez, ¿nos ha enviado ya su currículum?

Hombre: Sí, lo envié el viernes pasado, pero todavía no me han contestado.

Mujer: Es que se han presentado muchas personas, así que voy a buscar su carta.

Hombre: Quería saber cuándo es la entrevista de trabajo, porque mi mujer y yo vivimos en el extranjero y estoy aquí hasta el viernes.

Mujer: Tengo delante de mí su currículum y pensábamos llamarlo para hacer la entrevista el martes de la próxima semana.

Hombre: ¿No puede ser esta semana?

Mujer: En principio, podemos hacerlo este jueves a las 6:00 de la tarde.

Hombre: Para mí, ese día está muy bien.

Mujer: Por cierto, en su currículum dice que ha trabajado ya para otras empresas; ¿puede decirme a qué se ha dedicado?

Hombre: Estudié Ciencias de la Información en la universidad y, hasta hace dos meses, trabajé como vendedor en una empresa de informática.

Mujer: Entonces, ¿puede estar en nuestras oficinas el jueves a las 6:00 de la tarde?

Hombre: Claro, se lo agradezco. Un saludo y hasta el jueves.

Mujer: Hasta el jueves, buenos días.

30 segundos

TAREA 4 Ejercicio 18 - Pista 12 ⊙♫

Instrucciones

Usted va a escuchar una conversación entre un camarero y una clienta. Escuchará la conversación dos veces. Lea las preguntas (20-25) y seleccione la opción correcta (A, B o C) para cada pregunta.

Marque las opciones elegidas en la **Hoja de respuestas.**

Ahora tiene 35 segundos para leer las preguntas.

Hombre: Hola, buenas tardes, ¿desea la carta?

Mujer: Hola, buenas tardes, ¿tienen menú del día?

Hombre: Hoy no hay menú del día, solo es de lunes a viernes.

Mujer: Entonces, dígame qué tiene en la carta.

Hombre: Mire, de primero, hay sopa de pescado, ensalada de la casa, tortilla de patatas y verduras a la plancha.

Mujer: Tráigame una sopa de pescado.

Hombre: Muy bien. De segundo, tenemos filete de ternera, gambas al ajillo, salmón al horno y pierna de cordero.

Mujer: Ay, no sé qué elegir, ¿qué me recomienda?

Hombre: La pierna de cordero está riquísima.

Mujer: Sí, pero el médico me ha prohibido la grasa.

Hombre: Entonces le aconsejo algo de pescado, el salmón, por ejemplo.

Mujer: Ya, pero entonces tengo que cambiar la sopa de pescado por una ensalada.

Hombre: No hay problema; de primero, una ensalada de la casa con tomate y lechuga.

Mujer: Y de segundo, el salmón al horno.

Hombre: ¿Pide ahora el postre? Tenemos tarta de manzana, helado de chocolate, yogur o una pieza de fruta.

Mujer: ¿Qué fruta tienen?

Hombre: Naranja, manzana, fresas y plátano.

Mujer: Un plátano, o mejor, voy a probar la tarta de manzana.

10 segundos

Hombre: Hola, buenas tardes, ¿desea la carta?

Mujer: Hola, buenas tardes, ¿tienen menú del día?

Hombre: Hoy no hay menú del día, solo es de lunes a viernes.

Mujer: Entonces, dígame qué tiene en la carta.

Hombre: Mire, de primero, hay sopa de pescado, ensalada de la casa, tortilla de patatas y verduras a la plancha.

Mujer: Tráigame una sopa de pescado.

Hombre: Muy bien. De segundo, tenemos filete de ternera, gambas al ajillo, salmón al horno y pierna de cordero.

Mujer: Ay, no sé qué elegir, ¿qué me recomienda?

Hombre: La pierna de cordero está riquísima.

Mujer: Sí, pero el médico me ha prohibido la grasa.

Hombre: Entonces le aconsejo algo de pescado, el salmón, por ejemplo.

Mujer: Ya, pero entonces tengo que cambiar la sopa de pescado por una ensalada.

Hombre: No hay problema; de primero, una ensalada de la casa con tomate y lechuga.

Mujer: Y de segundo, el salmón al horno.

Hombre: ¿Pide ahora el postre? Tenemos tarta de manzana, helado de chocolate, yogur o una pieza de fruta.

Mujer: ¿Qué fruta tienen?

Hombre: Naranja, manzana, fresas y plátano.

Mujer: Un plátano, o mejor, voy a probar la tarta de manzana.

30 segundos

ESTRATEGIAS PARA LA TAREA 5 - Pista 13 ⊙♫

Instrucciones

Usted va a escuchar a una mujer y a un hombre hablando sobre sus vidas, su trabajo y su familia. Oirá la conversación dos veces. Seleccione la imagen (A-H) que corresponde a cada enunciado (26-30).

Hay ocho imágenes. Seleccione cinco.

Marque las opciones elegidas en la **Hoja de respuestas.**

Ahora tiene 15 segundos para leer los enunciados.

Mujer: ¿Sabe por qué estación acabamos de pasar?

Hombre: Lo siento, no me he dado cuenta.

Mujer: ¿Y a qué hora cree que vamos a llegar?

Hombre: A las 9:30, creo.

Mujer: Pero como hemos salido con retraso…

Hombre: No hay problema, ya solo quedan dos estaciones.

Mujer: ¿De dónde viene usted?

Hombre: Yo salí esta mañana de Vitoria.

Mujer: ¿Es usted de allí?

Hombre: No, no, yo soy de Cádiz, pero vivo en Vitoria desde hace muchos años.

Mujer: Allí hace mucho frío, ¿verdad?

Hombre: Bueno, un poco más que en Cádiz.

Mujer: Pero, en invierno, nieva mucho.

Hombre: No, ¡qué va!, una o dos veces al año.

Mujer: A mí es que no me gusta el frío.

Hombre: Pero la nieve es muy bonita; a mí sí me gusta y, cuando puedo, voy a esquiar.

Mujer: Pues yo prefiero el calor, la playa, el sol…

Hombre: En Vitoria también hace sol, aunque no tenemos playa.

Mujer: ¿Y usted a qué se dedica?

Hombre: Soy profesor de Historia, doy clases en un instituto. Por cierto, me llamo Jorge.

Mujer: Y yo, Lucía. ¡Qué interesante su trabajo! Mi hija también estudió Historia.

Hombre: ¿Y qué hace?

Mujer: Se marchó a vivir fuera, se casó y tiene dos hijos.

Hombre: ¿No trabaja?

Mujer: No, porque como vive en el extranjero…

Hombre: ¿Y viene a menudo a España?

Mujer: Solo una vez al año, en Navidad, porque, en verano, su marido trabaja.

Hombre: ¿Y tiene usted más hijos?

Mujer: Sí, también tengo un hijo soltero.

Hombre: ¿Y a qué se dedica?

Mujer: Está terminando sus estudios en la universidad, en Cádiz, por eso voy a verlo.

Hombre: ¿Y qué estudia?

Mujer: Estudia Informática, le encantan los ordenadores.

Hombre: Pues yo no entiendo nada de ordenadores, ¡qué pena!

10 segundos

Mujer: ¿Sabe por qué estación acabamos de pasar?
Hombre: Lo siento, no me he dado cuenta.
Mujer: ¿Y a qué hora cree que vamos a llegar?
Hombre: A las 9:30, creo.
Mujer: Pero como hemos salido con retraso…
Hombre: No hay problema, ya solo quedan dos estaciones.
Mujer: ¿De dónde viene usted?
Hombre: Yo salí esta mañana de Vitoria.
Mujer: ¿Es usted de allí?
Hombre: No, no, yo soy de Cádiz, pero vivo en Vitoria desde hace muchos años.
Mujer: Allí hace mucho frío, ¿verdad?
Hombre: Bueno, un poco más que en Cádiz.
Mujer: Pero, en invierno, nieva mucho.
Hombre: No, ¡qué va!, una o dos veces al año.
Mujer: A mí es que no me gusta el frío.
Hombre: Pero la nieve es muy bonita; a mí sí me gusta y, cuando puedo, voy a esquiar.
Mujer: Pues yo prefiero el calor, la playa, el sol…
Hombre: En Vitoria también hace sol, aunque no tenemos playa.
Mujer: ¿Y usted a qué se dedica?
Hombre: Soy profesor de Historia, doy clases en un instituto. Por cierto, me llamo Jorge.
Mujer: Y yo, Lucía. ¡Qué interesante su trabajo! Mi hija también estudió Historia.
Hombre: ¿Y qué hace?
Mujer: Se marchó a vivir fuera, se casó y tiene dos hijos.
Hombre: ¿No trabaja?
Mujer: No, porque como vive en el extranjero…
Hombre: ¿Y viene a menudo a España?
Mujer: Solo una vez al año, en Navidad, porque, en verano, su marido trabaja.
Hombre: ¿Y tiene usted más hijos?
Mujer: Sí, también tengo un hijo soltero.
Hombre: ¿Y a qué se dedica?
Mujer: Está terminando sus estudios en la universidad, en Cádiz, por eso voy a verlo.
Hombre: ¿Y qué estudia?
Mujer: Estudia Informática, le encantan los ordenadores.
Hombre: Pues yo no entiendo nada de ordenadores, ¡qué pena!

30 segundos

TAREA 5 Ejercicio 19 - Pista 14 ⊙♫

Instrucciones

Usted va a escuchar a dos personas hablando sobre sus compromisos y ocupaciones diarias. Oirá la conversación dos veces. Seleccione la imagen (A-H) que corresponde a cada enunciado (26-30). Hay ocho imágenes. Seleccione cinco.

Marque las opciones elegidas en la **Hoja de respuestas.**

Ahora tiene 15 segundos para leer los enunciados.

Mujer: Hola, Pedro.

Hombre: ¡Hola, Beatriz! ¿Qué tal estás?

Mujer: Bien, ¿y tú?

Hombre: Ya ves, estoy cansado y con ganas de llegar a casa para comer.

Mujer: Normal, a estas horas…

Hombre: Hace mucho tiempo que no te veía, ¿has estado fuera?

Mujer: Sí, mi hermano se casó y fui unos días a ver a mi familia.

Hombre: ¿Dónde has estado?

Mujer: En Buenos Aires, pero estuve poco tiempo.

Hombre: A mí me gustaría mucho conocer Buenos Aires.

Mujer: Si quieres, puedes venir el próximo verano.

Hombre: Me gustaría muchísimo, pero no voy a poder.

Mujer: ¿Por qué no puedes?

Hombre: Porque este verano tengo que ir a ver a mis padres.

Mujer: ¿Hace mucho que no los visitas?

Hombre: Pues sí, la verdad es que nunca tengo tiempo.

Mujer: ¿Tanto trabajo tienes?

Hombre: Sí, es que estoy haciendo un curso.

Mujer: ¿De qué?

Hombre: Estoy haciendo un curso de fotografía.

Mujer: ¿Cuándo es el curso?

Hombre: Los sábados y domingos, por la mañana, así que no puedo ir a ver a mis padres nada más que en verano.

Mujer: Ya hemos llegado al octavo, ¿te ayudo?

Hombre: No, gracias, pero ábreme la puerta, por favor, porque estas bolsas de patatas y la leche pesan mucho.

Mujer: Por cierto, ¿has leído la convocatoria para este sábado?

Hombre: Sí, y tengo mucho interés en asistir a la reunión, porque hay varios temas interesantes. ¿Tú vas a ir?

Mujer: Es probable, porque el sábado no trabajo ni he quedado con nadie.

Hombre: Pues, si quieres, después de la reunión, tomamos un café en mi casa.

Mujer: Vale, si terminamos pronto, tomamos un café.

Hombre: ¡Ah! Y no olvides traer las fotos de la boda.

10 segundos

Mujer: Hola, Pedro.

Hombre: ¡Hola, Beatriz! ¿Qué tal estás?

Mujer: Bien, ¿y tú?

Hombre: Ya ves, estoy cansado y con ganas de llegar a casa para comer.

Mujer: Normal, a estas horas…

Hombre: Hace mucho tiempo que no te veía, ¿has estado fuera?

Mujer: Sí, mi hermano se casó y fui unos días a ver a mi familia.

Hombre: ¿Dónde has estado?

Mujer: En Buenos Aires, pero estuve poco tiempo.

Hombre: A mí me gustaría mucho conocer Buenos Aires.

Mujer: Si quieres, puedes venir el próximo verano.

Hombre: Me gustaría muchísimo, pero no voy a poder.

Mujer: ¿Por qué no puedes?

Hombre: Porque este verano tengo que ir a ver a mis padres.

Mujer: ¿Hace mucho que no los visitas?

Hombre: Pues sí, la verdad es que nunca tengo tiempo.

Mujer: ¿Tanto trabajo tienes?

Hombre: Sí, es que estoy haciendo un curso.

Mujer: ¿De qué?

Hombre: Estoy haciendo un curso de fotografía.

Mujer: ¿Cuándo es el curso?

Hombre: Los sábados y domingos, por la mañana, así que no puedo ir a ver a mis padres nada más que en verano.

Mujer: Ya hemos llegado al octavo, ¿te ayudo?

Hombre: No, gracias, pero ábreme la puerta, por favor, porque estas bolsas de patatas y la leche pesan mucho.

Mujer: Por cierto, ¿has leído la convocatoria para este sábado?

Hombre: Sí, y tengo mucho interés en asistir a la reunión, porque hay varios temas interesantes. ¿Tú vas a ir?

Mujer: Es probable, porque el sábado no trabajo ni he quedado con nadie.

Hombre: Pues, si quieres, después de la reunión, tomamos un café en mi casa.

Mujer: Vale, si terminamos pronto, tomamos un café.

Hombre: ¡Ah! Y no olvides traer las fotos de la boda.

30 segundos

TAREA 5 Ejercicio 20 - Pista 15 ⊙♫

Instrucciones

Usted va a escuchar a dos personas hablando sobre sus hijos y su trabajo. Oirá la conversación dos veces. Seleccione la imagen (A-H) que corresponde a cada enunciado (26-30).

Hay ocho imágenes. Seleccione cinco.

Marque las opciones elegidas en la **Hoja de respuestas.**

Ahora tiene 15 segundos para leer los enunciados.

Mujer: Buenos días, Antonio, ¿cómo estás?

Hombre: Muy bien, Elena, ¿y tú?

Mujer: Pues ya ves, he salido a desayunar. ¿Qué quieres tomar?

Hombre: Un café con leche y una tostada, gracias.

Mujer: Y cuéntame, ¿qué haces tú por aquí?

Hombre: Nada, que vi un anuncio en el periódico porque estoy buscando piso.

Mujer: ¿Para ti?

Hombre: ¡No, qué va! Es que Alfredo, mi hijo mayor, se casa en primavera.

Mujer: ¿En serio? No me lo puedo creer.

Hombre: Pues sí, conoció a una chica a través de Internet y, después de dos años, han decidido casarse.

Mujer: Pues qué bien, ¿no? Parece que fue ayer cuando lo veíamos jugando en el parque.

Hombre: La semana pasada cumplió veintisiete años.

Mujer: ¡Cómo pasa el tiempo!

Hombre: Así es.

Mujer: Fíjate, mi hija menor, en octubre, va empezar a estudiar en la universidad.

Hombre: ¿Y qué va a hacer?

Mujer: Quiere estudiar Química, pero su padre le dice que va a ser más fácil encontrar trabajo si estudia Medicina.

Hombre: Sí, pero si a ella no le gusta trabajar con enfermos…

Mujer: Eso dice ella, que prefiere trabajar en un laboratorio.

Hombre: Oye, ¿y si quedamos para comer tu marido, mi mujer, tú y yo, que hace mucho tiempo que no hablamos?

Mujer: Vale, perfecto. Yo prefiero salir a cenar, porque, a mediodía, siempre estoy ocupada.

Hombre: Pues la semana que viene os llamo y quedamos para cenar.

Mujer: ¡Ay, sí!, que lo necesito. Llevo unas semanas que no paro de trabajar.

Hombre: ¿Y por qué?

Mujer: Porque, la semana pasada, tuve que ir a Londres y he tenido muchas reuniones.

Hombre: Pero Londres es una ciudad preciosa.

Mujer: Sí, pero no fui de vacaciones sino para trabajar y he vuelto muy cansada.

Hombre: Pues entonces el viernes nos vamos a cenar todos juntos.

Mujer: De acuerdo, y así nos cuentas si te ha gustado el piso que vas a ver.

10 segundos

Mujer: Buenos días, Antonio, ¿cómo estás?

Hombre: Muy bien, Elena, ¿y tú?

Mujer: Pues ya ves, he salido a desayunar. ¿Qué quieres tomar?

Hombre: Un café con leche y una tostada, gracias.

Mujer: Y cuéntame, ¿qué haces tú por aquí?

Hombre: Nada, que vi un anuncio en el periódico porque estoy buscando piso.

Mujer: ¿Para ti?

Hombre: ¡No, qué va! Es que Alfredo, mi hijo mayor, se casa en primavera.

Mujer: ¿En serio? No me lo puedo creer.

Hombre: Pues sí, conoció a una chica a través de Internet y, después de dos años, han decidido casarse.

Mujer: Pues qué bien, ¿no? Parece que fue ayer cuando lo veíamos jugando en el parque.

Hombre: La semana pasada cumplió veintisiete años.

Mujer: ¡Cómo pasa el tiempo!

Hombre: Así es.

Mujer: Fíjate, mi hija menor, en octubre, va empezar a estudiar en la universidad.

Hombre: ¿Y qué va a hacer?

Mujer: Quiere estudiar Química, pero su padre le dice que va a ser más fácil encontrar trabajo si estudia Medicina.

Hombre: Sí, pero si a ella no le gusta trabajar con enfermos…

Mujer: Eso dice ella, que prefiere trabajar en un laboratorio.

Hombre: Oye, ¿y si quedamos para comer tu marido, mi mujer, tú y yo, que hace mucho tiempo que no hablamos?

Mujer: Vale, perfecto. Yo prefiero salir a cenar, porque, a mediodía, siempre estoy ocupada.

Hombre: Pues la semana que viene os llamo y quedamos para cenar.

Mujer: ¡Ay, sí!, que lo necesito. Llevo unas semanas que no paro de trabajar.

Hombre: ¿Y por qué?

Mujer: Porque, la semana pasada, tuve que ir a Londres y he tenido muchas reuniones.

Hombre: Pero Londres es una ciudad preciosa.

Mujer: Sí, pero no fui de vacaciones sino para trabajar y he vuelto muy cansada.

Hombre: Pues entonces el viernes nos vamos a cenar todos juntos.

Mujer: De acuerdo, y así nos cuentas si te ha gustado el piso que vas a ver.

30 segundos

COMPRENSIÓN AUDITIVA

TAREA 1 Ejercicio 40 - Pista 16 ⊙♫

Instrucciones

Usted va a escuchar siete anuncios de radio. Los anuncios se repiten dos veces. Seleccione la opción correcta (A, B o C) para cada pregunta sobre los anuncios.

Marque las opciones seleccionadas en la **Hoja de respuestas.**

A continuación, va a oír un ejemplo:

Te llevo en el corazón es el título del nuevo disco publicado por el cantante Rafael, con el que van a disfrutar los amantes del tango, el bolero y toda la música tradicional y popular de América Latina y España.

5 segundos

Te llevo en el corazón es el título del nuevo disco publicado por el cantante Rafael, con el que van a disfrutar los amantes del tango, el bolero y toda la música tradicional y popular de América Latina y España.

La opción correcta es la B.

10 segundos

Anuncio 1

Un frente frío entra hoy por el noroeste de España y va a atravesar prácticamente toda la península. Así, se esperan lluvias, a partir de mañana. También bajan las temperaturas en la mayor parte del país. Va a nevar a partir de los novecientos metros en el norte y se mantiene en los mil doscientos metros en el resto del país.

5 segundos

Anuncio 1

Un frente frío entra hoy por el noroeste de España y va a atravesar prácticamente toda la península. Así, se esperan lluvias, a partir de mañana. También bajan las temperaturas en la mayor parte del país. Va a nevar a partir de los novecientos metros en el norte y se mantiene en los mil doscientos metros en el resto del país.

Conteste a la pregunta número 1: En esta información sobre el tiempo en España se dice que hoy va a…

10 segundos

Anuncio 2

¿Tienes alguna pregunta? Envíanos tu carta con tu consulta a *Preguntas para tu médico*, en Radio Caracol, o a través de nuestro correo electrónico, y un doctor va a responderte en el próximo programa.

5 segundos

Anuncio 2

¿Tienes alguna pregunta? Envíanos tu carta con tu consulta a *Preguntas para tu médico*, en Radio Caracol, o a través de nuestro correo electrónico, y un doctor va a responderte en el próximo programa.

Conteste a la pregunta número 2: En este programa puedes…

10 segundos

Anuncio 3

Durante este mes, puedes conseguir tu teléfono móvil Pampún Toque dos, edición especial, con tarjeta de memoria de dos gigas y cámara de tres megapíxeles, por un precio excepcional, además de un bolso de regalo, llamando al 4040. Hay más de diez modelos diferentes. Date prisa y hazte miembro de la Asociación de Compradores con Derechos.

5 segundos

Anuncio 3

Durante este mes, puedes conseguir tu teléfono móvil Pampún Toque dos, edición especial, con tarjeta de memoria de dos gigas y cámara de tres megapíxeles, por un precio excepcional, además de un bolso de regalo, llamando al 4040. Hay más de diez modelos diferentes. Date prisa y hazte miembro de la Asociación de Compradores con Derechos.

Conteste a la pregunta número 3: Si compra este móvil, se le regala...

10 segundos

Anuncio 4

Reserva tu vuelo por Internet con un servicio único. Viaja sin preocupaciones y sin pagar más con la compañía A tu aire. Servicio de cafetería restaurante durante el vuelo. Salidas desde Madrid, Bilbao, Barcelona, Sevilla y Málaga. Información y reservas en el número de teléfono gratuito 900 36 80 44. Durante este mes, oferta especial: ida y vuelta por el precio de un trayecto.

5 segundos

Anuncio 4

Reserva tu vuelo por Internet con un servicio único. Viaja sin preocupaciones y sin pagar más con la compañía A tu aire. Servicio de cafetería restaurante durante el vuelo. Salidas desde Madrid, Bilbao, Barcelona, Sevilla y Málaga. Información y reservas en el número de teléfono gratuito 900 36 80 44. Durante este mes, oferta especial: ida y vuelta por el precio de un trayecto.

Conteste a la pregunta número 4: Con la compañía A tu aire, durante el vuelo se puede…

10 segundos

Anuncio 5

Se acabó la frase de siempre: "No sé qué voy a regalarles". Ahora, todas las cosas que les gustan a tus amigos, la moda de hombre y mujer, los juegos, las zapatillas y hasta los relojes más divertidos los tienes en Accesorios Blanco, avenida de la Montaña, n.º 23.

5 segundos

Anuncio 5

Se acabó la frase de siempre: "No sé qué voy a regalarles". Ahora, todas las cosas que les gustan a tus amigos, la moda de hombre y mujer, los juegos, las zapatillas y hasta los relojes más divertidos los tienes en Accesorios Blanco, avenida de la Montaña, n.º 23.

Conteste a la pregunta número 5: En Accesorios Blanco…

10 segundos

Anuncio 6

Restaurante La Caracola. Menú del día, por solo seis euros. Primero, segundo, postre y bebida. Abierto todos los días de 9:00 a 4:00 de la tarde. Pruebe nuestras paellas, pollos asados, cordero, gazpacho y hasta cincuenta platos diferentes. Su restaurante de cada día en la calle Caracola, n.º 32.

5 segundos

Anuncio 6

Restaurante La Caracola. Menú del día, por solo seis euros. Primero, segundo, postre y bebida. Abierto todos los días de 9:00 a 4:00 de la tarde. Pruebe nuestras paellas, pollos asados, cordero, gazpacho y hasta cincuenta platos diferentes. Su restaurante de cada día en la calle Caracola, n.º 32.

Conteste a la pregunta número 6: El restaurante La Caracola…

10 segundos

Anuncio 7

En nuestra sección *Salud diaria*, hoy vamos a hablar sobre las costumbres diarias y, especialmente, en los hábitos de alimentación. Algunos médicos aconsejan no beber durante las comidas y recomiendan hacer varias comidas al día, comer tranquilos, sin hablar demasiado, tomar muchas frutas y verduras y no tomar café, té ni alcohol.

5 segundos

Anuncio 7

En nuestra sección *Salud diaria*, hoy vamos a hablar sobre las costumbres diarias y, especialmente, en los hábitos de alimentación. Algunos médicos aconsejan no beber durante las comidas y recomiendan hacer varias comidas al día, comer tranquilos, sin hablar demasiado, tomar muchas frutas y verduras y no tomar café, té ni alcohol.

Conteste a la pregunta número 7: Para seguir este consejo, no se debe…

10 segundos

Instrucciones

Va a escuchar una noticia en la radio. Escuchará la noticia dos veces. Seleccione la opción correcta (A, B o C) para cada pregunta.

Marque las opciones elegidas en la **Hoja de respuestas**.

Ahora tiene 35 segundos para leer las preguntas.

En una mañana fría y soleada, el pasado 11 de diciembre, en el parque Agustín Rodríguez Sahagún, se celebró la carrera escolar de la Constitución, en la que participan, desde hace varios años, alumnos de todos los colegios del barrio de Tetuán. Durante todo el curso, cientos de estudiantes de todas las edades se han preparado para esta competición, que se celebra en los primeros días del mes de diciembre, con motivo de la fiesta de la Constitución española.

Chándal o camiseta del colegio, zapatillas de deporte y muchas ganas de hacer ejercicio. Niños y niñas de todas las edades se colocaban, por categorías, en la zona de salida y un grupo de escolares iniciaba la marcha cruzando rápidamente frente a los ojos de los espectadores –profesores, familiares, compañeros, paseantes de perros…–.

Empezaba así la séptima edición de la carrera escolar de la Constitución del barrio de Tetuán que, con la colaboración de la Asociación Deportiva Maratón, contó este año con la mayor participación hasta el momento: 3200 niños, 700 más que el año pasado.

1635 niños y 1565 niñas de 16 centros escolares corrieron, según la categoría, 515 y 925 metros. Hubo regalos para todos los participantes y para los colegios y sus responsables deportivos (profesores, directores, entrenadores). Y, claro está, hubo también trofeos para los ganadores. En esta ocasión, los ganadores en la categoría infantil fueron Eva García y David González, del colegio público Francisco Tomás y Valiente; en juvenil, llegaron en primera posición Elena Fuertes y Raúl Martínez, del colegio Bravo Murillo.

(Adaptado de *Tetuán 30 días*. Año XV nº 169. Enero 2010. Pág. 15).

10 segundos

En una mañana fría y soleada, el pasado 11 de diciembre, en el parque Agustín Rodríguez Sahagún, se celebró la carrera escolar de la Constitución, en la que participan, desde hace varios años, alumnos de todos los colegios del barrio de Tetuán. Durante todo el curso, cientos de estudiantes de todas las edades se han preparado para esta competición, que se celebra en los primeros días del mes de diciembre, con motivo de la fiesta de la Constitución española.

Chándal o camiseta del colegio, zapatillas de deporte y muchas ganas de hacer ejercicio. Niños y niñas de todas las edades se colocaban, por categorías, en la zona de salida y un grupo de escolares iniciaba la marcha cruzando rápidamente frente a los ojos de los espectadores –profesores, familiares, compañeros, paseantes de perros…–.

Empezaba así la séptima edición de la carrera escolar de la Constitución del barrio de Tetuán que, con la colaboración de la Asociación Deportiva Maratón, contó este año con la mayor participación hasta el momento: 3200 niños, 700 más que el año pasado.

1635 niños y 1565 niñas de 16 centros escolares corrieron, según la categoría, 515 y 925 metros. Hubo regalos para todos los participantes y para los colegios y sus responsables deportivos (profesores, directores, entrenadores). Y, claro está, hubo también trofeos para los ganadores. En esta ocasión, los ganadores en la categoría infantil fueron Eva García y David González, del colegio público Francisco Tomás y Valiente; en juvenil, llegaron en primera posición Elena Fuertes y Raúl Martínez, del colegio Bravo Murillo.

(Adaptado de *Tetuán 30 días*. Año XV n° 169. Enero 2010. Pág. 15).

30 segundos

COMPRENSIÓN AUDITIVA

Instrucciones

Usted va a escuchar siete mensajes. Escuchará cada mensaje dos veces. Seleccione el enunciado (A-J) que corresponde a cada mensaje (14-19).

Hay diez enunciados, incluido el ejemplo. Selecciones seis.

Marque las opciones elegidas en la **Hoja de respuestas.**

Escuche ahora el ejemplo:

Mensaje 0

El tren para León se encuentra en la vía 6; su salida va a realizarse a las 7:30, con media hora de retraso por problemas técnicos. Disculpen las molestias.

5 segundos

Mensaje 0

El tren para León se encuentra en la vía 6; su salida va a realizarse a las 7:30, con media hora de retraso por problemas técnicos. Disculpen las molestias.

La opción correcta es la B.

Ahora tiene 25 segundos para leer los enunciados.

Mensaje 1

Después de las fiestas, el horario de la biblioteca va a cambiar: de lunes a jueves, también abrimos por las tardes, y el viernes solo se abre de 10:00 a 2:00.

5 segundos

Mensaje 1

Después de las fiestas, el horario de la biblioteca va a cambiar: de lunes a jueves, también abrimos por las tardes, y el viernes solo se abre de 10:00 a 2:00.

Elija la opción correcta.

10 segundos

Mensaje 2

De postre, tiene helado, naranja, plátano o tarta de manzana. Si lo prefiere, puede tomar café o té. El precio del menú incluye pan y una bebida sin alcohol.

5 segundos

Mensaje 2

De postre, tiene helado, naranja, plátano o tarta de manzana. Si lo prefiere, puede tomar café o té. El precio del menú incluye pan y una bebida sin alcohol.

Elija la opción correcta.

10 segundos

Mensaje 3

Buenos días, soy Esther Fernández, de la agencia de viajes Polosur. Tengo ya la reserva de siete noches para el hotel de Punta Cana. Para ponerse en contacto con nosotros, llamen al 679 39 57 67.

5 segundos

Mensaje 3

Buenos días, soy Esther Fernández, de la agencia de viajes Polosur. Tengo ya la reserva de siete noches para el hotel de Punta Cana. Para ponerse en contacto con nosotros, llamen al 679 39 57 67.

Elija la opción correcta.

10 segundos

Mensaje 4

Hoy he recibido tu correo, pero no puedo ir contigo al cine porque tengo una cita con mis antiguos compañeros de trabajo. Si lo prefieres, te invito a cenar mañana a un restaurante argentino buenísimo, cerca del museo.

5 segundos

Mensaje 4

Hoy he recibido tu correo, pero no puedo ir contigo al cine porque tengo una cita con mis antiguos compañeros de trabajo. Si lo prefieres, te invito a cenar mañana a un restaurante argentino buenísimo, cerca del museo.

Elija la opción correcta.

10 segundos

Mensaje 5

La exposición de pinturas de Diego Rivera y Frida Kahlo va a tener lugar en el Instituto Mexicano de Cultura a partir de las 5:15 de la tarde de mañana y pueden asistir por las tardes todas las personas interesadas en la obra de estos artistas.

5 segundos

Mensaje 5

La exposición de pinturas de Diego Rivera y Frida Kahlo va a tener lugar en el Instituto Mexicano de Cultura a partir de las 5:15 de la tarde de mañana y pueden asistir por las tardes todas las personas interesadas en la obra de estos artistas.

Elija la opción correcta.

10 segundos

Mensaje 6

Me llamo Elías Torres García y quiero hacer dos horas de natación a la semana y jugar al tenis un día. No tengo problemas de horario, pero prefiero hacerlo a partir de las 5:00 de la tarde. Espero su llamada.

5 segundos

Mensaje 6

Me llamo Elías Torres García y quiero hacer dos horas de natación a la semana y jugar al tenis un día. No tengo problemas de horario, pero prefiero hacerlo a partir de las 5:00 de la tarde. Espero su llamada.

Elija la opción correcta.

30 segundos

Instrucciones

Usted va a escuchar una conversación entre dos amigos estudiantes. Escuchará la conversación dos veces. Lea las preguntas (20-25) y seleccione la opción correcta (A, B o C) para cada pregunta. Marque las opciones elegidas en la **Hoja de respuestas.**

Ahora tiene 35 segundos para leer las preguntas.

Hombre: ¿Y qué tal tus nuevos compañeros de piso?

Mujer: Muy bien, son muy simpáticos y me han ayudado muchísimo.

Hombre: Pero ¿de dónde son?

Mujer: Hay un alemán, una sueca y dos italianos.

Hombre: ¿Y qué estudian?

Mujer: Hay uno que estudia Derecho y los demás estudian Historia.

Hombre: ¡Qué bien! Me gustaría conocerlos.

Mujer: Vamos a organizar una fiesta el próximo viernes, ¿por qué no vienes?

Hombre: No lo sé, es que voy al cine con una chica a la que conocí el otro día en la biblioteca.

Mujer: Pues ven con ella y así me la presentas. ¿Cómo se llama?

Hombre: Mónica, y ha vivido mucho tiempo en Holanda.

Mujer: ¿Y a qué se dedica?

Hombre: Estudia Informática en la universidad.

Mujer: Pero ¿ya sois novios o todavía no?

Hombre: No, solo somos amigos, pero como lleva poco tiempo viviendo aquí…

Mujer: Bueno, os esperamos el viernes, a partir de las 9:00, en el piso, ¿de acuerdo?

---

10 segundos

Hombre: ¿Y qué tal tus nuevos compañeros de piso?

Mujer: Muy bien, son muy simpáticos y me han ayudado muchísimo.

Hombre: Pero ¿de dónde son?

Mujer: Hay un alemán, una sueca y dos italianos.

Hombre: ¿Y qué estudian?

Mujer: Hay uno que estudia Derecho y los demás estudian Historia.

Hombre: ¡Qué bien! Me gustaría conocerlos.

Mujer: Vamos a organizar una fiesta el próximo viernes, ¿por qué no vienes?

Hombre: No lo sé, es que voy al cine con una chica a la que conocí el otro día en la biblioteca.

Mujer: Pues ven con ella y así me la presentas. ¿Cómo se llama?

Hombre: Mónica, y ha vivido mucho tiempo en Holanda.

Mujer: ¿Y a qué se dedica?

Hombre: Estudia Informática en la universidad.

Mujer: Pero ¿ya sois novios o todavía no?

Hombre: No, solo somos amigos, pero como lleva poco tiempo viviendo aquí…

Mujer: Bueno, os esperamos el viernes, a partir de las 9:00, en el piso, ¿de acuerdo?

---

30 segundos

Instrucciones

Usted va a escuchar a dos personas hablando sobre el robo que ha sufrido una de ellas. Oirá la conversación dos veces. Seleccione la imagen (A-H) que corresponde a cada enunciado (26-30). Hay ocho imágenes. Seleccione cinco.

Marque las opciones elegidas en la **Hoja de respuestas.**

Ahora tiene 15 segundos para leer los enunciados.

Hombre: Buenas noches, ¿qué desea?

Mujer: Venía a denunciar un robo.

Hombre: ¿Puede darme su nombre?

Mujer: Me llamo Alicia Fernández.

Hombre: ¿Cuándo ha sucedido?

Mujer: Hace menos de una hora, a eso de las diez de la noche.

Hombre: ¿Y dónde ha sido?

Mujer: Estaba yo en la plaza Mayor, después de salir del teatro, mirando unos escaparates y, de pronto, sentí que alguien se me acercaba, noté algo extraño y comprobé que me faltaban las llaves de casa y la cartera.

Hombre: ¿Le han robado algo más?

Mujer: No creo, solo llevaba eso en el bolso.

Hombre: ¿Qué llevaba en la cartera?

Mujer: Mis documentos de identidad, las tarjetas de crédito y algo de dinero.

Hombre: ¿Ha anulado ya las tarjetas?

Mujer: Sí, es lo primero que he hecho.

Hombre: ¿Cuánto dinero, aproximadamente?

Mujer: Dos o tres billetes de cinco euros.

Hombre: ¿Cuántas personas han sido?

Mujer: Solo una, al menos yo solo vi a una.

Hombre: ¿Y cómo era? ¿Puede describírmela?

Mujer: Era moreno, alto, llevaba gafas oscuras…

Hombre: ¿Qué edad tenía?

Mujer: Unos veinticinco años, aproximadamente.

Hombre: ¿Cómo iba vestido el ladrón?

Mujer: Llevaba unos vaqueros, una camiseta negra y creo que zapatillas blancas.

Hombre: ¿Llevaba barba?

Mujer: No, pero sí que llevaba sombrero.

Hombre: De acuerdo, veremos qué se puede hacer. ¿Cuál es su dirección?

Mujer: Yo no soy de aquí, estoy en la ciudad solo unos días, para hacer turismo.

Hombre: ¿Dónde se aloja?

Mujer: En el hotel Presidente.

Hombre: ¿Dónde vive usted?

Mujer: Vivo en París.

Hombre: Entonces tendrá que dejarme su número de teléfono móvil.

Mujer: No tengo móvil.

Hombre: Pues entonces deme una dirección de correo electrónico para ponernos en contacto con usted.
Mujer: Mi dirección electrónica es habiba@hispano.com.
Hombre: Pues muchas gracias, le enviaremos copia de la denuncia.
Mujer: Muchas gracias a usted, buenas noches.

10 segundos

Hombre: Buenas noches, ¿qué desea?
Mujer: Venía a denunciar un robo.
Hombre: ¿Puede darme su nombre?
Mujer: Me llamo Alicia Fernández.
Hombre: ¿Cuándo ha sucedido?
Mujer: Hace menos de una hora, a eso de las diez de la noche.
Hombre: ¿Y dónde ha sido?
Mujer: Estaba yo en la plaza Mayor, después de salir del teatro, mirando unos escaparates y, de pronto, sentí que alguien se me acercaba, noté algo extraño y comprobé que me faltaban las llaves de casa y la cartera.
Hombre: ¿Le han robado algo más?
Mujer: No creo, solo llevaba eso en el bolso.
Hombre: ¿Qué llevaba en la cartera?
Mujer: Mis documentos de identidad, las tarjetas de crédito y algo de dinero.
Hombre: ¿Ha anulado ya las tarjetas?
Mujer: Sí, es lo primero que he hecho.
Hombre: ¿Cuánto dinero, aproximadamente?
Mujer: Dos o tres billetes de cinco euros.
Hombre: ¿Cuántas personas han sido?
Mujer: Solo una, al menos yo solo vi a una.
Hombre: ¿Y cómo era? ¿Puede describírmela?
Mujer: Era moreno, alto, llevaba gafas oscuras…
Hombre: ¿Qué edad tenía?
Mujer: Unos veinticinco años, aproximadamente.
Hombre: ¿Cómo iba vestido el ladrón?
Mujer: Llevaba unos vaqueros, una camiseta negra y creo que zapatillas blancas.
Hombre: ¿Llevaba barba?
Mujer: No, pero sí que llevaba sombrero.
Hombre: De acuerdo, veremos qué se puede hacer. ¿Cuál es su dirección?
Mujer: Yo no soy de aquí, estoy en la ciudad solo unos días, para hacer turismo.
Hombre: ¿Dónde se aloja?
Mujer: En el hotel Presidente.
Hombre: ¿Dónde vive usted?
Mujer: Vivo en París.
Hombre: Entonces tendrá que dejarme su número de teléfono móvil.
Mujer: No tengo móvil.
Hombre: Pues entonces deme una dirección de correo electrónico para ponernos en contacto con usted.
Mujer: Mi dirección electrónica es habiba@hispano.com.
Hombre: Pues muchas gracias, le enviaremos copia de la denuncia.
Mujer: Muchas gracias a usted, buenas noches.

30 segundos

Instrucciones

Usted va a escuchar siete anuncios de radio. Los anuncios se repiten dos veces. Seleccione la opción correcta (A, B o C) para cada pregunta sobre los anuncios.

Marque las opciones seleccionadas en la **Hoja de respuestas.**

A continuación, va a oír un ejemplo:

> Lo primero que se debe visitar en una ciudad es su oficina de información y turismo. En el centro de la plaza Mayor, además de encontrar la mejor información sobre Madrid, puede comprar la tarjeta de turismo para visitar los museos y exposiciones. En la plaza puede encontrar tiendas que ofrecen música, camisetas de diseño, libros y recuerdos de la ciudad.

5 segundos

> Lo primero que se debe visitar en una ciudad es su oficina de información y turismo. En el centro de la plaza Mayor, además de encontrar la mejor información sobre Madrid, puede comprar la tarjeta de turismo para visitar los museos y exposiciones. En la plaza puede encontrar tiendas que ofrecen música, camisetas de diseño, libros y recuerdos de la ciudad.

La opción correcta es la A.

10 segundos

Anuncio 1

> Si desea recibir información sobre Telerín, escriba un correo electrónico con su dirección, número de teléfono, nombres y apellidos y su fecha de nacimiento y, en unas semanas, va a tener en su casa toda la información en el libro *La verdad de la comida sana.*

5 segundos

Anuncio 1

> Si desea recibir información sobre Telerín, escriba un correo electrónico con su dirección, número de teléfono, nombres y apellidos y su fecha de nacimiento y, en unas semanas, va a tener en su casa toda la información en el libro *La verdad de la comida sana.*

Conteste a la pregunta número 1: Para recibir el libro, hay que…

10 segundos

Anuncio 2

Ingredientes para preparar el pescado con tomate: 300 gramos de tomate, una cucharada de aceite, dos cebollas, sal y pescado. En los próximos minutos, el cocinero del restaurante La Cesta nos explica cómo hacerlo.

5 segundos

Anuncio 2

Ingredientes para preparar el pescado con tomate: 300 gramos de tomate, una cucharada de aceite, dos cebollas, sal y pescado. En los próximos minutos, el cocinero del restaurante La Cesta nos explica cómo hacerlo.

Conteste a la pregunta número 2: En este programa se va a hablar de…

10 segundos

Anuncio 3

Paga hasta en doce meses comprando tus muebles en El Porte Irlandés, sin gastos, sin intereses. Te ayudamos a comprar todo lo que necesitas para tu nueva casa.

5 segundos

Anuncio 3

Paga hasta en doce meses comprando tus muebles en El Porte Irlandés, sin gastos, sin intereses. Te ayudamos a comprar todo lo que necesitas para tu nueva casa.

Conteste a la pregunta número 3: En El Porte Irlandés, los muebles…

10 segundos

Anuncio 4

Un viaje para dos personas. Gana un fin de semana en el sur de Perú, en el Hotel Aguascalientes, vuelo de ida y vuelta y entrada gratis a dos museos. Envía la palabra Viaje Perú al 3524 y pasa el mejor fin de semana de tu vida.

5 segundos

Anuncio 4

Un viaje para dos personas. Gana un fin de semana en el sur de Perú, en el Hotel Aguascalientes, vuelo de ida y vuelta y entrada gratis a dos museos. Envía la palabra Viaje Perú al 3524 y pasa el mejor fin de semana de tu vida.

Conteste a la pregunta número 4: Si envía un mensaje, puede tener…

10 segundos

Anuncio 5

Todos tenemos derecho a elegir nuestro futuro, decidir lo que queremos ser. Nosotros lo hemos hecho. Somos la cuarta marca de mayor calidad del mundo y nuestro modelo ha sido Coche del Año en más de cien países. El futuro ha empezado. ¿Vienes con nosotros? Cristal 435.

5 segundos

Anuncio 5

Todos tenemos derecho a elegir nuestro futuro, decidir lo que queremos ser. Nosotros lo hemos hecho. Somos la cuarta marca de mayor calidad del mundo y nuestro modelo ha sido Coche del Año en más de cien países. El futuro ha empezado. ¿Vienes con nosotros? Cristal 435.

Conteste a la pregunta número 5: En muchos países, el coche Cristal 435 es…

10 segundos

Anuncio 6

La sala de exposiciones del Canal de Isabel II, en la calle Santa Engracia n.º 125, presenta, hasta el próximo 31 de enero, las fotografías *Madrileños. Una historia de cada día*, con las fotografías de cientos de personas que han dado sus fotografías familiares para esta exposición, que también puede verse en la página de Internet www.fotografiasdemadrid.com.

(Adaptado de *Qué me dices.* Edición especial, Navidad 2009, pág. 59).

5 segundos

Anuncio 6

La sala de exposiciones del Canal de Isabel II, en la calle Santa Engracia n.º 125, presenta, hasta el próximo 31 de enero, las fotografías *Madrileños. Una historia de cada día*, con las fotografías de cientos de personas que han dado sus fotografías familiares para esta exposición, que también puede verse en la página de Internet www.fotografiasdemadrid.com.

(Adaptado de *Qué me dices.* Edición especial, Navidad 2009, pág. 59).

Conteste a la pregunta número 6: La exposición de fotografías…

10 segundos

Anuncio 7

Regala momentos de felicidad. Más de mil actividades, viajes, hoteles y restaurantes desde veintinueve euros. Deportes, parques temáticos, alojamientos, desplazamientos. Los mejores restaurantes para nuestros clientes. En Viajes El Planeta Azul realizamos tus sueños. La forma más inteligente y económica de viajar.

5 segundos

Anuncio 7

Regala momentos de felicidad. Más de mil actividades, viajes, hoteles y restaurantes desde veintinueve euros. Deportes, parques temáticos, alojamientos, desplazamientos. Los mejores restaurantes para nuestros clientes. En Viajes El Planeta Azul realizamos tus sueños. La forma más inteligente y económica de viajar.

Conteste a la pregunta número 7: En Viajes El Planeta Azul...

30 segundos

COMPRENSIÓN AUDITIVA

TAREA 2 Ejercicio 58 - Pista 22 ⊙♫

Instrucciones

Va a escuchar los avisos para los clientes de un hotel. Escuchará estos anuncios dos veces. Seleccione la opción correcta (A, B o C) para cada pregunta.

Marque las opciones elegidas en la **Hoja de respuestas.**

Ahora tiene 35 segundos para leer las preguntas.

Estimados clientes:

Les informamos que, a las 11:00 de la mañana, frente a la puerta del restaurante principal comienza el concurso de pintura rápida en el que pueden inscribirse todos los huéspedes del hotel hasta las 10:30. Pueden ganar divertidos regalos y pasar una hora agradable.

A causa del frío, la piscina hoy no va a abrir, pero pueden pasar por el gimnasio para practicar sus deportes preferidos. El gimnasio permanece abierto hasta las 9:00 de la noche.

Los miembros de la empresa Telepatía pueden dirigirse al salón Fiesta, donde se celebra la reunión de técnicas de venta desde las 9:30.

A partir de las 8:30, en el comedor Caballito de mar, nuestros clientes van a poder cenar en un ambiente agradable, con música en directo. Después de la cena, la fiesta de Fin de Año va a continuar con música, bebidas, pasteles, las tradicionales uvas de Nochevieja y una gran cantidad de sorpresas.

Les recordamos que la habitación debe abandonarse antes de las 12:00 del mediodía. Si, por alguna razón, necesitan permanecer hasta más tarde, por favor, pónganse en contacto con la recepción del hotel.

Nuestro servicio de cafetería dispone de todo tipo de bocadillos, refrescos y bebidas calientes (chocolate, leche, café y té) las 24 horas del día. Si lo necesitan, pueden hacer sus pedidos llamando al servicio de habitaciones, teléfono 234.

---

10 segundos

Estimados clientes:

Les informamos que, a las 11:00 de la mañana, frente a la puerta del restaurante principal comienza el concurso de pintura rápida en el que pueden inscribirse todos los huéspedes del hotel hasta las 10:30. Pueden ganar divertidos regalos y pasar una hora agradable.

A causa del frío, la piscina hoy no va a abrir, pero pueden pasar por el gimnasio para practicar sus deportes preferidos. El gimnasio permanece abierto hasta las 9:00 de la noche.

Los miembros de la empresa Telepatía pueden dirigirse al salón Fiesta, donde se celebra la reunión de técnicas de venta desde las 9:30.

A partir de las 8:30, en el comedor Caballito de mar, nuestros clientes van a poder cenar en un ambiente agradable, con música en directo. Después de la cena, la fiesta de Fin de Año va a continuar con música, bebidas, pasteles, las tradicionales uvas de Nochevieja y una gran cantidad de sorpresas.

Les recordamos que la habitación debe abandonarse antes de las 12:00 del mediodía. Si, por alguna razón, necesitan permanecer hasta más tarde, por favor, pónganse en contacto con la recepción del hotel.

Nuestro servicio de cafetería dispone de todo tipo de bocadillos, refrescos y bebidas calientes (chocolate, leche, café y té) las 24 horas del día. Si lo necesitan, pueden hacer sus pedidos llamando al servicio de habitaciones, teléfono 234.

30 segundos

Instrucciones

Usted va a escuchar siete mensajes. Escuchará cada mensaje dos veces. Seleccione el enunciado (A-J) que corresponde a cada mensaje (14-19).

Hay diez enunciados, incluido el ejemplo. Seleccione seis.

Marque las opciones elegidas en la **Hoja de respuestas.**

Escuche ahora el ejemplo:

Mensaje 0

> Este tren cuenta con dos cafeterías y un restaurante. El restaurante abre desde las 7:30 de la tarde hasta las 11:00. Pueden ver el menú en las hojas informativas que hay en sus asientos.

5 segundos

Mensaje 0

> Este tren cuenta con dos cafeterías y un restaurante. El restaurante abre desde las 7:30 de la tarde hasta las 11:00. Pueden ver el menú en las hojas informativas que hay en sus asientos.

La opción correcta es la I.

Ahora tiene 25 segundos para leer los enunciados.

Mensaje 1

> Última llamada para los viajeros del vuelo 0314, de la Compañía Nuestro Aire; tienen que ir rápidamente a la puerta 23 de salidas internacionales.

5 segundos

Mensaje 1

> Última llamada para los viajeros del vuelo 0314, de la Compañía Nuestro Aire; tienen que ir rápidamente a la puerta 23 de salidas internacionales.

Elija la opción correcta.

10 segundos

Mensaje 2

> Sí, dígame. Es que no oigo nada. Creo que no es posible hablar. Por favor, vuelva a llamar dentro de un minuto. Voy a salir a la calle para poder oír mejor.

5 segundos

Mensaje 2

Sí, dígame. Es que no oigo nada. Creo que no es posible hablar. Por favor, vuelva a llamar dentro de un minuto. Voy a salir a la calle para poder oír mejor.

Elija la opción correcta.

10 segundos

Mensaje 3

Tiene que llamar al hotel para hacer sus reservas de habitaciones y otros servicios dos días antes. El horario de atención telefónica es de 8:00 de la mañana a 4:00 de la tarde, de lunes a viernes.

5 segundos

Mensaje 3

Tiene que llamar al hotel para hacer sus reservas de habitaciones y otros servicios dos días antes. El horario de atención telefónica es de 8:00 de la mañana a 4:00 de la tarde, de lunes a viernes.

Elija la opción correcta.

10 segundos

Mensaje 4

Si tiene poco tiempo, cerca del aeropuerto hay un magnífico restaurante donde se puede probar la comida tradicional de la región a un precio muy económico.

5 segundos

Mensaje 4

Si tiene poco tiempo, cerca del aeropuerto hay un magnífico restaurante donde se puede probar la comida tradicional de la región a un precio muy económico.

Elija la opción correcta.

10 segundos

Mensaje 5

Para conseguir su botella de Tropi-Cola, tiene que poner el precio exacto. En estos momentos, la máquina no devuelve cambio ni acepta billetes.

5 segundos

Mensaje 5

Para conseguir su botella de Tropi-Cola, tiene que poner el precio exacto. En estos momentos, la máquina no devuelve cambio ni acepta billetes.

Elija la opción correcta.

10 segundos

Mensaje 6

Torres de la Alameda. Piso de 85 m^2, tres dormitorios, armarios, salón con terraza, cocina amueblada y baño. Puertas de madera y ventanas de aluminio. 650 euros al mes. Efíe Inmobiliaria. Teléfono 918 80 25 25.

5 segundos

Mensaje 6

Torres de la Alameda. Piso de 85 m^2, tres dormitorios, armarios, salón con terraza, cocina amueblada y baño. Puertas de madera y ventanas de aluminio. 650 euros al mes. Efíe Inmobiliaria. Teléfono 918 80 25 25.

Elija la opción correcta.

30 segundos

COMPRENSIÓN AUDITIVA

TAREA 4 Ejercicio 60 - Pista 24 ⊙♫

Instrucciones

Usted va a escuchar una conversación telefónica entre dos amigos. Escuchará la conversación dos veces. Lea las preguntas (20-25) y seleccione la opción correcta (A, B o C) para cada pregunta. Marque las opciones elegidas en la **Hoja de respuestas.**
Ahora tiene 35 segundos para leer las preguntas.

Hombre: Hola, María, ¿qué tal estás?

Mujer: Muy bien, Juan, acabo de llegar a casa, porque hoy he ido al teatro con unos amigos.

Hombre: Pues te llamo porque tengo unas entradas para un partido este sábado.

Mujer: Ya sabes que no me gusta el fútbol, pero, si quieres, voy contigo.

Hombre: No, no. No te preocupes, ya voy con un compañero de trabajo, pero me gustaría verte esta semana para darte una noticia.

Mujer: Cuenta, cuenta.

Hombre: Prefiero contártelo la semana próxima. ¿Cuándo quedamos?

Mujer: Si quieres, el martes podemos comer juntos. Salgo del trabajo a las 2:00.

Hombre: Perfecto, te veo en tu oficina y, desde allí, salimos.

Mujer: Vale, te espero, pero dime qué es eso tan importante que me tienes que contar. ¿Te casas?

Hombre: No. No es eso, es de mi trabajo.

Mujer: Pero ¿es bueno o malo?

Hombre: Muy bueno, me han llamado desde la sede central en Argentina y el mes que viene empiezo a trabajar en Buenos Aires.

Mujer: ¡Enhorabuena!, tenemos que celebrarlo. Así que el martes me cuentas más cosas.

Hombre: Pues entonces hasta el martes. Buenas noches.

---

10 segundos

Hombre: Hola, María, ¿qué tal estás?

Mujer: Muy bien, Juan, acabo de llegar a casa, porque hoy he ido al teatro con unos amigos.

Hombre: Pues te llamo porque tengo unas entradas para un partido este sábado.

Mujer: Ya sabes que no me gusta el fútbol, pero, si quieres, voy contigo.

Hombre: No, no. No te preocupes, ya voy con un compañero de trabajo, pero me gustaría verte esta semana para darte una noticia.

Mujer: Cuenta, cuenta.

Hombre: Prefiero contártelo la semana próxima. ¿Cuándo quedamos?

Mujer: Si quieres, el martes podemos comer juntos. Salgo del trabajo a las 2:00.

Hombre: Perfecto, te veo en tu oficina y, desde allí, salimos.

Mujer: Vale, te espero, pero dime qué es eso tan importante que me tienes que contar. ¿Te casas?

Hombre: No. No es eso, es de mi trabajo.

Mujer: Pero ¿es bueno o malo?

Hombre: Muy bueno, me han llamado desde la sede central en Argentina y el mes que viene empiezo a trabajar en Buenos Aires.

Mujer: ¡Enhorabuena!, tenemos que celebrarlo. Así que el martes me cuentas más cosas.

Hombre: Pues entonces hasta el martes. Buenas noches.

30 segundos

TAREA 5 Ejercicio 61 - Pista 25 ⊙♫

Instrucciones

Usted va a escuchar a dos personas hablando sobre lo que van a hacer el fin de semana. Oirá la conversación dos veces. Seleccione la imagen (A-H) que corresponde a cada enunciado (26-30). Hay ocho imágenes. Seleccione cinco.

Marque las opciones elegidas en la **Hoja de respuestas.**

Ahora tiene 15 segundos para leer los enunciados.

Hombre: ¿Y a qué hora dices que sale tu vuelo, Paula?

Mujer: Dentro de una hora u hora y media, César.

Hombre: Pues el mío ya lleva una hora de retraso y sale después que el tuyo.

Mujer: Si quieres, podemos ir a tomar algo.

Hombre: Ah, sí, además, quiero comprar un bocadillo porque llevo aquí desde las diez de la mañana.

Mujer: Podemos ir a una cafetería que han abierto hace muy poco y que está al lado del quiosco de prensa, muy cerca.

Hombre: ¿Y a qué vas tú a Bilbao?

Mujer: No sé si sabes que yo toco la guitarra con un grupo de amigos.

Hombre: ¿Pero te dedicas a eso profesionalmente?

Mujer: No, no, en mi tiempo libre.

Hombre: ¿Y por eso vas a Bilbao?

Mujer: Sí, nos han invitado a tocar en un local de conciertos algunos temas que hemos grabado en un disco.

Hombre: ¿Cuánto tiempo vas a quedarte en Bilbao?

Mujer: El fin de semana solamente, porque el lunes trabajo.

Hombre: ¡Qué suerte! Ya me gustaría ir a escucharos.

Mujer: ¿Y tú? ¿A qué vas a Sevilla?

Hombre: Es que leí un anuncio en un periódico en el que buscaban ingenieros para una empresa de telecomunicaciones.

Mujer: Pero tú ya estás trabajando, ¿no?

Hombre: Sí, pero pienso que es un buen momento para cambiar de trabajo.

Mujer: ¿Y ya empiezas a trabajar?

Hombre: No, todavía no; envié el currículum y me han llamado para hacer una entrevista.

Mujer: ¿Cuándo va a ser?

Hombre: En principio esta tarde, a las seis.

Mujer: Oye, y ¿qué estás leyendo ahora?

Hombre: Ah, es un libro buenísimo, me lo regaló mi primo.

Mujer: ¡Qué casualidad! A mí me lo regaló mi hermana por mi cumpleaños.

Hombre: Entonces, ¿ya lo has leído?

Mujer: Sí, y me gustó mucho.

Hombre: A mí el principio me ha parecido muy interesante.

Mujer: Yo se lo recomendé a un compañero de trabajo y le encantó.

Hombre: Creo que lo voy a leer durante el viaje, porque no he comprado el periódico.

Mujer: Pues si quieres, compramos el periódico al ir a la cafetería.

Hombre: Claro, y te invito yo al café.

Mujer: Pues vamos a tomarlo.

---

10 segundos

Hombre: ¿Y a qué hora dices que sale tu vuelo, Paula?

Mujer: Dentro de una hora u hora y media, César.

Hombre: Pues el mío ya lleva una hora de retraso y sale después que el tuyo.

Mujer: Si quieres, podemos ir a tomar algo.

Hombre: Ah, sí, además, quiero comprar un bocadillo porque llevo aquí desde las diez de la mañana.

Mujer: Podemos ir a una cafetería que han abierto hace muy poco y que está al lado del quiosco de prensa, muy cerca.

Hombre: ¿Y a qué vas tú a Bilbao?

Mujer: No sé si sabes que yo toco la guitarra con un grupo de amigos.

Hombre: ¿Pero te dedicas a eso profesionalmente?

Mujer: No, no, en mi tiempo libre.

Hombre: ¿Y por eso vas a Bilbao?

Mujer: Sí, nos han invitado a tocar en un local de conciertos algunos temas que hemos grabado en un disco.

Hombre: ¿Cuánto tiempo vas a quedarte en Bilbao?

Mujer: El fin de semana solamente, porque el lunes trabajo.

Hombre: ¡Qué suerte! Ya me gustaría ir a escucharos.

Mujer: ¿Y tú? ¿A qué vas a Sevilla?

Hombre: Es que leí un anuncio en un periódico en el que buscaban ingenieros para una empresa de telecomunicaciones.

Mujer: Pero tú ya estás trabajando, ¿no?

Hombre: Sí, pero pienso que es un buen momento para cambiar de trabajo.

Mujer: ¿Y ya empiezas a trabajar?

Hombre: No, todavía no; envié el currículum y me han llamado para hacer una entrevista.

Mujer: ¿Cuándo va a ser?

Hombre: En principio esta tarde, a las seis.

Mujer: Oye, y ¿qué estás leyendo ahora?

Hombre: Ah, es un libro buenísimo, me lo regaló mi primo.

Mujer: ¡Qué casualidad! A mí me lo regaló mi hermana por mi cumpleaños.

Hombre: Entonces, ¿ya lo has leído?

Mujer: Sí, y me gustó mucho.

Hombre: A mí el principio me ha parecido muy interesante.

Mujer: Yo se lo recomendé a un compañero de trabajo y le encantó.

Hombre: Creo que lo voy a leer durante el viaje, porque no he comprado el periódico.

Mujer: Pues si quieres, compramos el periódico al ir a la cafetería.

Hombre: Claro, y te invito yo al café.

Mujer: Pues vamos a tomarlo.

30 segundos

Instrucciones

Usted va a escuchar siete anuncios de radio. Los anuncios se repiten dos veces. Seleccione la opción correcta (A, B o C) para cada pregunta sobre los anuncios.

Marque las opciones seleccionadas en la **Hoja de respuestas.**

A continuación, va a oír un ejemplo:

> El Museo Casa de la Moneda, situado en la calle Doctor Esquerdo, está abierto de lunes a viernes, desde las 10:00 de la mañana hasta las 5:30 de la tarde. También abre los sábados, domingos y festivos de 10:00 a 2:00, excepto el 25 de diciembre y el 1 y el 6 de enero. La entrada al museo es gratuita todos los días del año.

5 segundos

> El Museo Casa de la Moneda, situado en la calle Doctor Esquerdo, está abierto de lunes a viernes, desde las 10:00 de la mañana hasta las 5:30 de la tarde. También abre los sábados, domingos y festivos de 10:00 a 2:00, excepto el 25 de diciembre y el 1 y el 6 de enero. La entrada al museo es gratuita todos los días del año.

La opción correcta es la B.

10 segundos

Anuncio 1

> A partir de un año, tu hijo necesita más ayuda. Por eso, Fruitis presenta la nueva bebida que le permite crecer. Fruitis bebé, cien por cien, fruta. La mejor fruta dentro de una botella. Es todo lo que tu bebé necesita. Fruta de primera calidad, que solo contiene el azúcar presente en la fruta de forma natural. Fruitis bebé. Para empezar bien en la vida.

5 segundos

Anuncio 1

> A partir de un año, tu hijo necesita más ayuda. Por eso, Fruitis presenta la nueva bebida que le permite crecer. Fruitis bebé, cien por cien, fruta. La mejor fruta dentro de una botella. Es todo lo que tu bebé necesita. Fruta de primera calidad, que solo contiene el azúcar presente en la fruta de forma natural. Fruitis bebé. Para empezar bien en la vida.

Conteste a la pregunta número 1: El zumo Fruitis bebé…

10 segundos

Anuncio 2

Este verano, ven a Bienestar. Habla todo el mes por 9 euros con 95 con el Plan Tiempo Libre, todas las tardes desde las 5:00 y los fines de semana completos, a cualquier teléfono, durante 300 minutos cada mes. Más información llamando al 4584.

5 segundos

Anuncio 2

Este verano, ven a Bienestar. Habla todo el mes por 9 euros con 95 con el Plan Tiempo Libre, todas las tardes desde las 5:00 y los fines de semana completos, a cualquier teléfono, durante 300 minutos cada mes. Más información llamando al 4584.

Conteste a la pregunta número 2: Con el Plan Tiempo Libre se puede hablar sin gastos añadidos...

10 segundos

Anuncio 3

Piel Sana, el jabón que protege tu cuerpo. Cien por cien natural. Se vende solo en farmacias. Durante más de cuarenta años, líder del mercado en treinta países de todo el mundo. Llame gratis al 900 41 29 03, y tenga su regalo de bienvenida. Durante este mes, con una botella de litro regalamos el perfume Conchapiel.

5 segundos

Anuncio 3

Piel Sana, el jabón que protege tu cuerpo. Cien por cien natural. Se vende solo en farmacias. Durante más de cuarenta años, líder del mercado en treinta países de todo el mundo. Llame gratis al 900 41 29 03, y tenga su regalo de bienvenida. Durante este mes, con una botella de litro regalamos el perfume Conchapiel.

Conteste a la pregunta número 3: El jabón Piel Sana se vende...

10 segundos

Anuncio 4

Una colección maravillosa. La Casa de la Moneda le permite tener su propia colección de monedas del pintor Salvador Dalí. Ocho monedas de oro y plata que puede adquirir completa o individualmente. Un recuerdo de la obra de uno de los artistas españoles más importantes del siglo veinte.

(Adaptado de Casa de la Moneda, www.fnmt.es, diciembre 2009).

5 segundos

Anuncio 4

Una colección maravillosa. La Casa de la Moneda le permite tener su propia colección de monedas del pintor Salvador Dalí. Ocho monedas de oro y plata que puede adquirir completa o individualmente. Un recuerdo de la obra de uno de los artistas españoles más importantes del siglo veinte.

(Adaptado de Casa de la Moneda, www.fnmt.es, diciembre 2009).

Conteste a la pregunta número 4: Esta colección...

10 segundos

Anuncio 5

Si estas fiestas no quiere tener problemas, coma pocas cantidades y despacio y no beba demasiado alcohol, pero, sobre todo, no tome bebidas alcohólicas si va a conducir. Recuerde que lo más importante es divertirse y pasarlo bien en unos días que es mejor pasar con la familia y que gustan tanto a los niños.

5 segundos

Anuncio 5

Si estas fiestas no quiere tener problemas, coma pocas cantidades y despacio y no beba demasiado alcohol, pero, sobre todo, no tome bebidas alcohólicas si va a conducir. Recuerde que lo más importante es divertirse y pasarlo bien en unos días que es mejor pasar con la familia y que gustan tanto a los niños.

Conteste a la pregunta número 5: Para pasar bien estos días, se debe...

10 segundos

Anuncio 6

Las entradas para el concierto de Estropajo se ponen a la venta el próximo sábado desde las 10:00 de la mañana. Las taquillas van a estar abiertas hasta una hora antes del concierto, pero, si lo desea, puede hacer sus reservas y pagarlas en el teléfono número 981 23 40 16.

5 segundos

Anuncio 6

Las entradas para el concierto de Estropajo se ponen a la venta el próximo sábado desde las 10:00 de la mañana. Las taquillas van a estar abiertas hasta una hora antes del concierto, pero, si lo desea, puede hacer sus reservas y pagarlas en el teléfono número 981 23 40 16.

Conteste a la pregunta número 6: Las entradas del concierto se pueden comprar...

10 segundos

Anuncio 7

Alquilo piso de tres dormitorios, baño, dos terrazas, muebles y plaza de garaje. El piso está muy bien comunicado, frente a la iglesia de Santa Carolina y a pocos metros del autobús. Segunda planta, muy buenas vistas, con aire acondicionado y a un precio realmente económico.

5 segundos

Anuncio 7

Alquilo piso de tres dormitorios, baño, dos terrazas, muebles y plaza de garaje. El piso está muy bien comunicado, frente a la iglesia de Santa Carolina y a pocos metros del autobús. Segunda planta, muy buenas vistas, con aire acondicionado y a un precio realmente económico.

Conteste a la pregunta número 7: El piso de este anuncio…

30 segundos

COMPRENSIÓN AUDITIVA

TAREA 2 Ejercicio 75 - Pista 27 ⊙♫

Instrucciones

Va a escuchar un programa de radio. Escuchará el programa dos veces. Seleccione la opción correcta (A, B o C) para cada pregunta.

Marque las opciones elegidas en la **Hoja de respuestas.**

Ahora tiene 35 segundos para leer las preguntas.

En El rincón de Julio (dieciocho años dedicados a la hostelería) son especialistas en cocina tradicional española, platos caseros de toda la vida.

Los menús diarios (a mediodía) son variados y diferentes cada semana, y están compuestos por platos de legumbres (cocido madrileño, judías pintas con arroz, lentejas...) –los más solicitados–, carnes, pescados y verduras. Los sábados hay un menú especial, con asados (pierna de cordero, entrecot de ternera...) o paella –que también se sirve por encargo–.

Si optas por comer a la carta (cenas), te van a encantar sus croquetas caseras (de jamón, de atún o de queso), las gambas a la plancha, el solomillo de ternera –a muy buen precio–, la parrillada de verduras o el pescado a la sal o a la gallega.

El desayuno y la merienda también son buenas opciones en este bar restaurante, donde puedes encontrar tostadas y dulces para todos los gustos. Y a mediodía, buenos aperitivos a la hora del vermú o la cerveza. Sus vinos, tanto tintos como blancos y rosados, van a alegrar tus comidas.

El plato estrella de la casa son sus populares huevos rotos con jamón ibérico, el preferido de los clientes. También los hay con chorizo, morcilla, chistorra o beicon.

En sus dos salones, con capacidad para dieciocho y veinte personas, puedes celebrar cumpleaños y cenas de empresa o de amigos. Y, a partir del mes de marzo, puedes disfrutar también de una tarde soleada en su terraza de próxima inauguración.

El rincón de Julio: Marqués de Viana, 11. Abierto de lunes a sábado, de 8:00 de la mañana a 2:00 de la madrugada. Teléfono: 915 79 36 70.

(Adaptado de *Tetuán 30 días*. Año XV n° 169. Enero 2010. Pág. 6).

10 segundos

En El rincón de Julio (dieciocho años dedicados a la hostelería) son especialistas en cocina tradicional española, platos caseros de toda la vida.

Los menús diarios (a mediodía) son variados y diferentes cada semana, y están compuestos por platos de legumbres (cocido madrileño, judías pintas con arroz, lentejas...) –los más solicitados–, carnes, pescados y verduras. Los sábados hay un menú especial, con asados (pierna de cordero, entrecot de ternera...) o paella –que también se sirve por encargo–.

Si optas por comer a la carta (cenas), te van a encantar sus croquetas caseras (de jamón, de atún o de queso), las gambas a la plancha, el solomillo de ternera –a muy buen precio–, la parrillada de verduras o el pescado a la sal o a la gallega.

El desayuno y la merienda también son buenas opciones en este bar restaurante, donde puedes encontrar tostadas y dulces para todos los gustos. Y a mediodía, buenos aperitivos a la hora del vermú o la cerveza. Sus vinos, tanto tintos como blancos y rosados, van a alegrar tus comidas.

El plato estrella de la casa son sus populares huevos rotos con jamón ibérico, el preferido de los clientes. También los hay con chorizo, morcilla, chistorra o beicon.

En sus dos salones, con capacidad para dieciocho y veinte personas, puedes celebrar cumpleaños y cenas de empresa o de amigos. Y, a partir del mes de marzo, puedes disfrutar también de una tarde soleada en su terraza de próxima inauguración.

El rincón de Julio: Marqués de Viana, 11. Abierto de lunes a sábado, de 8:00 de la mañana a 2:00 de la madrugada. Teléfono: 915 79 36 70.

(Adaptado de *Tetuán 30 días*. Año XV n° 169. Enero 2010. Pág. 6).

30 segundos

Instrucciones

Usted va a escuchar siete mensajes. Escuchará cada mensaje dos veces. Seleccione el enunciado (A-J) que corresponde a cada mensaje (14-19).

Hay diez enunciados, incluido el ejemplo. Seleccione seis.

Marque las opciones elegidas en la **Hoja de respuestas.**

Escuche ahora el ejemplo:

Mensaje 0

> *La vida alegre.* Dirigida por Ventura Pons, con los actores Óscar Jaenada y Antonio Valero. Un periodista conoce a un camarero que le enseña a vivir en la España de los años setenta del siglo veinte. Estreno el 26 de enero en los mejores cines.

5 segundos

Mensaje 0

> *La vida alegre.* Dirigida por Ventura Pons, con los actores Óscar Jaenada y Antonio Valero. Un periodista conoce a un camarero que le enseña a vivir en la España de los años setenta del siglo veinte. Estreno el 26 de enero en los mejores cines.

La opción correcta es la D.

Ahora tiene 25 segundos para leer los enunciados.

Mensaje 1

> Regalo tres gatos de cuatro meses. Blancos, con rayas negras, simpáticos y divertidos. Interesados, llamar al teléfono 609 85 62 57 (preguntar por Eduardo).

5 segundos

Mensaje 1

> Regalo tres gatos de cuatro meses. Blancos, con rayas negras, simpáticos y divertidos. Interesados, llamar al teléfono 609 85 62 57 (preguntar por Eduardo).

Elija la opción correcta.

10 segundos

Mensaje 2

Candela Raval, Barcelona. Calle Hospital n.º 48. Teléfono para reservas: 933 01 08 13. Precio del menú, de 15 a 25 euros. Carta mediterránea hecha con productos del mercado.

5 segundos

Mensaje 2

Candela Raval, Barcelona. Calle Hospital n.º 48. Teléfono para reservas: 933 01 08 13. Precio del menú, de 15 a 25 euros. Carta mediterránea hecha con productos del mercado.

Elija la opción correcta.

10 segundos

Mensaje 3

Se necesita profesor de lunes a viernes para niño de nueve años que estudia cuarto de primaria. Repaso de todas las asignaturas, idioma inglés. Barrio de Aracena. Teléfono 656 93 54 79.

5 segundos

Mensaje 3

Se necesita profesor de lunes a viernes para niño de nueve años que estudia cuarto de primaria. Repaso de todas las asignaturas, idioma inglés. Barrio de Aracena. Teléfono 656 93 54 79.

Elija la opción correcta.

10 segundos

Mensaje 4

Café Té Arte es una tienda que ofrece los mejores cafés del mundo y las bebidas más sanas. Prueba sus infusiones y sus tartas en la calle Reina Victoria 52 de Madrid o en la página www.cafetearte.es.

5 segundos

Mensaje 4

Café Té Arte es una tienda que ofrece los mejores cafés del mundo y las bebidas más sanas. Prueba sus infusiones y sus tartas en la calle Reina Victoria 52 de Madrid o en la página www.cafetearte.es.

Elija la opción correcta.

10 segundos

Mensaje 5

Chica de 25 años, muy seria y trabajadora, con experiencia en limpiar, planchar ropa, cuidar niños o personas mayores, busca trabajo por horas por la tarde a partir de la 1:30. Iona: Teléfono 666 22 38 66.

5 segundos

Mensaje 5

> Chica de 25 años, muy seria y trabajadora, con experiencia en limpiar, planchar ropa, cuidar niños o personas mayores, busca trabajo por horas por la tarde a partir de la 1:30. Iona: Teléfono 666 22 38 66.

Elija la opción correcta.

10 segundos

Mensaje 6

> Los domingos sin coche. Desde el 17 de enero, de 9:30 a 1:30 de la tarde. Un nuevo lugar para toda la familia. Paseos en bicicleta, actividades y juegos en el centro de la ciudad. Organiza: Ayuntamiento de Alicante. Os esperamos.

5 segundos

Mensaje 6

> Los domingos sin coche. Desde el 17 de enero, de 9:30 a 1:30 de la tarde. Un nuevo lugar para toda la familia. Paseos en bicicleta, actividades y juegos en el centro de la ciudad. Organiza: Ayuntamiento de Alicante. Os esperamos.

Elija la opción correcta.

30 segundos

Instrucciones

Usted va a escuchar una conversación entre dos amigos. Escuchará la conversación dos veces. Lea las preguntas (20-25) y seleccione la opción correcta (A, B o C) para cada pregunta.

Marque las opciones elegidas en la **Hoja de respuestas**.

Ahora tiene 35 segundos para leer las preguntas.

Hombre: Estela, ¿qué hiciste ayer por la tarde?

Mujer: Nada, Alberto, estuve en casa, viendo una película.

Hombre: Pero ¿no saliste a cenar?

Mujer: No, al final me llamó Ana diciéndome que estaba muy cansada, así que fui a un concierto.

Hombre: ¿Con quién fuiste al concierto?

Mujer: Con Adolfo y con Esteban, que llevaron a varios amigos y compañeros; en total, éramos doce personas.

Hombre: ¡Qué bien!, ¿no? ¿Y has quedado con ellos para salir otro día?

Mujer: Sí, este sábado vamos al teatro; si quieres, puedes venir con nosotros.

Hombre: ¿Qué obra vais a ver?

Mujer: No lo sé todavía, pero me dijeron que era en el Teatro Central, a las 8:00.

Hombre: Pues creo que voy a ir con vosotros, si no os importa.

Mujer: Claro que puedes venir. Y ayer, ¿por qué no me llamaste? Podías haber venido al concierto.

Hombre: Es que estaba muy cansado, porque me levanté pronto y tuve mucho trabajo.

Mujer: Pero si ayer era tu día libre.

Hombre: No, ayer trabajé, y desde muy temprano, porque a las 9:00 estaba ya en Barcelona, en una reunión.

Mujer: ¿Y a qué hora volviste?

Hombre: Un poco tarde; salí en el vuelo de las 6:00, así que llegué a casa a las 8:30.

10 segundos

Hombre: Estela, ¿qué hiciste ayer por la tarde?

Mujer: Nada, Alberto, estuve en casa, viendo una película.

Hombre: Pero ¿no saliste a cenar?

Mujer: No, al final me llamó Ana diciéndome que estaba muy cansada, así que fui a un concierto.

Hombre: ¿Con quién fuiste al concierto?

Mujer: Con Adolfo y con Esteban, que llevaron a varios amigos y compañeros; en total, éramos doce personas.

Hombre: ¡Qué bien!, ¿no? ¿Y has quedado con ellos para salir otro día?

Mujer: Sí, este sábado vamos al teatro; si quieres, puedes venir con nosotros.

Hombre: ¿Qué obra vais a ver?

Mujer: No lo sé todavía, pero me dijeron que era en el Teatro Central, a las 8:00.

Hombre: Pues creo que voy a ir con vosotros, si no os importa.

Mujer: Claro que puedes venir. Y ayer, ¿por qué no me llamaste? Podías haber venido al concierto.

Hombre: Es que estaba muy cansado, porque me levanté pronto y tuve mucho trabajo.

Mujer: Pero si ayer era tu día libre.

Hombre: No, ayer trabajé, y desde muy temprano, porque a las 9:00 estaba ya en Barcelona, en una reunión.

Mujer: ¿Y a qué hora volviste?

Hombre: Un poco tarde; salí en el vuelo de las 6:00, así que llegué a casa a las 8:30.

30 segundos

Instrucciones

Usted va a escuchar a dos personas hablando sobre lo que han hecho esta semana. Oirá la conversación dos veces. Seleccione la imagen (A-H) que corresponde a cada enunciado (26-30). Hay ocho imágenes. Seleccione cinco.

Marque las opciones elegidas en la **Hoja de respuestas.**

Ahora tiene 15 segundos para leer los enunciados.

Hombre: Hola, Carmen, ¿qué tal estás?

Mujer: Buenos días, Mateo. Muy bien, vengo a cortarme el pelo.

Hombre: Pues hoy tienes suerte, porque no tengo mucho trabajo.

Mujer: Menos mal, porque esta tarde tengo que ir a una entrevista de trabajo y todavía no he ido al supermercado.

Hombre: Entonces, ¿cómo quieres el pelo?

Mujer: Como siempre, cortas un poco y ya está.

Hombre: ¿Te lo dejo rizado o liso?

Mujer: Rizado, mejor.

Hombre: Hace mucho que no te veo por aquí.

Mujer: Es que esta semana he estado muy ocupada. Vino mi prima y le he enseñado toda la ciudad.

Hombre: ¿Pero sigue aquí?

Mujer: No, se ha ido esta mañana.

Hombre: ¿Cuánto tiempo ha estado?

Mujer: Vino el miércoles pasado, así que se ha quedado una semana.

Hombre: ¿No conocía Granada?

Mujer: No, era la primera vez que estaba aquí. Ya sabes que toda mi familia vive en Cáceres.

Hombre: ¿Fue a la Alhambra?

Mujer: Sí, estuvimos ayer por la tarde, porque no quería irse sin visitarla.

Hombre: ¿Y no fuisteis al concierto de La cabeza de Pimpón? Yo estuve ayer con unos amigos y fue maravilloso, me encantó.

Mujer: Es que a mi prima no le gustan los conciertos, así que nos quedamos en casa viendo la televisión.

Hombre: ¿Y qué visteis?

Mujer: Vimos una película argentina, muy buena.

Hombre: ¿De qué va la película?

Mujer: De un hombre que se casa con una joven y se van a vivir al extranjero, pero a ella no le gusta el país y empiezan a tener problemas.

Hombre: Por cierto, ¿sabes quién se casa?

Mujer: No, no tengo ni idea.

Hombre: ¿Te acuerdas de Jesús, el arquitecto, el que vivía en la plaza Nueva?

Mujer: Ah, sí, hace mucho que no lo veo.

Hombre: Pues escribió invitándome a su boda; se casa el próximo mes, en San Sebastián.

Mujer: ¿Y vas a ir a la boda?

Hombre: No creo, porque es muy lejos. Además, ese fin de semana es el cumpleaños de mi hermana y nos reunimos toda la familia.

Mujer: ¿Por qué no le escribes y le dices que no puedes ir?
Hombre: Prefiero llamarlo por teléfono. Esta noche espero poder hablar con él.
Mujer: Sí, es mejor llamarlo.

10 segundos

Hombre: Hola, Carmen, ¿qué tal estás?
Mujer: Buenos días, Mateo. Muy bien, vengo a cortarme el pelo.
Hombre: Pues hoy tienes suerte, porque no tengo mucho trabajo.
Mujer: Menos mal, porque esta tarde tengo que ir a una entrevista de trabajo y todavía no he ido al supermercado.
Hombre: Entonces, ¿cómo quieres el pelo?
Mujer: Como siempre, cortas un poco y ya está.
Hombre: ¿Te lo dejo rizado o liso?
Mujer: Rizado, mejor.
Hombre: Hace mucho que no te veo por aquí.
Mujer: Es que esta semana he estado muy ocupada. Vino mi prima y le he enseñado toda la ciudad.
Hombre: ¿Pero sigue aquí?
Mujer: No, se ha ido esta mañana.
Hombre: ¿Cuánto tiempo ha estado?
Mujer: Vino el miércoles pasado, así que se ha quedado una semana.
Hombre: ¿No conocía Granada?
Mujer: No, era la primera vez que estaba aquí. Ya sabes que toda mi familia vive en Cáceres.
Hombre: ¿Fue a la Alhambra?
Mujer: Sí, estuvimos ayer por la tarde, porque no quería irse sin visitarla.
Hombre: ¿Y no fuisteis al concierto de La cabeza de Pimpón? Yo estuve ayer con unos amigos y fue maravilloso, me encantó.
Mujer: Es que a mi prima no le gustan los conciertos, así que nos quedamos en casa viendo la televisión.
Hombre: ¿Y qué visteis?
Mujer: Vimos una película argentina, muy buena.
Hombre: ¿De qué va la película?
Mujer: De un hombre que se casa con una joven y se van a vivir al extranjero, pero a ella no le gusta el país y empiezan a tener problemas.
Hombre: Por cierto, ¿sabes quién se casa?
Mujer: No, no tengo ni idea.
Hombre: ¿Te acuerdas de Jesús, el arquitecto, el que vivía en la plaza Nueva?
Mujer: Ah, sí, hace mucho que no lo veo.
Hombre: Pues escribió invitándome a su boda; se casa el próximo mes, en San Sebastián.
Mujer: ¿Y vas a ir a la boda?
Hombre: No creo, porque es muy lejos. Además, ese fin de semana es el cumpleaños de mi hermana y nos reunimos toda la familia.
Mujer: ¿Por qué no le escribes y le dices que no puedes ir?
Hombre: Prefiero llamarlo por teléfono. Esta noche espero poder hablar con él.
Mujer: Sí, es mejor llamarlo.

30 segundos

Instrucciones

Usted va a escuchar siete anuncios de radio. Los anuncios se repiten dos veces. Seleccione la opción correcta (A, B o C) para cada pregunta sobre los anuncios.

Marque las opciones seleccionadas en la **Hoja de respuestas.**

A continuación, va a oír un ejemplo:

> Gran fiesta de cumpleaños para el tenor y director de orquesta Plácido Domingo, que, en su setenta aniversario, recibe este homenaje de la Orquesta Sinfónica de Madrid, que interpretará la música más querida por el músico a lo largo de su vida artística.

5 segundos

> Gran fiesta de cumpleaños para el tenor y director de orquesta Plácido Domingo, que, en su setenta aniversario, recibe este homenaje de la Orquesta Sinfónica de Madrid, que interpretará la música más querida por el músico a lo largo de su vida artística.

La opción correcta es la B.

10 segundos

Anuncio 1

> Si necesitas una camiseta para tu hijo, mira las que venden algunas asociaciones y grupos como Inter- vida: diferentes modelos, desde ocho euros y una parte del precio que pagas sirve para ayudar a los pueblos más pobres de América, Asia y África. Se venden en www.camisetasolidaria.com.
>
> (Adaptado de *Crecer feliz*. Número 251. Agosto 2009. Pág. 95).

5 segundos

Anuncio 1

> Si necesitas una camiseta para tu hijo, mira las que venden algunas asociaciones y grupos como Inter- vida: diferentes modelos, desde ocho euros y una parte del precio que pagas sirve para ayudar a los pueblos más pobres de América, Asia y África. Se venden en www.camisetasolidaria.com.
>
> (Adaptado de *Crecer feliz*. Número 251. Agosto 2009. Pág. 95).

Conteste a la pregunta número 1: Las camisetas solidarias…

10 segundos

Anuncio 2

Se informa a los señores clientes de que, con motivo de la fiesta de Todos los Santos, el centro comercial Las Rutas y todas sus instalaciones va a permanecer cerrado hasta el próximo lunes. Disculpen las molestias. Los esperamos a partir del próximo 3 de noviembre. Muchas gracias.

5 segundos

Anuncio 2

Se informa a los señores clientes de que, con motivo de la fiesta de Todos los Santos, el centro comercial Las Rutas y todas sus instalaciones va a permanecer cerrado hasta el próximo lunes. Disculpen las molestias. Los esperamos a partir del próximo 3 de noviembre. Muchas gracias.

Conteste a la pregunta número 2: El próximo lunes, el centro comercial…

10 segundos

Anuncio 3

Con tu revista *Niños de hoy*, en el número de diciembre, regalamos un simpático muñeco. Celebra la Navidad con nosotros y, por un precio muy especial, puedes tener un juguete para tu hijo y una revista que te ayuda a comprender los problemas de la infancia. Con *Niños de hoy*, ser padres es más fácil.

5 segundos

Anuncio 3

Con tu revista *Niños de hoy*, en el número de diciembre, regalamos un simpático muñeco. Celebra la Navidad con nosotros y, por un precio muy especial, puedes tener un juguete para tu hijo y una revista que te ayuda a comprender los problemas de la infancia. Con *Niños de hoy*, ser padres es más fácil.

Conteste a la pregunta número 3: Este mes, la revista *Niños de hoy*…

10 segundos

Anuncio 4

Lo más bello de nuestra tecnología es cuidarte. El nuevo aire acondicionado de MP es casi una obra de arte que te va a encantar. Detrás de la belleza de sus cuadros, se esconde una técnica que cuida de tu salud y de la salud del planeta, gracias a unos aparatos que hacen posible la mayor calidad y el mayor ahorro de energía.

5 segundos

Anuncio 4

Lo más bello de nuestra tecnología es cuidarte. El nuevo aire acondicionado de MP es casi una obra de arte que te va a encantar. Detrás de la belleza de sus cuadros, se esconde una técnica que cuida de tu salud y de la salud del planeta, gracias a unos aparatos que hacen posible la mayor calidad y el mayor ahorro de energía.

Conteste a la pregunta número 4: Este anuncio es de...

10 segundos

Anuncio 5

Últimas unidades en sofás a mitad de precio. Cerramos definitivamente nuestra gran sección de sofás, donde puede encontrar todo tipo de modelos. El día 27 de junio, último día. No va a tener otra oportunidad igual de comprar un sofá a un precio tan barato. Muebles de Oferta, en el número 9 de la Avenida de Sarriá. Abierto de 10:00 a 8:00; el sábado abrimos todo el día.

5 segundos

Anuncio 5

Últimas unidades en sofás a mitad de precio. Cerramos definitivamente nuestra gran sección de sofás, donde puede encontrar todo tipo de modelos. El día 27 de junio, último día. No va a tener otra oportunidad igual de comprar un sofá a un precio tan barato. Muebles de Oferta, en el número 9 de la Avenida de Sarriá. Abierto de 10:00 a 8:00; el sábado abrimos todo el día.

Conteste a la pregunta número 5: En Muebles de Oferta...

10 segundos

Anuncio 6

Con motivo de la Vuelta Ciclista a España, el próximo 6 de septiembre, van a dejar de funcionar más de mil plazas de aparcamiento gratuitos en el parque de La Gloria y el barrio de La Concepción; también se van a cortar algunas de las principales calles, por lo que el Ayuntamiento pide a los ciudadanos utilizar el transporte público o ir a pie al centro de la ciudad.

5 segundos

Anuncio 6

Con motivo de la Vuelta Ciclista a España, el próximo 6 de septiembre, van a dejar de funcionar más de mil plazas de aparcamiento gratuitos en el parque de La Gloria y el barrio de La Concepción; también se van a cortar algunas de las principales calles, por lo que el Ayuntamiento pide a los ciudadanos utilizar el transporte público o ir a pie al centro de la ciudad.

Conteste a la pregunta número 6: A causa de la Vuelta Ciclista...

10 segundos

Anuncio 7

La oferta gastronómica del restaurante Golondrina se basa en unos menús variados: el menú ejecutivo tiene cuatro platos; en el menú básico, se puede hacer una combinación de diversos platos; el menú Gastronómico tiene doce platos y cada lunes es diferente a la semana anterior.

5 segundos

Anuncio 7

La oferta gastronómica del restaurante Golondrina se basa en unos menús variados: el menú ejecutivo tiene cuatro platos; en el menú básico, se puede hacer una combinación de diversos platos; el menú Gastronómico tiene doce platos y cada lunes es diferente a la semana anterior.

Conteste a la pregunta número 7: En el menú básico de este restaurante...

30 segundos

Instrucciones

Va a escuchar una entrevista radiofónica a Luis Rodríguez. Escuchará la entrevista dos veces.
Seleccione la opción correcta (A, B o C) para cada pregunta.
Marque las opciones elegidas en la **Hoja de respuestas.**
Ahora tiene 35 segundos para leer las preguntas.

–Y hoy, con todos ustedes, Luis Rodríguez, un guitarrista que ha dedicado su vida a la música popular. Buenas tardes. Don Luis, ¿de dónde es usted?

–Nací en un pueblo muy pequeño de la provincia de Jaén que se llama Jódar, pero he vivido toda mi vida en Sevilla.

–¿Desde cuándo toca usted la guitarra?

–Empecé a los siete años, cuando mi padre me regaló una guitarra española, también llamada flamenca y, más tarde, en el conservatorio de Sevilla, aprendí a tocar el piano y el violín, pero la música clásica no me emociona.

–¿Cómo eligió usted esta profesión?

–Estuve en un grupo llamado La Banda, con el que viajé por toda España tocando la música que le gusta a la gente, en las fiestas, por los pueblos, y, desde entonces, no sé hacer otra cosa.

–¿Qué fue lo peor de aquellos primeros viajes?

–Lo peor de todo era el calor, porque la mayoría de los pueblos celebran sus fiestas en verano…

---

10 segundos

–Y hoy, con todos ustedes, Luis Rodríguez, un guitarrista que ha dedicado su vida a la música popular. Buenas tardes. Don Luis, ¿de dónde es usted?

–Nací en un pueblo muy pequeño de la provincia de Jaén que se llama Jódar, pero he vivido toda mi vida en Sevilla.

–¿Desde cuándo toca usted la guitarra?

–Empecé a los siete años, cuando mi padre me regaló una guitarra española, también llamada flamenca y, más tarde, en el conservatorio de Sevilla, aprendí a tocar el piano y el violín, pero la música clásica no me emociona.

–¿Cómo eligió usted esta profesión?

–Estuve en un grupo llamado La Banda, con el que viajé por toda España tocando la música que le gusta a la gente, en las fiestas, por los pueblos, y, desde entonces, no sé hacer otra cosa.

–¿Qué fue lo peor de aquellos primeros viajes?

–Lo peor de todo era el calor, porque la mayoría de los pueblos celebran sus fiestas en verano…

---

30 segundos

COMPRENSIÓN AUDITIVA

TAREA 3 Ejercicio 93 - Pista 33 ⊙♫

Instrucciones

Usted va a escuchar siete mensajes. Escuchará cada mensaje dos veces. Seleccione el enunciado (A-J) que corresponde a cada mensaje (14-19).

Hay diez enunciados, incluido el ejemplo. Seleccione seis.

Marque las opciones elegidas en la **Hoja de respuestas.**

Escuche ahora el ejemplo:

Mensaje 0

> Ya no me duele. Medicina deportiva. Abierto de 10:00 de la mañana a 10:00 de la noche, de lunes a viernes; sábados, de 11:00 a 8:00. Masajes de espalda: 30 minutos - 20 euros. Masaje de piernas: sesión de 20 minutos - 15 euros.

5 segundos

Mensaje 0

> Ya no me duele. Medicina deportiva. Abierto de 10:00 de la mañana a 10:00 de la noche, de lunes a viernes; sábados, de 11:00 a 8:00. Masajes de espalda: 30 minutos - 20 euros. Masaje de piernas: sesión de 20 minutos - 15 euros.

La opción correcta es la A.

Ahora tiene 25 segundos para leer los enunciados.

Mensaje 1

> Profesora de baile. Clases de danza clásica, española, flamenco, sevillanas, salsa, rumba, tango. Niños y adultos, varios niveles. Matrícula gratis. Preguntar horarios. Muy cerca de la plaza del Ayuntamiento. Teléfono 676 18 47 72.

5 segundos

Mensaje 1

> Profesora de baile. Clases de danza clásica, española, flamenco, sevillanas, salsa, rumba, tango. Niños y adultos, varios niveles. Matrícula gratis. Preguntar horarios. Muy cerca de la plaza del Ayuntamiento. Teléfono 676 18 47 72.

Elija la opción correcta.

10 segundos

Mensaje 2

¿No tienes tiempo para ir a la peluquería? Tenemos la solución. Peluquera en tu casa, corte de pelo para señoras y niños, a buen precio. Teléfono de contacto 638 46 13 41. Solo en el centro de la ciudad.

5 segundos

Mensaje 2

¿No tienes tiempo para ir a la peluquería? Tenemos la solución. Peluquera en tu casa, corte de pelo para señoras y niños, a buen precio. Teléfono de contacto 638 46 13 41. Solo en el centro de la ciudad.

Elija la opción correcta.

10 segundos

Mensaje 3

Se alquila piso en la playa de la Albufera en verano e invierno. Urbanización con dos piscinas y parque para niños, en primera línea de playa; zona muy tranquila, bien comunicada. Piso totalmente amueblado, pintado hace poco. 550 euros al mes.

5 segundos

Mensaje 3

Se alquila piso en la playa de la Albufera en verano e invierno. Urbanización con dos piscinas y parque para niños, en primera línea de playa; zona muy tranquila, bien comunicada. Piso totalmente amueblado, pintado hace poco. 550 euros al mes.

Elija la opción correcta.

10 segundos

Mensaje 4

Escuela Internacional. Calidad en la enseñanza de idiomas desde 1978. Abierta la matrícula para los cursos de enero. Cursos de idiomas para niños, jóvenes y adultos. Preparamos para los exámenes oficiales de inglés, francés, alemán e italiano.

5 segundos

Mensaje 4

Escuela Internacional. Calidad en la enseñanza de idiomas desde 1978. Abierta la matrícula para los cursos de enero. Cursos de idiomas para niños, jóvenes y adultos. Preparamos para los exámenes oficiales de inglés, francés, alemán e italiano.

Elija la opción correcta.

10 segundos

Mensaje 5

Electro Max abre sus puertas el próximo sábado 27. Los mejores electrodomésticos a precios pequeños. Horarios: lunes a sábado, de 10:00 a 8:00. Domingos: de 10:00 a 2:00. Avenida de Madrid, 22. Arganda del Rey. Televisión con DVD, 139 euros. Radio, 16 euros con noventa. Lavadora, 124 euros.

5 segundos

Mensaje 5

Electro Max abre sus puertas el próximo sábado 27. Los mejores electrodomésticos a precios pequeños. Horarios: lunes a sábado, de 10:00 a 8:00. Domingos: de 10:00 a 2:00. Avenida de Madrid, 22. Arganda del Rey. Televisión con DVD, 139 euros. Radio, 16 euros con noventa. Lavadora, 124 euros.

Elija la opción correcta.

10 segundos

Mensaje 6

Todo lo que necesitas para navegar por Internet está en tu tienda Yodigo. Compras tu teléfono móvil y te llevas un ordenador por menos de lo que cuesta un café al día. Se vende entre el 9 de marzo y el 17 de mayo. Precio: 40 euros al mes.

5 segundos

Mensaje 6

Todo lo que necesitas para navegar por Internet está en tu tienda Yodigo. Compras tu teléfono móvil y te llevas un ordenador por menos de lo que cuesta un café al día. Se vende entre el 9 de marzo y el 17 de mayo. Precio: 40 euros al mes.

Elija la opción correcta.

30 segundos

COMPRENSIÓN AUDITIVA

TAREA 4 Ejercicio 94 - Pista 34 ⊙♫

Instrucciones

Usted va a escuchar una conversación entre un paciente y su médica. Escuchará la conversación dos veces. Lea las preguntas (20-25) y seleccione la opción correcta (A, B o C) para cada pregunta. Marque las opciones elegidas en la **Hoja de respuestas.**

Ahora tiene 35 segundos para leer las preguntas.

Mujer: Hola, buenos días, señor Fernández. ¿Qué le pasa?

Hombre: Que me duele una muela.

Mujer: ¿Desde cuándo le duele?

Hombre: Desde hace tres o cuatro días.

Mujer: ¿Recuerda cuándo empezó el dolor?

Hombre: Sí, por la noche, acababa de cenar. Justo después.

Mujer: ¿Qué estaba usted haciendo?

Hombre: Estaba viendo la tele y empezó el dolor.

Mujer: ¿Está tomando alguna medicina?

Hombre: Sí, ayer me dieron unas pastillas en la farmacia.

Mujer: ¿Se ha tomado la temperatura?

Hombre: No, porque no tengo termómetro, pero noto que tengo un poco de fiebre.

Mujer: ¿Cuándo fue la última vez que fue al dentista?

Hombre: Lo visito dos veces al año.

Mujer: Pues voy a darle una cita con el dentista para esta misma tarde.

Hombre: Muchas gracias, pero estoy un poco nervioso.

Mujer: No se preocupe, mañana va a sentirse mejor.

---

10 segundos

Mujer: Hola, buenos días, señor Fernández. ¿Qué le pasa?

Hombre: Que me duele una muela.

Mujer: ¿Desde cuándo le duele?

Hombre: Desde hace tres o cuatro días.

Mujer: ¿Recuerda cuándo empezó el dolor?

Hombre: Sí, por la noche, acababa de cenar. Justo después.

Mujer: ¿Qué estaba usted haciendo?

Hombre: Estaba viendo la tele y empezó el dolor.

Mujer: ¿Está tomando alguna medicina?

Hombre: Sí, ayer me dieron unas pastillas en la farmacia.

Mujer: ¿Se ha tomado la temperatura?

Hombre: No, porque no tengo termómetro, pero noto que tengo un poco de fiebre.

Mujer: ¿Cuándo fue la última vez que fue al dentista?

Hombre: Lo visito dos veces al año.

Mujer: Pues voy a darle una cita con el dentista para esta misma tarde.

Hombre: Muchas gracias, pero estoy un poco nervioso.

Mujer: No se preocupe, mañana va a sentirse mejor.

---

30 segundos

Instrucciones

Usted va a escuchar a dos personas hablando sobre el viaje que tienen que hacer esta tarde. Oirá la conversación dos veces. Seleccione la imagen (A-H) que corresponde a cada enunciado (26-30).
Hay ocho imágenes. Seleccione cinco.
Marque las opciones elegidas en la **Hoja de respuestas**.
Ahora tiene 15 segundos para leer los enunciados.

Hombre: ¿Qué nos falta por comprar?

Mujer: Lo único que falta es el tomate y la carne.

Hombre: Pero eso es mejor comprarlo a la vuelta, el lunes.

Mujer: Entonces solo nos falta comprar la leche. Está en el otro pasillo.

Hombre: ¿Y has hecho ya las maletas?

Mujer: Fue lo primero que hice cuando me levanté esta mañana.

Hombre: Perfecto, porque el tren sale a las 4:00 de la tarde y todavía tenemos que hacer la comida.

Mujer: Claro, todo está listo, solo falta llamar al taxi, ¿o prefieres ir en autobús a la estación?

Hombre: No, mejor vamos en taxi, porque, con tantas maletas, en el autobús va a ser muy incómodo.

Mujer: ¿Y has comprado los billetes?

Hombre: Sí, claro, pero ¿sabes lo que pasó?

Mujer: Cuenta, cuenta, que siempre te pasan unas cosas…

Hombre: Pues que no funcionaba la tarjeta de crédito.

Mujer: Claro, es que la usas demasiado.

Hombre: No, el problema era de la agencia, que no les funcionaba el teléfono.

Mujer: ¿Y cómo pagaste?

Hombre: Pagué en efectivo, así que tenemos que pasar por un cajero porque no llevo mucho dinero.

Mujer: ¿A qué cajero vamos?

Hombre: Quiero pasar a sacar dinero al cajero que hay en la avenida de la Libertad.

Mujer: Muy bien, porque al lado hay un quiosco.

Hombre: Es verdad, yo quiero comprar algo para leer durante el viaje.

Mujer: Por eso te lo digo, yo tengo que comprar la revista *Tolva*, que este mes trae un paraguas de regalo.

Hombre: Yo voy a comprar un periódico para no aburrirme, que son muchas horas de viaje.

Mujer: ¿Y no vas a comprar tabaco?

Hombre: No, a ver si este fin de semana dejo de fumar.

Mujer: Eso dices siempre. ¿Aprovechamos para comprar unas flores?

Hombre: ¿Flores? ¿Para qué?

Mujer: Para llevarle a tu madre, seguro que le gustan.

Hombre: Sí, pero antes vamos a pasar por la panadería para hacer unos bocadillos.

Mujer: Vale, mientras tú pagas, yo voy a comprar las flores.

Hombre: Te espero entonces en el coche.

Mujer: Seguro que yo llego antes.

Hombre: Hoy no hay mucha gente, así que no voy a tardar.

Mujer: Pues hasta ahora.

10 segundos

Hombre: ¿Qué nos falta por comprar?

Mujer: Lo único que falta es el tomate y la carne.

Hombre: Pero eso es mejor comprarlo a la vuelta, el lunes.

Mujer: Entonces solo nos falta comprar la leche. Está en el otro pasillo.

Hombre: ¿Y has hecho ya las maletas?

Mujer: Fue lo primero que hice cuando me levanté esta mañana.

Hombre: Perfecto, porque el tren sale a las 4:00 de la tarde y todavía tenemos que hacer la comida.

Mujer: Claro, todo está listo, solo falta llamar al taxi, ¿o prefieres ir en autobús a la estación?

Hombre: No, mejor vamos en taxi, porque, con tantas maletas, en el autobús va a ser muy incómodo.

Mujer: ¿Y has comprado los billetes?

Hombre: Sí, claro, pero ¿sabes lo que pasó?

Mujer: Cuenta, cuenta, que siempre te pasan unas cosas…

Hombre: Pues que no funcionaba la tarjeta de crédito.

Mujer: Claro, es que la usas demasiado.

Hombre: No, el problema era de la agencia, que no les funcionaba el teléfono.

Mujer: ¿Y cómo pagaste?

Hombre: Pagué en efectivo, así que tenemos que pasar por un cajero porque no llevo mucho dinero.

Mujer: ¿A qué cajero vamos?

Hombre: Quiero pasar a sacar dinero al cajero que hay en la avenida de la Libertad.

Mujer: Muy bien, porque al lado hay un quiosco.

Hombre: Es verdad, yo quiero comprar algo para leer durante el viaje.

Mujer: Por eso te lo digo, yo tengo que comprar la revista *Tolva*, que este mes trae un paraguas de regalo.

Hombre: Yo voy a comprar un periódico para no aburrirme, que son muchas horas de viaje.

Mujer: ¿Y no vas a comprar tabaco?

Hombre: No, a ver si este fin de semana dejo de fumar.

Mujer: Eso dices siempre. ¿Aprovechamos para comprar unas flores?

Hombre: ¿Flores? ¿Para qué?

Mujer: Para llevarle a tu madre, seguro que le gustan.

Hombre: Sí, pero antes vamos a pasar por la panadería para hacer unos bocadillos.

Mujer: Vale, mientras tú pagas, yo voy a comprar las flores.

Hombre: Te espero entonces en el coche.

Mujer: Seguro que yo llego antes.

Hombre: Hoy no hay mucha gente, así que no voy a tardar.

Mujer: Pues hasta ahora.

30 segundos

COMPRENSIÓN AUDITIVA

TAREA 1 Ejercicio 108 - Pista 36 ⊙♪

Instrucciones

Usted va a escuchar siete anuncios de radio. Los anuncios se repiten dos veces. Seleccione la opción correcta (A, B o C) para cada pregunta sobre los anuncios.

Marque las opciones seleccionadas en la **Hoja de respuestas.**

A continuación, va a oír un ejemplo:

> Si ya te has ido de casa de tus padres, pero los echas de menos todavía, seguro que vas a cenar con ellos una vez por semana. Regálales este vino y verás cómo ellos quieren verte de nuevo en casa.

5 segundos

> Si ya te has ido de casa de tus padres, pero los echas de menos todavía, seguro que vas a cenar con ellos una vez por semana. Regálales este vino y verás cómo ellos quieren verte de nuevo en casa.

La opción correcta es la C.

10 segundos

Anuncio 1

> Sus imágenes hablan y lo dicen todo. Un documental que cuenta la vida de Carlos Masó, un médico de familia con una enfermedad difícil de curar. *Las razones de la vida* es también una muestra del amor a la vida y una llamada de atención sobre la necesidad de una mirada positiva y tranquila sobre la muerte en nuestra sociedad.

5 segundos

Anuncio 1

> Sus imágenes hablan y lo dicen todo. Un documental que cuenta la vida de Carlos Masó, un médico de familia con una enfermedad difícil de curar. *Las razones de la vida* es también una muestra del amor a la vida y una llamada de atención sobre la necesidad de una mirada positiva y tranquila sobre la muerte en nuestra sociedad.

Conteste a la pregunta número 1: En *Las razones de la vida* se cuenta…

10 segundos

Anuncio 2

Si vas a hacer un viaje con niños pequeños, infórmate para elegir tu medio de transporte. El tren es uno de los mejores medios para viajar, por la libertad de movimientos que permite: los niños pueden pasear, visitar la cafetería, ir al baño…

(Adaptado de *Crecer feliz*. Número 251. Agosto 2009. Pág. 62-63).

5 segundos

Anuncio 2

Si vas a hacer un viaje con niños pequeños, infórmate para elegir tu medio de transporte. El tren es uno de los mejores medios para viajar, por la libertad de movimientos que permite: los niños pueden pasear, visitar la cafetería, ir al baño…

(Adaptado de *Crecer feliz*. Número 251. Agosto 2009. Pág. 62-63).

Conteste a la pregunta número 2: El tren es el mejor medio de transporte para…

10 segundos

Anuncio 3

Después de casi mil conciertos, Augusto Ermitas cumplió su gran sueño de actuar en el Polideportivo de Cacabelos. Ahora puedes disfrutar de este concierto grabado en directo en el que cantó todos sus grandes éxitos. El vídeo incluye además un reportaje sobre la vida de Augusto Ermitas, sus viajes, su familia… Ya a la venta el concierto del año, Augusto Ermitas en el Polideportivo de Cacabelos.

5 segundos

Anuncio 3

Después de casi mil conciertos, Augusto Ermitas cumplió su gran sueño de actuar en el Polideportivo de Cacabelos. Ahora puedes disfrutar de este concierto grabado en directo en el que cantó todos sus grandes éxitos. El vídeo incluye además un reportaje sobre la vida de Augusto Ermitas, sus viajes, su familia… Ya a la venta el concierto del año, Augusto Ermitas en el Polideportivo de Cacabelos.

Conteste a la pregunta número 3: En este anuncio se vende…

10 segundos

Anuncio 4

Nunca es demasiado tarde para empezar a cuidarse. A partir de ahora, voy a comer más frutas. Vida Sana, especialistas en comida y alimentación infantil. De venta en farmacias. Vida Sana es un producto natural, hecho con las mejores frutas y verduras.

5 segundos

Anuncio 4

Nunca es demasiado tarde para empezar a cuidarse. A partir de ahora, voy a comer más frutas. Vida Sana, especialistas en comida y alimentación infantil. De venta en farmacias. Vida Sana es un producto natural, hecho con las mejores frutas y verduras.

Conteste a la pregunta número 4: Vida Sana...

10 segundos

Anuncio 5

Mucho calor, nubes en el noreste de Cataluña y en el Pirineo, con algunas tormentas por la tarde. Nubes y claros en el mar Cantábrico. Al anochecer, en las islas más importantes de Canarias, puede caer alguna lluvia. En las zonas de montaña del interior del país, va a haber algunas nubes, pero, en el resto, se espera un cielo despejado. El viento norte puede soplar fuerte en Gerona.

5 segundos

Anuncio 5

Mucho calor, nubes en el noreste de Cataluña y en el Pirineo, con algunas tormentas por la tarde. Nubes y claros en el mar Cantábrico. Al anochecer, en las islas más importantes de Canarias, puede caer alguna lluvia. En las zonas de montaña del interior del país, va a haber algunas nubes, pero, en el resto, se espera un cielo despejado. El viento norte puede soplar fuerte en Gerona.

Conteste a la pregunta número 5: Según esta previsión meteorológica, en las islas Canarias...

10 segundos

Anuncio 6

Adivina en qué hemos mejorado. Ahora, Hiperprecio ofrece el 25 % de descuento en productos frescos. Además, te ofrecemos los precios más bajos en más de 1000 productos. Y gracias a nuestra marca Hastiada, conseguirás el máximo ahorro en más de 350 artículos. Ven a comprobar que Hiperprecio no solamente significa calidad, sino también menor precio.

5 segundos

Anuncio 6

Adivina en qué hemos mejorado. Ahora, Hiperprecio ofrece el 25 % de descuento en productos frescos. Además, te ofrecemos los precios más bajos en más de 1000 productos. Y gracias a nuestra marca Hastiada, conseguirás el máximo ahorro en más de 350 artículos. Ven a comprobar que Hiperprecio no solamente significa calidad, sino también menor precio.

Conteste a la pregunta número 6: En la tienda Hiperprecio se ofrece...

10 segundos

Anuncio 7

El local en el que está el restaurante de Sergio Escarola es muy agradable. Su oferta gastronómica es muy original y está muy bien elaborada, y tiene una excelente bodega con más de quinientas marcas de vinos; además, el servicio en la sala es altamente amable y profesional; por estas razones, aconsejamos a los amigos de la buena cocina una visita a su restaurante.

5 segundos

Anuncio 7

El local en el que está el restaurante de Sergio Escarola es muy agradable. Su oferta gastronómica es muy original y está muy bien elaborada, y tiene una excelente bodega con más de quinientas marcas de vinos; además, el servicio en la sala es altamente amable y profesional; por estas razones, aconsejamos a los amigos de la buena cocina una visita a su restaurante.

Conteste a la pregunta número 7: El restaurante de Sergio Escarola se caracteriza por...

30 segundos

Instrucciones

Va a escuchar un programa informativo de radio. Escuchará el programa dos veces. Seleccione la opción correcta (A, B o C) para cada pregunta.

Marque las opciones elegidas en la **Hoja de respuestas.**

Ahora tiene 35 segundos para leer las preguntas.

Bienvenidos a las noticias de Onda Bailén, donde, en unos minutos, les vamos a contar todo lo que ha sido noticia en Bailén y comarca. Pero antes, como siempre, vamos a adelantar todas las noticias en sus titulares.

Las máquinas ya están preparando el terreno en el que se va a construir el nuevo centro de salud, junto al colegio Historiador Jesús de Haro. Así lo ha anunciado el responsable de Sanidad, que ha asistido al inicio de las obras.

La Escuela de Verano que se celebra en el Centro de Servicios Sociales ha desarrollado esta mañana una actividad denominada *Un paseo por el museo,* en la que niños y niñas de entre cinco y doce años han hecho diferentes pinturas y han jugado con diferentes cuadros de pintura española. Por último, han salido a la calle para enseñar diferentes obras de arte como *Las Meninas,* de Velázquez, y *La familia de Carlos IV,* de Goya.

Ayer tarde se inauguró el Centro de Información y Comunicación, en el que todos los ciudadanos pueden navegar gratuitamente por Internet y realizar diferentes cursos y talleres de formación, como los de *Iniciación a la Informática, Búsqueda de trabajo en Internet* o *El correo electrónico,* que van a tener lugar a partir de la próxima semana.

El equipo local Cerámica de Bailén ganó el torneo de veintiocho horas de fútbol sala provincial, al ganar por un gol a cero en la final al equipo Recreativo de Úbeda. Cerca de medio millar de aficionados siguieron el partido, que se celebró en el polideportivo de Baeza el sábado pasado.

Y, antes de desarrollar todos estos temas, pasamos a la publicidad e, inmediatamente después, vamos a conocer las noticias sobre el tiempo y qué temperatura vamos a tener en las próximas horas.

10 segundos

Bienvenidos a las noticias de Onda Bailén, donde, en unos minutos, les vamos a contar todo lo que ha sido noticia en Bailén y comarca. Pero antes, como siempre, vamos a adelantar todas las noticias en sus titulares.

Las máquinas ya están preparando el terreno en el que se va a construir el nuevo centro de salud, junto al colegio Historiador Jesús de Haro. Así lo ha anunciado el responsable de Sanidad, que ha asistido al inicio de las obras.

La Escuela de Verano que se celebra en el Centro de Servicios Sociales ha desarrollado esta mañana una actividad denominada *Un paseo por el museo*, en la que niños y niñas de entre cinco y doce años han hecho diferentes pinturas y han jugado con diferentes cuadros de pintura española. Por último, han salido a la calle para enseñar diferentes obras de arte como *Las Meninas*, de Velázquez, y *La familia de Carlos IV*, de Goya.

Ayer tarde se inauguró el Centro de Información y Comunicación, en el que todos los ciudadanos pueden navegar gratuitamente por Internet y realizar diferentes cursos y talleres de formación, como los de *Iniciación a la Informática*, *Búsqueda de trabajo en Internet* o *El correo electrónico*, que van a tener lugar a partir de la próxima semana.

El equipo local Cerámica de Bailén ganó el torneo de veintiocho horas de fútbol sala provincial, al ganar por un gol a cero en la final al equipo Recreativo de Úbeda. Cerca de medio millar de aficionados siguieron el partido, que se celebró en el polideportivo de Baeza el sábado pasado.

Y, antes de desarrollar todos estos temas, pasamos a la publicidad e, inmediatamente después, vamos a conocer las noticias sobre el tiempo y qué temperatura vamos a tener en las próximas horas.

30 segundos

COMPRENSIÓN AUDITIVA

Instrucciones

Usted va a escuchar siete mensajes. Escuchará cada mensaje dos veces. Seleccione el enunciado (A-J) que corresponde a cada mensaje (14-19).

Hay diez enunciados, incluido el ejemplo. Seleccione seis.

Marque las opciones elegidas en la **Hoja de respuestas.**

Escuche ahora el ejemplo:

Mensaje 0

Necesitamos personal de limpieza, camareros, fontaneros, vendedores. Enviar curriculum vitae y vida laboral al apartado de correos 86, código postal 03186 de Alicante.

5 segundos

Mensaje 0

Necesitamos personal de limpieza, camareros, fontaneros, vendedores. Enviar curriculum vitae y vida laboral al apartado de correos 86, código postal 03186 de Alicante.

La opción correcta es la D.

Ahora tiene 25 segundos para leer los enunciados.

Mensaje 1

Comprar cultura por Internet es más fácil. Estas navidades, compra cultura para ti y para tus amigos. Libros, cine, música, teatro, circo, cómic, museos, danza, arte, videojuegos, ópera, novelas, poesía, ensayo, cuentos, películas, documentales, series, discos, canciones, conciertos, exposiciones, grabado, fotografía, pintura, escultura…

5 segundos

Mensaje 1

Comprar cultura por Internet es más fácil. Estas navidades, compra cultura para ti y para tus amigos. Libros, cine, música, teatro, circo, cómic, museos, danza, arte, videojuegos, ópera, novelas, poesía, ensayo, cuentos, películas, documentales, series, discos, canciones, conciertos, exposiciones, grabado, fotografía, pintura, escultura…

Elija la opción correcta.

10 segundos

Mensaje 2

Cocinero a domicilio. Hacemos de su casa un restaurante para usted y su familia. Comidas familiares y de negocios, cenas y celebraciones. Nosotros lo llevamos todo. Correo electrónico: cocineroatudomicilio@yahoo.es.

5 segundos

Mensaje 2

Cocinero a domicilio. Hacemos de su casa un restaurante para usted y su familia. Comidas familiares y de negocios, cenas y celebraciones. Nosotros lo llevamos todo. Correo electrónico: cocineroatudomicilio@yahoo.es.

Elija la opción correcta.

10 segundos

Mensaje 3

Se vende o se alquila plaza de garaje en la avenida de Levante n.º 101. Rivas Pueblo. Precio de alquiler, 65 euros al mes. Teléfono: 914 84 17 17.

5 segundos

Mensaje 3

Se vende o se alquila plaza de garaje en la avenida de Levante n.º 101. Rivas Pueblo. Precio de alquiler, 65 euros al mes. Teléfono: 914 84 17 17.

Elija la opción correcta.

10 segundos

Mensaje 4

Doce números de la revista *Mujeres* en tu casa por 48 euros; cada mes, nuevos artículos y reportajes. Aprovecha nuestra oferta especial de suscripción durante este mes, por la que recibirás un elegante bolso.

5 segundos

Mensaje 4

Doce números de la revista *Mujeres* en tu casa por 48 euros; cada mes, nuevos artículos y reportajes. Aprovecha nuestra oferta especial de suscripción durante este mes, por la que recibirás un elegante bolso.

Elija la opción correcta.

10 segundos

Mensaje 5

Bailes de salón y latinos. Clases en grupo y particulares. Aprende fácilmente y a tu ritmo. Clases todos los fines de semana.

5 segundos

Mensaje 5

Bailes de salón y latinos. Clases en grupo y particulares. Aprende fácilmente y a tu ritmo. Clases todos los fines de semana.

Elija la opción correcta.

10 segundos

Mensaje 6

La mejor academia para aprobar todas las asignaturas y materias después de veintiséis años de experiencia con más del 90 % de aprobados. En diciembre, para nuevos alumnos, cursos al 50 %. Matrícula gratis hasta marzo para todos los alumnos.

5 segundos

Mensaje 6

La mejor academia para aprobar todas las asignaturas y materias después de veintiséis años de experiencia con más del 90 % de aprobados. En diciembre, para nuevos alumnos, cursos al 50 %. Matrícula gratis hasta marzo para todos los alumnos.

Elija la opción correcta.

30 segundos

Instrucciones

Usted va a escuchar una conversación telefónica entre una policía y una persona que ha sufrido un robo. Escuchará la conversación dos veces. Lea las preguntas (20-25) y seleccione la opción correcta (A, B o C) para cada pregunta.

Marque las opciones elegidas en la **Hoja de respuestas.**

Ahora tiene 35 segundos para leer las preguntas.

Mujer: Comisaría central de policía, buenas tardes.

Hombre: Mi nombre es Salvador Linares y llamo porque acaban de robarme.

Mujer: Dígame, por favor, dónde ha sido y cuántas personas había.

Hombre: Estaba esperando a unos amigos, en la calle Bailén, y vino un hombre para preguntarme la hora.

Mujer: ¿Qué ha pasado después?

Hombre: Me ha amenazado con una pistola y me ha pedido todo el dinero.

Mujer: ¿Qué se ha llevado el ladrón?

Hombre: El dinero, unos ochenta euros, el reloj, la cartera y un teléfono móvil.

Mujer: ¿Puede describirme al ladrón?

Hombre: Sí, era un hombre de unos cuarenta años, con barba, tenía el pelo corto, rubio, con gafas y llevaba una gorra, no era ni alto ni bajo, vamos, de estatura normal.

Mujer: ¿Puede usted pasar por la comisaría y le enseñamos fotos de ladrones que normalmente roban en ese barrio?

Hombre: Sí, claro, pero ¿dónde está la comisaría?

Mujer: Muy cerca de la plaza de la Constitución. Usted llega a la calle Miguel Hernández, sigue todo recto y llega hasta el museo. La comisaría está enfrente.

Hombre: ¿Puedo pasar mañana a mediodía? Es que ahora tengo que ir a trabajar.

Mujer: Puede pasarse de 8:00 de la mañana a 7:00 de la tarde.

Hombre: Hasta mañana, entonces. Muchas gracias.

Mujer: De nada, buenas tardes.

---

10 segundos

Mujer: Comisaría central de policía, buenas tardes.

Hombre: Mi nombre es Salvador Linares y llamo porque acaban de robarme.

Mujer: Dígame, por favor, dónde ha sido y cuántas personas había.

Hombre: Estaba esperando a unos amigos, en la calle Bailén, y vino un hombre para preguntarme la hora.

Mujer: ¿Qué ha pasado después?

Hombre: Me ha amenazado con una pistola y me ha pedido todo el dinero.

Mujer: ¿Qué se ha llevado el ladrón?

Hombre: El dinero, unos ochenta euros, el reloj, la cartera y un teléfono móvil.

Mujer: ¿Puede describirme al ladrón?

Hombre: Sí, era un hombre de unos cuarenta años, con barba, tenía el pelo corto, rubio, con gafas y llevaba una gorra, no era ni alto ni bajo, vamos, de estatura normal.

Mujer: ¿Puede usted pasar por la comisaría y le enseñamos fotos de ladrones que normalmente roban en ese barrio?

Hombre: Sí, claro, pero ¿dónde está la comisaría?

Mujer: Muy cerca de la plaza de la Constitución. Usted llega a la calle Miguel Hernández, sigue todo recto y llega hasta el museo. La comisaría está enfrente.

Hombre: ¿Puedo pasar mañana a mediodía? Es que ahora tengo que ir a trabajar.

Mujer: Puede pasarse de 8:00 de la mañana a 7:00 de la tarde.

Hombre: Hasta mañana, entonces. Muchas gracias.

Mujer: De nada, buenas tardes.

30 segundos

Instrucciones

Usted va a escuchar a dos personas, Manuel y Elvira, hablando sobre sus compras. Oirá la conversación dos veces. Seleccione la imagen (A-H) que corresponde a cada enunciado (26-30).

Hay ocho imágenes. Seleccione cinco.

Marque las opciones elegidas en la **Hoja de respuestas.**

Ahora tiene 15 segundos para leer los enunciados.

Mujer: Hola, Manuel, ¿tú por aquí?

Hombre: Hola, Elvira, es que tenía que comprar un pantalón urgentemente.

Mujer: ¿Por qué es tan urgente?

Hombre: Porque mañana tengo una entrevista de trabajo, ya sabes…

Mujer: ¿Dónde es la entrevista de trabajo?

Hombre: En una empresa nueva que va a abrir el próximo mes.

Mujer: ¿Cómo lo supiste?

Hombre: Leí un anuncio en el periódico y llamé.

Mujer: Pero ¿has dejado tu trabajo?

Hombre: No, todavía no, pero estoy cansado de seguir haciendo lo mismo desde hace cinco años y quiero cambiar un poco.

Mujer: Pero los informáticos siempre tenéis nuevos programas y todo cambia muy rápido.

Hombre: Precisamente, eso es lo que quiero: trabajar como informático, porque, en mi trabajo actual, no hago lo que sé y eso es lo que quiero hacer. Además, pagan más.

Mujer: ¡Qué suerte! En tu profesión, podéis cambiar de trabajo más fácilmente.

Hombre: Es verdad, hay mucho trabajo, sobre todo, en el extranjero, pero, como mi mujer trabaja aquí, no queremos irnos a vivir fuera.

Mujer: Claro, con toda la familia aquí, ¿verdad?

Hombre: Pues sí, además, acabamos de comprarnos una casa.

Mujer: ¿Dónde?

Hombre: En un pueblo de la costa, muy cerca de la playa. Es preciosa, la casa más bonita del mundo.

Mujer: ¿Y ya vivís allí?

Hombre: No, todavía, no. Nos cambiamos en junio.

Mujer: ¿Y cómo es la casa?

Hombre: Tiene cinco dormitorios, un jardín, una terraza, dos cuartos de baño, una biblioteca, un salón enorme con vistas al mar y a la montaña.

Mujer: ¡Qué bien!

Hombre: Por cierto, ¿tú, qué haces por aquí?

Mujer: Es que tenemos una boda el sábado.

Hombre: ¿Quién se casa?

Mujer: Una prima de mi marido. Yo ya tengo el vestido que voy a ponerme, pero mi marido no tiene camisa para el traje, así que tengo que comprársela yo.

Hombre: Ahora es buen momento porque hay rebajas y el precio de las camisas, los pantalones y las corbatas está bastante bien.

Mujer: A lo mejor le compro una corbata, si están bien de precio. ¿Tú ya has terminado de comprar?

Hombre: Sí, ya me voy. He visto este pantalón a buen precio y me lo llevo. ¿Y tú?

Mujer: Yo también, he comprado dos camisas y otro día voy a ver las corbatas.

Hombre: Pago y, si quieres, te invito a un café.

Mujer: Sí, pero antes, te voy a pedir un favor: ven conmigo a la tienda de ordenadores de ahí enfrente, si no tienes prisa.

Hombre: Es una buena tienda, yo siempre compro allí.

Mujer: Es que quiero un portátil nuevo y tú puedes ayudarme a elegirlo.

10 segundos

Mujer: Hola, Manuel, ¿tú por aquí?

Hombre: Hola, Elvira, es que tenía que comprar un pantalón urgentemente.

Mujer: ¿Por qué es tan urgente?

Hombre: Porque mañana tengo una entrevista de trabajo, ya sabes…

Mujer: ¿Dónde es la entrevista de trabajo?

Hombre: En una empresa nueva que va a abrir el próximo mes.

Mujer: ¿Cómo lo supiste?

Hombre: Leí un anuncio en el periódico y llamé.

Mujer: Pero ¿has dejado tu trabajo?

Hombre: No, todavía no, pero estoy cansado de seguir haciendo lo mismo desde hace cinco años y quiero cambiar un poco.

Mujer: Pero los informáticos siempre tenéis nuevos programas y todo cambia muy rápido.

Hombre: Precisamente, eso es lo que quiero: trabajar como informático, porque, en mi trabajo actual, no hago lo que sé y eso es lo que quiero hacer. Además, pagan más.

Mujer: ¡Qué suerte! En tu profesión, podéis cambiar de trabajo más fácilmente.

Hombre: Es verdad, hay mucho trabajo, sobre todo, en el extranjero, pero, como mi mujer trabaja aquí, no queremos irnos a vivir fuera.

Mujer: Claro, con toda la familia aquí, ¿verdad?

Hombre: Pues sí, además, acabamos de comprarnos una casa.

Mujer: ¿Dónde?

Hombre: En un pueblo de la costa, muy cerca de la playa. Es preciosa, la casa más bonita del mundo.

Mujer: ¿Y ya vivís allí?

Hombre: No, todavía, no. Nos cambiamos en junio.

Mujer: ¿Y cómo es la casa?

Hombre: Tiene cinco dormitorios, un jardín, una terraza, dos cuartos de baño, una biblioteca, un salón enorme con vistas al mar y a la montaña.

Mujer: ¡Qué bien!

Hombre: Por cierto, ¿tú, qué haces por aquí?

Mujer: Es que tenemos una boda el sábado.

Hombre: ¿Quién se casa?

Mujer: Una prima de mi marido. Yo ya tengo el vestido que voy a ponerme, pero mi marido no tiene camisa para el traje, así que tengo que comprársela yo.

Hombre: Ahora es buen momento porque hay rebajas y el precio de las camisas, los pantalones y las corbatas está bastante bien.

Mujer: A lo mejor le compro una corbata, si están bien de precio. ¿Tú ya has terminado de comprar?

Hombre: Sí, ya me voy. He visto este pantalón a buen precio y me lo llevo. ¿Y tú?

Mujer: Yo también, he comprado dos camisas y otro día voy a ver las corbatas.

Hombre: Pago y, si quieres, te invito a un café.

Mujer: Sí, pero antes, te voy a pedir un favor: ven conmigo a la tienda de ordenadores de ahí enfrente, si no tienes prisa.

Hombre: Es una buena tienda, yo siempre compro allí.

Mujer: Es que quiero un portátil nuevo y tú puedes ayudarme a elegirlo.

30 segundos

COMPRENSIÓN AUDITIVA

TAREA 1 Ejercicio 125 - Pista 41 ⊙♫

Instrucciones

Usted va a escuchar siete anuncios de radio. Los anuncios se repiten dos veces. Seleccione la opción correcta (A, B o C) para cada pregunta sobre los anuncios.

Marque las opciones seleccionadas en la **Hoja de respuestas.**

A continuación, va a oír un ejemplo:

> *También la lluvia,* la última película de Icíar Bollaín, fue la encargada de representar a España en los premios de la academia de cine norteamericana. Fue la primera mujer en la historia de España elegida para participar en los Óscar como mejor película extranjera.

5 segundos

> *También la lluvia,* la última película de Icíar Bollaín, fue la encargada de representar a España en los premios de la academia de cine norteamericana. Fue la primera mujer en la historia de España elegida para participar en los Óscar como mejor película extranjera.

La opción correcta es la B.

10 segundos

Anuncio 1

> ¿Qué clase de coche necesitas? Grande, pequeño, barato, nuevo, usado, antiguo, moderno… Los tenemos todos, con el mejor precio. También compramos tu vehículo pagando el precio máximo. Ven a vernos a Sobrerruedas, en la avenida de la Escuela n.º 62. Tenemos más de cien coches esperándote.

5 segundos

Anuncio 1

> ¿Qué clase de coche necesitas? Grande, pequeño, barato, nuevo, usado, antiguo, moderno… Los tenemos todos, con el mejor precio. También compramos tu vehículo pagando el precio máximo. Ven a vernos a Sobrerruedas, en la avenida de la Escuela n.º 62. Tenemos más de cien coches esperándote.

Conteste a la pregunta número 1: En esta empresa…

10 segundos

Anuncio 2

Centro de Medicina Clínica del Doctor Gutiérrez. Jornada de Puertas Abiertas. A partir de las 6:00 de la tarde, en el centro de Negocios de Lima, el doctor Pérez Castelar va a ofrecer la conferencia: *La comida sana y los estados de ánimo*. Al final de la conferencia, se ofrece un vino español.

5 segundos

Anuncio 2

Centro de Medicina Clínica del Doctor Gutiérrez. Jornada de Puertas Abiertas. A partir de las 6:00 de la tarde, en el centro de Negocios de Lima, el doctor Pérez Castelar va a ofrecer la conferencia: *La comida sana y los estados de ánimo*. Al final de la conferencia, se ofrece un vino español.

Conteste a la pregunta número 2: La conferencia *La comida sana y los estados de ánimo* tiene lugar…

10 segundos

Anuncio 3

Para comprar, vender, cambiar… Trabajo, fotografía, cine, música, juegos, animales, libros y revistas, restaurantes, relaciones personales. Anuncios gratuitos entre particulares. Llame al 698 20 62 39, para poner su anuncio. Periódico gratuito *Colorines*. Cada lunes, un nuevo número. Se encuentra en todos los quioscos, centros comerciales, restaurantes y lugares de ocio de la provincia.

5 segundos

Anuncio 3

Para comprar, vender, cambiar… Trabajo, fotografía, cine, música, juegos, animales, libros y revistas, restaurantes, relaciones personales. Anuncios gratuitos entre particulares. Llame al 698 20 62 39, para poner su anuncio. Periódico gratuito *Colorines*. Cada lunes, un nuevo número. Se encuentra en todos los quioscos, centros comerciales, restaurantes y lugares de ocio de la provincia.

Conteste a la pregunta número 3: El periódico *Colorines*…

10 segundos

Anuncio 4

En nuestro catálogo de primavera, puedes encontrar precios increíbles para todos los muebles y objetos de decoración de la casa. Para los clientes con tarjeta Club, durante este mes, la comida en nuestras instalaciones es gratis. Ven a celebrar con nosotros el octavo aniversario de nuestra tienda. Y recuerda que, si pagas más, es porque quieres.

5 segundos

Anuncio 4

En nuestro catálogo de primavera, puedes encontrar precios increíbles para todos los muebles y objetos de decoración de la casa. Para los clientes con tarjeta Club, durante este mes, la comida en nuestras instalaciones es gratis. Ven a celebrar con nosotros el octavo aniversario de nuestra tienda. Y recuerda que, si pagas más, es porque quieres.

Conteste a la pregunta número 4: Los clientes que tienen la tarjeta Club…

10 segundos

Anuncio 5

Se ofrece señora responsable, seria y con muchos años de experiencia, con estudios de enfermería y coche propio para cuidar niños o personas mayores. De lunes a viernes, solo mañanas. Interesados, llamar al teléfono 603 31 22 15. Se cobra por horas trabajadas, según el tipo de trabajo y el total de horas. Desplazamiento gratuito.

5 segundos

Anuncio 5

Se ofrece señora responsable, seria y con muchos años de experiencia, con estudios de enfermería y coche propio para cuidar niños o personas mayores. De lunes a viernes, solo mañanas. Interesados, llamar al teléfono 603 31 22 15. Se cobra por horas trabajadas, según el tipo de trabajo y el total de horas. Desplazamiento gratuito.

Conteste a la pregunta número 5: La señora de este anuncio solo trabaja…

10 segundos

Anuncio 6

Compro todo tipo de papel antiguo, libros, postales, fotos, carteles, programas de cine, cuentos, publicidad y anuncios, juguetes, muñecas, etcétera. Si desean vender colecciones o bibliotecas completas o solamente algunas obras, pónganse en contacto conmigo a través del correo electrónico librero@gangas.es y, en menos de una semana, podemos llegar a un acuerdo.

5 segundos

Anuncio 6

Compro todo tipo de papel antiguo, libros, postales, fotos, carteles, programas de cine, cuentos, publicidad y anuncios, juguetes, muñecas, etcétera. Si desean vender colecciones o bibliotecas completas o solamente algunas obras, pónganse en contacto conmigo a través del correo electrónico librero@gangas.es y, en menos de una semana, podemos llegar a un acuerdo.

Conteste a la pregunta número 6: En este anuncio…

10 segundos

Anuncio 7

El próximo domingo 21 de agosto, de 3:00 a 8:00 de la tarde, en el auditorio del parque El Paraíso, de San Blas, el proyecto cultural Los Chavales va a recibir a varios grupos de niños músicos para ofrecer un concierto gratuito al que puede asistir el público madrileño para celebrar el Día Europeo de la Música.

5 segundos

Anuncio 7

El próximo domingo 21 de agosto, de 3:00 a 8:00 de la tarde, en el auditorio del parque El Paraíso, de San Blas, el proyecto cultural Los Chavales va a recibir a varios grupos de niños músicos para ofrecer un concierto gratuito al que puede asistir el público madrileño para celebrar el Día Europeo de la Música.

Conteste a la pregunta número 7: En el auditorio de San Blas se va a escuchar…

30 segundos

COMPRENSIÓN AUDITIVA

TAREA 2 Ejercicio 126 - Pista 42 ⊙♫

Instrucciones
Va a escuchar una noticia cultural. Escuchará la noticia dos veces. Seleccione la opción correcta (A, B o C) para cada pregunta.
Marque las opciones elegidas en la **Hoja de respuestas.**
Ahora tiene 35 segundos para leer las preguntas.

El corazón helado, la novela de Almudena Grandes, ganó ayer el séptimo Premio de Novela Fundación José Manuel Lara a la mejor novela editada en español el año pasado.

La escritora madrileña recogió el premio de manos del presidente del grupo Planeta, José Manuel Lara Bosch, durante una cena celebrada ayer en el Círculo de Bellas Artes de Madrid. "Quería enseñar al lector cómo las palabras y los hechos de hace diez años siguen siendo importantes", comentó sobre su obra la escritora, minutos antes de recibir el premio con mucha alegría.

Después de agradecer al jurado el duro trabajo que han tenido que realizar para elegir la obra ganadora, la novelista quiso compartir el premio con su marido, el poeta Luis García Montero, y con sus editores, que son los mismos con los que empezó a publicar su obra hace ya más de veinte años.

La autora quiso terminar su discurso recordando: "Mi mejor premio son mis lectores".

En la fiesta de entrega de premios también estuvieron presentes los autores que llegaron a la final y el jurado del premio. Las novelas seleccionadas como finalistas fueron *Mundo Maravilloso,* de Javier Calvo, *El padre de Blancanieves,* de Belén Gopegui, y *Los príncipes valientes,* de Javier Pérez Andújar.

El premio está organizado por un comité de doce editoriales (entre ellas, Lengua de Trapo, Pre-Textos y Anagrama) y concede ciento cincuenta mil euros a la mejor novela publicada en español durante el año anterior.

Almudena Grandes, de cuarenta y ocho años, estudió Geografía e Historia y trabajó escribiendo textos para una enciclopedia en una editorial; con treinta años, ganó el noveno Premio La Sonrisa Vertical con su primera novela, *Las edades de Lulú,* que fue traducida a veintiún idiomas, lleva vendidos más de un millón de ejemplares y se convirtió en película dirigida por el director catalán Bigas Luna.

(Adaptado de *ADN Madrid.* Número 471. 9 de abril de 2008. Pág. 20).

---

10 segundos

El corazón helado, la novela de Almudena Grandes, ganó ayer el séptimo Premio de Novela Fundación José Manuel Lara a la mejor novela editada en español el año pasado.

La escritora madrileña recogió el premio de manos del presidente del grupo Planeta, José Manuel Lara Bosch, durante una cena celebrada ayer en el Círculo de Bellas Artes de Madrid. "Quería enseñar al lector cómo las palabras y los hechos de hace diez años siguen siendo importantes", comentó sobre su obra la escritora, minutos antes de recibir el premio con mucha alegría.

Después de agradecer al jurado el duro trabajo que han tenido que realizar para elegir la obra ganadora, la novelista quiso compartir el premio con su marido, el poeta Luis García Montero, y con sus editores, que son los mismos con los que empezó a publicar su obra hace ya más de veinte años.

La autora quiso terminar su discurso recordando: "Mi mejor premio son mis lectores".

En la fiesta de entrega de premios también estuvieron presentes los autores que llegaron a la final y el jurado del premio. Las novelas seleccionadas como finalistas fueron *Mundo Maravilloso*, de Javier Calvo, *El padre de Blancanieves*, de Belén Gopegui, y *Los príncipes valientes*, de Javier Pérez Andújar.

El premio está organizado por un comité de doce editoriales (entre ellas, Lengua de Trapo, Pre-Textos y Anagrama) y concede ciento cincuenta mil euros a la mejor novela publicada en español durante el año anterior.

Almudena Grandes, de cuarenta y ocho años, estudió Geografía e Historia y trabajó escribiendo textos para una enciclopedia en una editorial; con treinta años, ganó el noveno Premio La Sonrisa Vertical con su primera novela, *Las edades de Lulú*, que fue traducida a veintiún idiomas, lleva vendidos más de un millón de ejemplares y se convirtió en película dirigida por el director catalán Bigas Luna.

(Adaptado de *ADN Madrid*. Número 471. 9 de abril de 2008. Pág. 20).

30 segundos

Instrucciones

Usted va a escuchar siete mensajes. Escuchará cada mensaje dos veces. Seleccione el enunciado (A-J) que corresponde a cada mensaje (14-19).

Hay diez enunciados, incluido el ejemplo. Seleccione seis.

Marque las opciones elegidas en la **Hoja de respuestas.**

Escuche ahora el ejemplo:

Mensaje 0

> Queridos Reyes Magos:
> Para estas navidades quiero un ordenador portátil Casa NT 28, equipado con pantalla panorámica, dos gigas de memoria, lector de tarjetas, tres puertos USB y cámara.

5 segundos

Mensaje 0

> Queridos Reyes Magos:
> Para estas navidades quiero un ordenador portátil Casa NT 28, equipado con pantalla panorámica, dos gigas de memoria, lector de tarjetas, tres puertos USB y cámara.

La opción correcta es la H.

Ahora tiene 25 segundos para leer los enunciados.

Mensaje 1

> Necesitamos peluquero latino con experiencia para centro de belleza y estética en Santiago. De momento, media jornada. 450 euros al mes, además de comidas y transporte.

5 segundos

Mensaje 1

> Necesitamos peluquero latino con experiencia para centro de belleza y estética en Santiago. De momento, media jornada. 450 euros al mes, además de comidas y transporte.

Elija la opción correcta.

10 segundos

Mensaje 2

¡Todo sobre tu futuro! Conoce qué va a ocurrir mañana: ¡Amor, éxito y mucho más! Envía ALTAZETA y tu signo al 7733. Ahora a un precio muy económico: 20 céntimos de euro por mensaje recibido. Puedes usarlo en todos los móviles.

5 segundos

Mensaje 2

¡Todo sobre tu futuro! Conoce qué va a ocurrir mañana: ¡Amor, éxito y mucho más! Envía ALTAZETA y tu signo al 7733. Ahora a un precio muy económico: 20 céntimos de euro por mensaje recibido. Puedes usarlo en todos los móviles.

Elija la opción correcta.

10 segundos

Mensaje 3

Si cometéis más de cinco errores en este trabajo, tenéis que volver a hacerlo y entregarlo el próximo mes.

5 segundos

Mensaje 3

Si cometéis más de cinco errores en este trabajo, tenéis que volver a hacerlo y entregarlo el próximo mes.

Elija la opción correcta.

10 segundos

Mensaje 4

Se alquila piso de dos dormitorios, amueblado, dos baños, cocina, sala de estar y calefacción. Quinto piso sin ascensor en la zona del mercado. 600 euros.

5 segundos

Mensaje 4

Se alquila piso de dos dormitorios, amueblado, dos baños, cocina, sala de estar y calefacción. Quinto piso sin ascensor en la zona del mercado. 600 euros.

Elija la opción correcta.

10 segundos

Mensaje 5

Profesor nativo da clases de alemán en todos los niveles, todos los días de la semana, por la tarde. También se hacen traducciones alemán-español.

5 segundos

Mensaje 5

Profesor nativo da clases de alemán en todos los niveles, todos los días de la semana, por la tarde. También se hacen traducciones alemán-español.

Elija la opción correcta.

10 segundos

Mensaje 6

Gana los mejores regalos de Patito Feo. Sorteamos diez CD del grupo preferido de los más pequeños de la casa. Edición especial, con fotos, firmas de tus artistas favoritos, canciones para cantar y mucho más. Los ganadores se van a publicar el día 7 de enero en www.clubmayoral.com.

5 segundos

Mensaje 6

Gana los mejores regalos de Patito Feo. Sorteamos diez CD del grupo preferido de los más pequeños de la casa. Edición especial, con fotos, firmas de tus artistas favoritos, canciones para cantar y mucho más. Los ganadores se van a publicar el día 7 de enero en www.clubmayoral.com.

Elija la opción correcta.

30 segundos

Instrucciones

Usted va a escuchar una conversación entre dos amigos, Silvia y Alberto. Escuchará la conversación dos veces. Lea las preguntas (20-25) y seleccione la opción correcta (A, B o C) para cada pregunta.

Marque las opciones elegidas en la **Hoja de respuestas.**

Ahora tiene 35 segundos para leer las preguntas.

Mujer: Hola, Alberto, ¿qué tal estás?

Hombre: Silvia, perdona, pero no pude llamarte anoche, lo siento. ¿Qué hiciste ayer?

Mujer: Nada, estuve toda la tarde en casa, trabajando.

Hombre: ¿Entonces no fuiste a casa de María a cenar?

Mujer: No, al final, María me llamó diciéndome que hasta las 9:00 de la noche no salía de la oficina, así que fui al cine a las 10:00.

Hombre: ¿Y con quién fuiste al cine?

Mujer: Con mi hermano y su novia, que llevaron a otros dos amigos. Después fuimos a tomar algo. Nos lo pasamos muy bien y estuvimos hasta muy tarde.

Hombre: ¡Qué bien!, ¿no? ¿Y has quedado con ellos para salir otro día?

Mujer: Sí, este sábado vamos a un concierto; si quieres, puedes venir.

Hombre: ¿Quién actúa?

Mujer: No lo recuerdo, un grupo nuevo, pero me dijeron que es en la Sala Sol, a las 11:00.

Hombre: Pues creo que voy a ir con vosotros, si no os importa.

Mujer: Claro que puedes venir. Y ayer, por cierto, ¿por qué no me llamaste? Podías haber venido al cine con nosotros.

Hombre: No importa, estaba muy cansado. Estuve todo el día trabajando.

Mujer: ¿Pero ayer no era tu día libre?

Hombre: Sí, pero, al final, tuve que trabajar. Mi primera reunión en Sevilla fue a las 8:30.

Mujer: ¿Y a qué hora volviste?

Hombre: Muy tarde. Después de comer, fuimos a ver a otro cliente y cogí el tren de las siete, así que llegué a casa a las 9:30.

Mujer: Claro, por eso no me llamaste.

10 segundos

Mujer: Hola, Alberto, ¿qué tal estás?

Hombre: Silvia, perdona, pero no pude llamarte anoche, lo siento. ¿Qué hiciste ayer?

Mujer: Nada, estuve toda la tarde en casa, trabajando.

Hombre: ¿Entonces no fuiste a casa de María a cenar?

Mujer: No, al final, María me llamó diciéndome que hasta las 9:00 de la noche no salía de la oficina, así que fui al cine a las 10:00.

Hombre: ¿Y con quién fuiste al cine?

Mujer: Con mi hermano y su novia, que llevaron a otros dos amigos. Después fuimos a tomar algo. Nos lo pasamos muy bien y estuvimos hasta muy tarde.

Hombre: ¡Qué bien!, ¿no? ¿Y has quedado con ellos para salir otro día?

Mujer: Sí, este sábado vamos a un concierto; si quieres, puedes venir.

Hombre: ¿Quién actúa?

Mujer: No lo recuerdo, un grupo nuevo, pero me dijeron que es en la Sala Sol, a las 11:00.

Hombre: Pues creo que voy a ir con vosotros, si no os importa.

Mujer: Claro que puedes venir. Y ayer, por cierto, ¿por qué no me llamaste? Podías haber venido al cine con nosotros.

Hombre: No importa, estaba muy cansado. Estuve todo el día trabajando.

Mujer: ¿Pero ayer no era tu día libre?

Hombre: Sí, pero, al final, tuve que trabajar. Mi primera reunión en Sevilla fue a las 8:30.

Mujer: ¿Y a qué hora volviste?

Hombre: Muy tarde. Después de comer, fuimos a ver a otro cliente y cogí el tren de las siete, así que llegué a casa a las 9:30.

Mujer: Claro, por eso no me llamaste.

30 segundos

Instrucciones

Usted va a escuchar a dos personas, el señor Pérez y la señora Gámez, hablando sobre un viaje. Oirá la conversación dos veces. Seleccione la imagen (A-H) que corresponde a cada enunciado (26-30). Hay ocho imágenes. Seleccione cinco.

Marque las opciones elegidas en la **Hoja de respuestas.**

Ahora tiene 15 segundos para leer los enunciados.

Mujer: Buenos días, señor Pérez, ¿qué desea?

Hombre: Buenos días, señora Gámez. Quiero cambiar dinero.

Mujer: ¿Cuánto quiere cambiar y en qué moneda?

Hombre: No sé exactamente cuántos pesos voy a necesitar.

Mujer: ¿Adónde va a viajar?

Hombre: Voy a México.

Mujer: ¡Qué bien! Yo estuve en México hace tres años, de vacaciones.

Hombre: ¿Y le gustó?

Mujer: Me encantó. Es un país maravilloso.

Hombre: Eso me han dicho todos mis amigos.

Mujer: ¿Cuánto tiempo va a estar allí?

Hombre: He reservado una habitación en un hotel de Acapulco durante quince días.

Mujer: ¿Va a viajar usted solo o acompañado?

Hombre: Vamos mi mujer y yo, que acabamos de casarnos; vamos a pasar allí nuestra luna de miel.

Mujer: ¿Y ha reservado con pensión completa o solo alojamiento?

Hombre: Solo alojamiento y desayuno.

Mujer: Entonces tiene usted que llevar más dinero.

Hombre: Pero yo prefiero no llevar demasiado dinero.

Mujer: ¿Utiliza usted su tarjeta de crédito?

Hombre: Sí, normalmente, la utilizo, sobre todo, cuando salgo de viaje.

Mujer: Entonces, calcule unos cincuenta euros diarios por persona aproximadamente, porque, además del transporte y la comida, siempre hay algún gasto extraordinario.

Hombre: ¿No será muy poco?

Mujer: Yo hice ese cálculo y fue suficiente; además, usted lleva la tarjeta de crédito.

Hombre: Sí, pero puede no funcionar.

Mujer: No se preocupe, en todos los hoteles y tiendas para turistas, aceptan la tarjeta.

Hombre: Bueno, de todas formas pensamos estar sobre todo en la playa, descansando.

Mujer: Sí, pero, en quince días, puede usted querer visitar un museo, ir a algún teatro, ¡ah! y traer regalos para su familia.

Hombre: Es verdad, entonces creo que voy a cambiar 2500 euros.

Mujer: ¿Y cuándo viaja?

Hombre: Salimos este domingo; ¿puedo recoger los pesos el viernes?

Mujer: Sí, claro, pásese el viernes a primera hora.

Hombre: Entonces, hasta el viernes.

---

10 segundos

Mujer: Buenos días, señor Pérez, ¿qué desea?

Hombre: Buenos días, señora Gámez. Quiero cambiar dinero.

Mujer: ¿Cuánto quiere cambiar y en qué moneda?

Hombre: No sé exactamente cuántos pesos voy a necesitar.

Mujer: ¿Adónde va a viajar?

Hombre: Voy a México.

Mujer: ¡Qué bien! Yo estuve en México hace tres años, de vacaciones.

Hombre: ¿Y le gustó?

Mujer: Me encantó. Es un país maravilloso.

Hombre: Eso me han dicho todos mis amigos.

Mujer: ¿Cuánto tiempo va a estar allí?

Hombre: He reservado una habitación en un hotel de Acapulco durante quince días.

Mujer: ¿Va a viajar usted solo o acompañado?

Hombre: Vamos mi mujer y yo, que acabamos de casarnos; vamos a pasar allí nuestra luna de miel.

Mujer: ¿Y ha reservado con pensión completa o solo alojamiento?

Hombre: Solo alojamiento y desayuno.

Mujer: Entonces tiene usted que llevar más dinero.

Hombre: Pero yo prefiero no llevar demasiado dinero.

Mujer: ¿Utiliza usted su tarjeta de crédito?

Hombre: Sí, normalmente, la utilizo, sobre todo, cuando salgo de viaje.

Mujer: Entonces, calcule unos cincuenta euros diarios por persona aproximadamente, porque, además del transporte y la comida, siempre hay algún gasto extraordinario.

Hombre: ¿No será muy poco?

Mujer: Yo hice ese cálculo y fue suficiente; además, usted lleva la tarjeta de crédito.

Hombre: Sí, pero puede no funcionar.

Mujer: No se preocupe, en todos los hoteles y tiendas para turistas, aceptan la tarjeta.

Hombre: Bueno, de todas formas pensamos estar sobre todo en la playa, descansando.

Mujer: Sí, pero, en quince días, puede usted querer visitar un museo, ir a algún teatro, ¡ah! y traer regalos para su familia.

Hombre: Es verdad, entonces creo que voy a cambiar 2500 euros.

Mujer: ¿Y cuándo viaja?

Hombre: Salimos este domingo; ¿puedo recoger los pesos el viernes?

Mujer: Sí, claro, pásese el viernes a primera hora.

Hombre: Entonces, hasta el viernes.

30 segundos